歷史的巨鏡
探索現代社會的起源
金觀濤——著

目錄

歷史的巨鏡
探索現代社會的起源

目錄

附錄

西方社會結構的演變：從古羅馬到英國資產階級革命

金觀濤、唐若昕 著

目錄

序

歷史的進程猶如人生，叉道中又有叉道。我常常捫心自問，應到哪裡去尋找通向真理的大路。

——重錄二十多年前寫的卷首語

在人類認識自身的歷史上，存在著一些常青的問題。「現代社會爲甚麼起源於西方？」就是其中之一。從十九世紀、二十世紀到今天，無論社會思潮如何變換，這個問題每隔一段時間總會在學術界以不同的面目出現，而且中國歷史研究的新進展往往是重提該問題的契機。一九九〇年代白銀帝國以及前幾年出版的《中國與歷史資本主義》引起的討論都是這方面的例子。其實，早二十多年前，我和劉青峰提出「中國傳統社會超穩定系統說」時，亦力圖用根據中國史研究得到的大歷史觀來回答「現代社會爲甚麼起源於西方？」。這是《西方社會結構的演變：從古羅馬到英國資產階級革命》一書在一九八五年出版的原因。

從方法論上講，如果超穩定系統假說對中國傳統社會長期被禁錮在某種社會結構中的論述是成立的，那麼它也就給出了中國爲甚麼沒有最早發展出現代資本主義的新解釋。這樣一來，只要將該視角投射到西方，一定有助於理解現代社會爲何起源於西方這一歷史難題。當年我已感覺到，這裡蘊含著一種考察人類歷史的新研究綱領，我們稱之爲系統論史觀。《西方社會結構的演變》一書正是通過闡明西方現代社會如何從古希臘羅馬社會演化而來，用系統演化論取代決定論以展開新史觀探索之嘗試。

該研究綱領最大的問題是沒有處理價值系統，不能回答爲何最早的現代社會是新教國家，並討論現代化和全球化以及民族國家的關係。或者說，《西方社會結構的演變》一書只做到了用系統論對馬克思典範作出發展，而不能涵蓋韋伯典範以及包容二十世紀政治哲學和社會科學的成果。我深信系統論可以解決這些困難，故自一九八九年以後就從哲學研究中走出來，沉入中國傳統社會現代轉型和思想史研究中去。我希望中國思想研究和社會轉型之經驗有助於理解傳統文化和現代社會起源的關係，並能發現價值系統和社會互動的普遍法則。我當然沒有估計到，這場苦戰曠時日久，居然長達二十年。

一九九三年，我和劉青峰完成用超穩定系統說解釋中國近現代史的著作，①二〇〇〇年，我們又把該方法推廣到中國思想史研究之中，②並建立《中國近現代思想史專業數據庫》對我們得到的結論進行檢驗。直到二〇〇七年，我才感到用系統論把當年研究和我們思想史探索統一起來的方案成熟了，③故決定再版《西方社會結構的演變》一書，並為它寫導讀，就是這本書。為了讀者閱讀方便，我把當年我和唐若昕先生合著的《西方社會結構的演變》作為本書的附錄，將本書取名為《探索現代社會的起源》，以表明今日的研究是一九八〇年代探索的繼續。

我心中充滿了難言的感慨。從青年時代起，我們就把通過歷史研究以理解人類的生存處境作為自己生命的意義和奮鬥目標。在某種意義上講，從一九八〇年代到今天我們所做的一切研究，都是圍繞著這本書所提出的問題展開的。今日學術界或許不會認同這種重構大歷史的努力，一些人看到這些討論就會以為這是在建構體系，有一種回到歷史規律決定論的毛骨聳然的感覺。而我卻認為，只有系統論史觀才能幫助我們擺脫支離破碎的史觀造成的無力感，理解甚麼是現代社會，認識全球化給人類帶來的處境。

有些朋友或許會覺得奇怪，為甚麼我一定要把今日之研究和一九八〇年代帶有稚氣的書聯繫起來，顯示出一種學術上的懷舊。其實，至今我仍將自己的工作定位於二十多年前的啓蒙時代，相信當時形成的視野之重要性。我甚至認為：在歷史研究而言，沒有關心人類命運的宏大心靈和跨學科研究綱領，更專業化的訴求都可能把我們引到黑暗中去。

注釋：

①金觀濤、劉青峰：《開放中的變遷——再論中國社會超穩定結構》（香港：中文大學出版社，一九九三）。

②金觀濤、劉青峰：《中國現代思想的起源——超穩定結構與中國政治文化的演變（第一卷）》（香港：中文大學出版社，二〇〇〇）。

③Guantao Jin and Qiugfeng Liu,〈On the Authenticity of History: Database Methods and Paradigm Shift in Historical Research〉,《New Challenges and Perspectives of Modern Chinese Studies》 edited by Shinich; Kawai (University Academy Press, INC, Tokyo, Japan, 2008.5) pp57-107.

第一章　從馬克思到韋伯

現代性社會為甚麼最早起源於西方——現代性的本質——市場經濟說的局限——民主制度和科技進步說——博蘭尼論市場社會——哈耶克的自發秩序——布羅岱爾的全球貿易——現代社會是一個科技和經濟可以無限制增長的社會——擴大了的馬克思典範的局限——回到價值系統——韋伯典範

要理解現代社會爲甚麼起源於西方，首先要回答何爲現代社會？用今日話講，這就是界定現代性的本質。所謂現代性無非是指那些把現代社會在經濟、政治和文化思想上與傳統社會區分開來的特點。人們一般用經濟形態和生產方式作爲傳統與現代的分野，把農業社會看成傳統社會，現代社會是實行市場經濟的工商業社會。但是一旦把這種常識性的見解放到歷史研究中去，立即發現它不符合事實。

就以羅馬帝國爲例，自從羅馬皇帝圖拉真（Trajan, Marcus Ulpius Nerva Traianus 九八－一一七年）完成帝國歷史上最後一次遠征後，帝國疆土差不多等同於今日美國，人口達一億以上。它基本不是自給自足的小農經濟，而是一個市場主導的商業社會。①當時，僅西班牙一省，重要城市就有四百座。羅馬本土糧食主要靠外部地區供應。「愛色斯」號是穿梭於埃及與羅馬之間的運糧船，它一次可載貨一千五百七十五噸，平均價值一萬五千美元。②羅馬帝國是一個商業帝國，但它不是一個現代社會。那麼，我們能否用生產方式來界定現代社會呢？表面上看，古羅馬不算現代社會，似乎基於其奴隸制度的生產方式，但美國在南北戰爭以前，生產方式中奴隸制度也佔重要地位，它卻是一個現代社會。

那麼，現代社會與傳統社會的本質不同，是不是可以用民主制度以及生產力發達程度來表達呢？我們知道，古希臘城邦曾實行過民主制度，但它並不屬於現代社會。甚麼是生產力？如果我們剝離了市場經濟，那麼它是指生產工具和生產組織規模。不要忘記，古羅馬的奴隸生產勞動也是大規模集體式的，如果一定要用生產力來代表現代性，那就只能將一切歸爲現代科學技術了。但這立即發生了一個新問題，這就是何爲現代科技？如果把現代性等同於現代科學，西方現代科學和第一個現代社會應是同步出現的。如果我們講的是技術，技術進步在人類歷史上是一個連續的過程，今日電腦、互聯網和蒸氣機、郵局的差別遠大於十七世紀蒸氣機和風車、驛站的不同，我們有甚麼理由要將蒸氣機的出現視爲現代呢？事實上，把蒸氣機和工業革命作爲現代性的標誌也是經不起認真檢驗的，工業革命開始於一七八〇年代，當時荷蘭和英國早已是一個典型的現代社會了。

而且在十六世紀前中國的技術水準遠高於西方。如果把技術進步視爲傳統社會演化到現代社會的關鍵，那麼爲甚麼現代社會沒有在中國最早起源呢？總之，雖然我們可以把現代社會看作在各方面大量應用科技的社會，但是，並不能以科技水準和科技在生產中應用的程度作爲傳統和現代的分界。實際上，無論是從銀行、會計學上的記帳的方式還是金融制度上，都無法找到現代與傳統的劃界。正如保爾・格魯賽（Paul Grousset）所說：「當代資本主義沒有絲毫發明」。阿爾芒多・薩波利（Armando Sapori）進一步指出：「直到今天，人們不能找到任何東西，包括所得稅在內，在天才的意大利共和國沒有先例」。③

自二十世紀中葉開始，社會學家和歷史學家從另一個角度把握現代性。這就是把現代化視爲全球化，從市場經濟發展的無限制和生產力水準的超增長來界定現代化的本質。博蘭尼（Karl Polany）指出現代市場經濟的本質特點在於爲「賣」而「買」。他認爲：「就一般而言（**在傳統社會**），人類的經濟是附屬於其社會關係之下的」，而現代社會是市場關係無限擴充以至於占領所有領域的社會，故他亦將現代社會稱爲市場社會。④哈耶克（F. A. Hayek）把現代市場經濟定義爲人類可以不斷擴展的自發合作秩序。⑤布羅代爾（Fernand Braudel）則進一步把現代資本主義與全球化的經濟關聯起來，並從全球市場的形成特別是遠程貿易的興起來追溯現代社會的起源。⑥馬克思早就用勞動力作爲商品來定義資本主義經濟的本質，它同博蘭尼所謂爲賣而買，即社會成員「爲稻粱謀的動機被圖利的動機取代了」異曲同工。《共產黨宣言》在刻劃資本主義時，曾一針見血地指出其生產力超增長和全球化的特徵。⑦因此在某種意義上，博蘭尼和布羅代爾的學說都可以歸爲擴大了的馬克思典範。⑧

從科學技術無限運用於人類生活和市場機制無限制擴張導致經濟（生產力）的超增長，來界定現代社會無疑是正確的。市場經濟和科技運用雖然古已有之，但在社會現代轉型之前，人類在傳統社會中生活了幾千年，都沒有發生科學技術無限制地運用和市場經濟不斷擴展導致超增長的情況。然而，擴大了的馬克思典範最大的問題，在於它只給出現象的描述，而不能回答超增長的本質。爲何在傳統社會科技應用和市場組織不能無限制地擴大到一切領域而導致全球化，以至人類改造世界的能力和生產水準呈現出不受限制的超增長呢？哈耶克把現代社會視爲自發合作秩序不斷擴張無疑也是正確的，但同樣沒有解決有關機制問題。⑨

人的任何行動都是在某種價值觀支配下發生的，並受到道德和正當性框架限定；當某種社會行動缺乏價值動力或不存在道德上終極的正當性時，其充分展開是不可能的。在傳統社會，除了天災、疾病等自然因素造成生產力停滯外，經濟不能超增長的主要原因，是因爲市場經濟的發展及科技的應用缺乏價值動力和道德上的終極正當性，它發展到一定程度就會和社會制度及主流價值系統發生衝突，不得不停頓下來。現代社會完成了價值系統的轉化，科技的無限運用以及市場機制無限擴張，獲得了史無前例的正當性和制度保障。故爲了理解現代性的本質，還必須回到人的價值系統、特別是社會制度及其正當性根據上來。或者說，離開價值系統社會行動正當性標準，是不可能認識現代性本質的。這時，我們必須從擴大的馬克斯典範轉向廣義的韋伯（Max Weber）典範和自由主義政治哲學。⑩

第二章　現代性的兩大要素：工具理性和個人權利

現代性的兩個基本要素——何謂工具理性——幾何式的思維模式——理性化——科技無限制地運用到社會生活的可能性——何謂個人權利——市場經濟和民主制度為甚麼是正當的——現代社會的組織原則——社會契約論——僅僅用工具理性和個人權利不足以理解現代性的全貌——尋找第三要素

如果從文化價值系統來看，是可以非常容易地界定「現代」和「傳統」的差別。「現代性」意味著以下兩種全新價值在人類社會中湧現：第一爲「工具理性」成爲社會行動正當性最終根據；第二是個人權利觀念的興起。

韋伯把現代化稱爲工具理性的擴張。人們通常把工具理性理解爲對達到目標的手段的精密計算，它是達到目標的手段和過程的理性化，似乎工具理性與目標無關。這是對工具理性嚴重的誤解。例如，我要去某地，如何坐車最方便、最經濟，這種理性考慮是工具理性，但我爲甚麼要去這個地方，難道就不是理性的嗎？我如何評價並反思這一行爲的種種方法，難道又不是理性的嗎？實際上，理性包含三個層面的要素：目的、手段（工具）、評價方式。所謂工具理性不包含目的，並不是指一般的目標，而是指人生的終極目的和意義。也就是說，工具理性是指終極關懷（例如對上帝的信仰）與理性（ratio）表現出二元分裂的狀態。在二元分裂的結構中，人的終極關懷與他的理性思考互不干擾。

衆所周知，理性精神在古希臘和羅馬時代已經出現。羅馬人把法律背後的精神視爲理性，古希臘也講人是理性的，但理性是神的一種表現。也就是說，在古希臘和羅馬思想中，神和理性並沒有呈二元分裂的狀態。爲甚麼二元分裂是如此重要呢？人是有終極關懷、有信仰的，同時又有理性的。假定一個人的理性是由信仰推出來的，那麼，當信仰發生變化的時候，理性也會隨之變化，變成不穩定的。同樣，當社會制度理性化（理性的不斷擴張）的時候，理性對信仰（它往往是道德的基礎）就會具有顛覆性。這樣一來，信仰對理性便構成限制，使理性不能貫徹到一切社會行動中去，從而妨礙了理性（包括科學技術）在社會生活和公共事務中的無限制地應用。換言之，只有到十七世紀，西方發生終極關懷和理性的二元分裂，兩者呈互不相干的狀態，理性才可以穩定地成爲科學、技術、政治、經濟和文化發展的基礎，不會對信仰和道德造成顛覆。

這一點在古希臘羅馬社會表現得十分突出。翻開希臘史，我們可以看到理性的發展與古代信仰（古代神話、城邦的精神）發生巨大衝突，最後限制了理性化進程。蘇格拉底之死，正是古代希臘人對理性的擴張感到恐懼並最後扼殺理性的最具象徵性的事件。這一切正如基托

（H.D.F.Kitto）所說：「前六世紀和五世紀早期的伊奧尼亞哲學家們的大膽哲學思考，激發了人們對許多方面的問題進行系統追問，其結果使許多公認的道德觀念發生嚴重動搖。……蘇格拉底及其熱心的年輕追隨者們發現，傳統道德體系在邏輯上沒有基礎。」⑪因此，理性精神雖起源於希臘，但古希臘羅馬社會沒有實現理性化，故不可能是現代社會。

十七世紀的科學革命，可以視爲工具理性爲科學無限制地發展提供前提最有力的證明。近代科學的產生，雖然可以追溯到古希臘和經院哲學很長的傳統；但牛頓（Isaac Newton，1642—1727）力學建立的過程，卻和工具理性在西歐的孕育同步。科學史表明，工具理性在新教精神中形成之前，無論是古希臘還是經院哲學，甚至是文藝復興的意大利，科學無限制地發展都會和信仰衝突。否則我們不能解釋爲何以牛頓力學爲象徵的近代科學革命恰恰發生在英國。⑫

工具理性的另一個特點是幾何式的思維方式。笛卡爾和斯賓諾莎都把自然界看作服從幾何定律的大機器，運用理性是強調清晰的思考，用幾何公理體系式的理論結構來論證法律並使社會行動理性化。⑬了解工具理性的特點後，自然會明白爲甚麼社會制度和行動的理性化表現爲工具理性的擴張了。社會行動分兩類，一類是個人行動，二是群體組織的行動。個人行動的工具理性化包括以下幾方面：選擇哪個目標最有利於行動者？行動者有哪些手段可以達到這個目標？理性的個人會把這些目標和相應的手段科學地列舉出來，從中選擇最有效率的付諸實行。群體組織和制度的工具理性化則是韋伯所講的官僚化、科層化。例如把社會組織看成是一部機器，社會管理機構的目標被層層分解，使其效率最大化，以及整體行動不取決於個人等等。

群體組織行動理性化最典型的例子是歐洲現代軍隊的興起。現代軍隊最早產生於荷蘭，其創立者莫里斯親王（Maurice of Nassau 1567—1625）強調了三件事。一是鐵鏟，用來掘防禦溝，在此以前，挖溝被認爲是膽怯。二是將火繩槍的裝彈和射擊分解爲四十二個單一的連續動作，給每個動作定出名稱和發令詞，迫使士兵們練習火繩槍的裝彈和射擊動作。三是訓練士兵步伐整齊，把訓練變成軍事行動必不可少的部份。這些步驟體現了用工具理性組織軍隊，將其改造爲不依賴個人的最有效達到目標之機器。

軍事行動的理性化使當時的荷蘭可以戰勝西班牙。十六世紀如日中天的鄂圖曼帝國亦從此受到遏制，並開始走向衰亡。正是從那時候起，現代軍隊建制出現，一營爲五百五十人，營分爲連，連分爲排。從此以後軍隊不再是個人的勇敢行動，而是像一部接收指令而行動的機器。事實上，人類今日之軍隊，其武器和高科技運用雖遠遠超出十七世紀，但就其組織背後的精神而言，以導彈裝備軍隊的結構與當時是一樣的。⑭

西方中世紀時，理性作爲自然法的基礎，本是與上帝連在一起的。工具理性精神最早出現在新教之中，新教徒把對上帝的信仰視爲與理性無關。這樣，隨著基督教的入世轉向，一個新教徒可以信仰上帝，以基督教爲終極關懷，同時也可以以理性作爲行動的原則，用科學技術改造世界。十七世紀的著名小說《魯濱遜漂流記》十分傳神地描繪了具有這樣一種心靈狀態的個人。工具理性的形成意味著理性就可以相當穩定地成爲政治經濟文化發展的基礎，而不會對信仰和道德造成顛覆；從此以後理性貫徹到所有社會領域（當然包括了科學技術的應用）才是可能的。正因爲如此，韋伯把現代化歸爲理性化，即工具理性貫穿於一切社會行動，成爲社會制度正當性基礎之一。

僅僅用理性化還不足以把握現代社會在價值和制度上的全部特點。例如，它不能說明爲甚麼現代社會主張價值多元和法制，大多都實行民主制度，以及爲甚麼市場經濟是現代社會的主流經濟形態。所以，現代性還包含第二個核心：即個人權利爲正當性的最終根據。甚麼是個人權利？權利（right）這個字在西方古已有之，指合法的利益與權力。從九世紀開始，英語中「權利」一詞的含義是指符合尺度，如直線、直角等。它逐漸轉化爲應當、理應的意思。簡單而言，個人權利可以定義爲個人的自主性爲正當，它可以細分爲兩層含義：第一，個人是指具有理性的個人，人有權在法律限定下去做他想做的事情；第二，正當並不等同於道德，但卻具有道德含義。這裏的正當不等於好，也不是善，而是一個嶄新的概念。一個成年人有權利去看三級片、逛紅燈區，但是不是因此就可以斷定這些行爲都是好的呢？顯然，這些行爲並不能被視作一種好的行爲，但是，成年人完全有權做這事。個人自主性爲正當這種觀念，在十七世紀之前是不存在的，它是代表現代性的重要價值。正是基於這個基本價值，產生許多只在現代社會才有的理念。比如說，正因爲個人權利是現代價值核心，那麼一個符合正義的社會應該是保障每個人的個人權利的社會。

由於每個人追求的價值可能不同，它們都具有正當性，故現代社會主張價值多元。在價值多元化的社會中爲了維護社會秩序，必須區別價值與事實，社會秩序由超越個人價值的形式法規來維持，即實行法制（rule of law）和法治（rule by law），強調公共事務程序優先。

必須注意，在某種程度上被默認的個人權利（**亦可以稱之為個人自由**）自古以來就存在著，正如市場經濟廣泛存在於傳統社會一樣。現代社會以個人權利爲核心價值的準確意思是：除了它凸現出來成爲主要公共價值外，更重要的是它成爲論證社會制度正當性的最終根據。爲甚麼個人追求利潤是正當的？爲甚麼私人財產神聖不可侵犯？爲甚麼市場經濟是合理的？中國人通常都用它能促使生產力的進步爲理由。但社會制度正當性論證是一種道德論證，道德論證中應然（**應該如何或甚麼是對的**）不能用實然（**事實上如何以及它可以增加我們的利益**）來證明。私有產權和市場經濟在道德上的正當性，只能從個人權利導出。事實上，正因爲個人權利是社會制度正當性的最終根據，那麼每個人把自己的東西自願地與其他人交換，以增加彼此的利益，當然也是正當的。於是保證交換和分工的市場制度亦是正當的。這就是市場經濟爲正當與合理的根據。此外，爲避免自主的個人發生衝突，每個人交出部分的權利形成公共權力，以管理公共事務。由於公共權力來自每個個人之委託，故人民在不滿意時有權更換這種委託。這是民主政治的根據。

工具理性和個人權利這兩個現代性的核心價值互相結合，形成了現代社會的組織原則，這就是社會契約論。所謂社會契約論即把所有社會組織看作個人之間契約的產物。⑮今天人們一談起現代政治和社會組織藍圖的起源，不約而同地想到馬基維利（Niccolo Machiaveli 1469—1527）的《君王論》和《論李維》。事實上，前者只是將政治建立在理性之上，而後者則用對古羅馬共和政治的緬懷來表明文藝復興後期政治和公共事務從君王私人家事中分離出來。

在十七世紀工具理性和個人權利結合的不可抗拒的潮流中，早期理性主義和共和主義理想迅速被社會契約論取代。爲甚麼基於現代基本價值的社會組織原則只能是契約論？根據個人自主性爲正當這一基本價值，社會制度的正當性只能由它推出，這意味著任何一種制度的建立必須基於每一個個人（至少是多數人）的同意之上。再加上工具理性把社會視爲達到個人目的的工具（甚至於是服從幾何定理理性之機器）這一限定，只能推出由人與人關係構成之社會是由個人之間契約組成的圖畫。⑯

由此，我們得到現代社會組織原則和傳統社會的本質差別：組成現代社會的最基本單元是個人，組織機制是契約（法律也可以歸為契約）；而傳統社會是有機體，爲認同某種共同價值（例如宗教或某種終極關懷）的社群，文化和血緣等天然有機的聯繫比契約在社群結合上起著更大的作用。也就是說，一旦把個人權利作爲正當性最終根據，正當的社會組織再也不是高於個人的有機體，而是爲個人服務的大機器，甚至家庭和國家亦變成了一個契約共同體。例如康德（Immanuel Kant）把婚姻界定爲「兩個不同性別的人，爲了終身互相佔有對方的性器官能而產生結合體」，⑰並從契約論推出家庭義務。⑱

契約關係在人類社會一直存在著，自古以來它就是市場交易和組織之基礎，但在傳統社會契約關係只是寄居在社會有機體內部，它不是佔主導地位的人際關係。正因爲如此，市場經濟的擴張是有限度的，當它和社會有機體衝突時，發展就停了下來。現代社會組織藍圖把家庭、社會、國家以至全人類組織都看作契約共同體，就造成市場經濟無限擴張的可能性。那麼，這是不是說，只要肯定工具理性和個人權利，接受現代社會組織藍圖，就能保證了市場經濟無限止地擴張導致生產力的超增長呢？又不能這樣認定。人類社會要真正成爲一個契約共同體，僅僅有上述現代價值是不夠的。現代價值系統還必須包含第三個基本要素，我們稱之爲作爲民族國家基礎的現代認同。爲了理解這一點，我們就必須分析擁有工具理性、個人權利觀念的個人如何才能建立起契約共同體。

第三章　現代性的第三要素：立足於個人的民族認同

兩類契約組織——沒有政治共同體無法建立契約社會——如何規定政治共同體的規模——甚麼是認同——傳統社會的「我們」：與終極關懷一致的社會有機體——社會有機體觀念解體帶來的衝擊——西方現代價值的核心——個人觀念產生和西方認同危機——孤立的個人如何聚集成「我們」——「民族」被創造出來了——美國如何成為現代民族國家——法國大革命的意義——西方成為民族國家的集合——雙元革命——經濟超增長和全球化

一談到獨立的個人建立契約社會，人們通常立即聯想到公司和協會。表面上看，建立經濟和社會的契約組織，不需要其他價值，僅憑工具理性和個人權利就夠了。但是，公司和市場運作需要法律保護，任何一種契約有效都必須依靠法律存在（契約必須是立約人在法律許可下簽訂的，否則不同的契約會互相衝突）。何爲法律？它也可以歸爲個人之間的契約，但法律必須由某一立法機構（政治共同體如國家）公佈。這種政治共同體當然亦可以認爲是個人之間契約的產物，但它是和公司、協會完全不同的組織。[19]由此可見，存在著兩種不同類型的契約和契約組織，一種是經濟和社會的，另一種是政治的。[20]如果不存在政治的契約和政治契約組織，經濟和社會的契約和契約組織是不穩定的。

建立政治的契約組織需要所有人一起立約。那麼，何爲「所有人」？它是指全人類嗎？當然不是。在此，暫時撇開讓全人類一起商議建立統一契約共同體的可能性，先討論如何處理以下問題：契約共同體建立的前提是立約的個人自願，而在個人權利至上的社會中，並非所有人都願意走到一起建立統一政治共同體的。也就是說，建立政治共同體先必須解決一個問題，這就是哪些人同意生活在同一政治共同體內，並讓渡部分個人權利給該共同體呢？顯然，工具理性和個人權利這兩種和價值並沒有包含該答案。簡而言之，現代社會組織藍圖雖然把國家視爲個人間契約的產物，但其中存在著一個邏輯的缺環，這就是如何規定政治共同體的規模，即哪些人屬於同一國家。顯然，這一問題不解決，現代價值爲經濟無限增長提供前提只不過是紙上談兵。

請注意，國家在把人類社會組織轉化爲一個契約共同體方面起著關鍵作用。對內，國家是形成統一市場、把不同人因實現自己的目的建立大大小小的契約組織互相整合的前提；對外，國家作爲主權擁有者可以摹仿擁有權利的個人組成社會那樣，把國與國之間的關係建立在契約之上。[21]因此，如果作爲個人契約結合的政治組織（**我們將其稱為現代國家**）無法建立，就不能爲科技無限制地運用和市場經濟不斷擴張提供制度框架；即使科技運用和市場經濟在人類某一小範圍

（如一個政治共同體內部）確立，它亦不能越出國家範圍無限擴張。事實上，現代認同以及建立在它上面的民族觀念和民族主義，就是爲解決這個問題而產生的。它是和工具理性和個人權利同步配套出現的現代價值。

上面說的哪些人意識到必須聚合在一起制訂契約，讓渡個人權利以建立一個政治組織這一問題，對參與立約的人來說就是我屬於哪一個政治共同體？或何謂我們？這在政治哲學上稱爲認同。今天由於「認同」一詞的含混性，人們使用它時相當任意。其實認同（identity）是指關於自我之思考。也就是去問：我是誰？其意思是，我屬於哪一類（哪一個社會或政治共同體）？它規定了「我們」和「他們」、「他者」的區別。

當社會是有機體時，何謂我們或一個國家應由哪些人組成，是不言而喻的。傳統社會的人生活在不同的軸心文明中，終生屬於某一固定的社群，我屬於那一個類別（社會政治共同體）有現成而明確答案，故很少發生認同危機，即「我是誰」的困惑。古希臘城邦是社會有機體，中世紀統一教會之下的西方社會也是有機體，中國的家國同構的天下，伊斯蘭的烏瑪和印度種姓社會都是有機體。正因爲如此，西方十六世紀後社會有機體觀念的解體是一件史無前例的事情。它意味著人類第一次不再用人所屬於的（和終極關懷和諧一致的）共同體性質和關係來界定自我。

社會有機體的解體反映在語言上，是將人稱爲individual，以及該詞（個人）的廣泛使用。individual一詞來自拉丁文individuus，其本意爲不可分割的，是波埃修斯（Boethius）用於翻譯希臘詞「原子」時所應用，以表達單一特定的不可以從觀念上進一步分割之意思。㉒原子作為最終不可分割之個體的觀念在古希臘早已存在，但一直沒有用它來指涉人。原因十分清楚：當每個人都被視為社會有機體一部分，把整體分割成不能進一步再分之基本單位時，得到的只是有用機體屬性去界定的部分而不是「個人」，如中國家族關係之稱謂，組成希臘城邦的公民，或西方封建社會之等級。

我們可以通過古希臘羅馬社會分析來說明這一點。用今天的眼光看，希臘城邦實際上是由在這些城邦裡生活的所有人構成；但是無論柏拉圖還是亞里士多德，他們只把公民視為組成城邦的單元，其他人並不包括在內。古希臘羅馬社會的公民並不是個人。為甚麼會這樣呢？關鍵在於：城邦作為一個有機的整體，對有機體之分割得到構成城邦的基本單元，這才是公民。亞里士多德是這樣論述城邦組織的：「城邦作為自然產物，並且先於個人，其證據就在於，當個人被隔離開時他就不再是自足的；就像部分之於整體一樣」。㉓這裡，亞里士多德明確將公民稱為組成整體之部分。㉔

亞里士多德曾嚴格地論述了公民的定義。公民不是居住在某一個地方的人，不是婦女、兒童，奴隸更不用說，甚至也不是擁有訴訟權利的人。公民被單純地歸為參與法庭審判和行政統治的人。㉕如何規定社會組織的基本單元，實際上和社會組織藍圖中部分如何形成整體之組織原則直接相關。在亞里士多德的政治學中，城邦實際上被定義為一個政治有機體，其組織原則為基於理性的道德責任和參與政治之能力。公民根據城邦道德（它規定了每個公民權利和對城邦的責任）參與統治；在這種強調道德責任的組織原則中，唯有公民才具有這種道德和能力，故組成整體之最小單元（部分）只能是公民。

換言之，婦女、兒童、奴隸不具備參政道德，不可能是公民，外鄉人及沒有居所和足夠財產的人因不具有自我立足、可以參與統治之能力，故亦不稱爲公民。公民只能是合法而自足的家庭統治者，也就是家長。城邦這種政治有機體實際上是一個個家庭組成的。沒有公民身分的其他人在某種程度上都被歸爲家庭內部。正如基托所說，古希臘「社會是家庭的聚合，每個家庭都有它自己責任重大的領袖」。他甚至將希臘式國家泛稱爲一個由男性親屬組成的集團。㉖

羅馬公民定義和希臘大致相像，只有一點不同。希臘不把公民權給予本城邦之外的人，故由公民組成之國家不可能超越城邦。而羅馬則把公民權給予各城邦的家長，形成所謂虛擬的公民社群（fictitious a community of citizens）。㉗虛擬公民社群之單元由生活在羅馬以外各城市之公民組成，他們實際上不參與政治。但是從理論上講，只要各城邦之公民親自去羅馬，是可以有參政權的。故羅馬社會組織藍圖中的整體可以是城邦的聚合體，即是可以超越城邦的。羅馬社會的組織藍圖亦和希臘基本上一樣，其社會組織單元爲合法的家庭（其代表是作為家長之公民），而整體爲城邦的聯合體——共和國或帝國。在這種組織藍圖中，整體仍爲某種政治有機體，經濟組織只占十分從屬地位，無論實際上商品經濟多麼發達，基本經濟活動在社會組織藍圖中仍被歸為組成整體之單元即家庭之中，它屬於純粹私人的領域。公民參與公共活動組成社會意味著從私人領域步入一個和私人無關的新領域。這一切正如鄂蘭所說：「古代人必須每天穿越橫在他們面前的那條鴻溝，越過狹窄的家庭領域，『升入』政治領域」。㉘

必須注意，家庭內部成員和所有事務完全屬於私人領域，這一點對古希臘羅馬社會無個人觀念至關重要。因為家庭作為社會組織之基本單元，它並非不可進一步分割的。如果將家庭細分，就有作為家庭成員的每一個人。當家庭組織原則亦是國家組織原則一部分時，國家（城邦）一定也可以看作由這種部分之部分組成，這樣城邦和國家也是可以當作由個人組成的。因此，在古希臘羅馬社會只有家庭組織機制和國家組織原則不同，家庭完全屬於私人領域，其部分不具備公共事務和道德上的正當性，組成家庭之部分（個人）才不能被當作形成城邦和共和國之單元。正因為如此，在古希臘羅馬社會，「個人」這個詞雖在日常生活中不可缺少，但它並非政治術語。當時拉丁文中代表觀念上不可分割之最小單元的individuus一詞，亦從未用於表達組成社會之部分。

用individual指涉社會組織中的個人發生在十六至十七世紀，它意味著將個人從家庭、國家等組織中區別出來意識之呈現。㉙雖然至今尚沒有一個哲學家可以把現代人對自我的看法徹底剖析清楚，但是，把西方個人觀念之形成導致的認同變化，作為現代性進一步成熟的標誌則是毫無疑問的。㉚

現在，我們已找到了現代性第三個關鍵性要素，這就是因個人觀念產生而引發的現代認同。

一旦社會不再被視為有機體，人意識到自我是individual時，孤立的個人面對上帝，雖然仍可以用信仰的靈魂界定終極關懷層面的自我，但我屬於哪一個共同體不再有明確答案。這時，何為我們？人類歷史上前所未有的認同危機發生了。民族主義是人類對認同危機的回應，即民族國家的興起，實為不得不用某一種屬性（或符號）來重新界定「我們」的結果。

現在，我們可以指出僅僅把工具理性和個人權利這兩種價值視為現代性本質說的局限了。個人權利與工具理性並沒有規定現代社會政治共同體（主權的擁有者）的大小，無法組成現代國家。政治社會的組織規模需要靠認同來限定，故必須把現代（民族）認同和民族主義作為現代性的第三個基本要素，否則，沒有一種力量能夠把一個個孤立的個人凝聚起來。民族認同對內將個人組織成社會，規定政治共同體的形態，對外為國家主權提供正當性，現代社會一定是由一個個民族國家組成的。民族國家的出現的前提是一些不同於軸心文明普世價值的新認同符號之形成，從而使得「我是誰？」有了新的答案；故自十八世紀起至今日民族主義一直盛行不衰。

人們常有一個誤解，認為民族主義和民族國家是自古以來就有的東西。其實，人們心目中的這種民族概念與現代政治哲學所講的民族，並不是一回事。政治哲學的民族主義，實際上是指社會有機體解體以後，個人怎麼組成國家。或者說國家主權應由哪些個人授權、或怎樣產生？因為民族認同規定了何為我們，不同的認同方式（符號）對應著各種各樣的民族主義。因此，判斷民族觀念是否屬於現代思想必須看它是否建立在個人觀念之上，中國人有individual觀念和個人權利的觀念是在一九〇〇年以後，故中國民族主義的出現，大約也在一九〇三年前後。西方比中國早了近二百年，民族主義和民族國家興起是十七世紀末十八世紀的事情。

有兩個典型的事件，可以說明民族主義和民族國家在西方社會現代轉型過程中的重要性。第一個就是美國的獨立。今天人們常把美國的建國，作為現代社會確立的典範。人們津津樂道的是新教徒在上帝面前立約，建立作為契約共同體的政教分離的國家，而往往忽略了美國式的民族主義，即美國認同的重要性。因為僅僅是新教徒在上帝面前立約，只涉及工具理性和個人權利，如果沒有民族認同，即規定了甚麼是美國人以及美國式的愛國主義，是不足以建立現代民族國家的。美國的獨立，是自由主義民族主義的興起，亦是民族國家這一想像的共同體的出現。

第二個例子是法國大革命。人們已充分理解法國大革命在現代價值傳播以及啓蒙運動對傳統秩序顛覆的意義，其實，法國大革命是第三等級用自己的權利來合成國家主權的象徵。它不僅意味著法國成為現代民族國家，還引起了歐洲一系列民族國家的誕生。因此，法國大革命以後，可以說現代性的三大價值基本上在西方得已確立。從此，西方變成一個以基督教為終極關懷，以民族國家為單元組成的世界共同體。這一切為經濟的超增長提供了制度框架。正因為如此，和法國大革命同步發生的是西方工業革命，並隨即引發了第一次全球化浪潮。史學家將其稱為雙元革命。㉛

今日講現代經濟的興起，往往都追溯到英國十七世紀清教徒革命。其實，這是不準確的。工業革命和西方經濟超增長發生在十八世紀後期。正如英國歷史學家霍布斯邦所說：「『工業革命爆發』這一用語意味著甚麼呢？它意味著在一七八〇年代的某一個時候，人類社會的生產力擺脫了束縛它的桎梏，在人類歷史上這還是第一次。從此以後，生產力得以持久迅速地發展，並臻於人員、商品，和服務皆可無限成長的境地，套用經濟學家的行話來說，就是從『起飛進入自我成長』」㉜事實上，經濟超增長是現代性三大基本要素都已確立的結果。其直接表現為市場經濟可以越出國界不受限制地擴張，這就是十九世紀開始的以西方為中心的第一次全球化。

所謂全球化，是指生產力的增長和市場經濟（特別是跨國貿易）同步在全球擴張，兩者互為因果、互相加速。在某種意義上講，十九世紀第一次全球化的進程和今天的全球化相當相像。首先，隨著全球貿易高速發展生產力出現超增長。正如經濟史家所說的：「在十九世紀期間擴展性經濟世界中，工業生產與國際貿易的年平均成長率幾乎相同，大約為百分之三點四。」㉝

歷史學家這樣描寫人類歷史上第一次全球化進程：「一八五〇年之後發生的事件是如此的反常，根本找不到先例。……在雙元革命期間（1780—1840），世界市場擴大了三倍多……。到一八七〇年，英國、法國、德國、奧地利和斯堪的納維亞的每人平均外貿額，已上升至一八三〇年的四至五倍，荷蘭和比利時上升了三倍，甚至美國也擴大到原來的兩倍多……西方主要大國之間，每年大約有八千八百萬噸的海上貿易運輸，相對之下，一八四〇年只有二千萬噸」㉞從一八一五年至一九一四年，世界人口增加了兩倍，但貿易額從二十億美元擴大到四百億美元，增

長了四十倍。㉟

全球化的另一個特徵爲新科技把世界聯成一體。雖然那時沒有今日全球航空業和互聯網，但是有兩樣類似的東西，第一是鐵路和輪船，第二是電報。這些現代交通工具和電訊的廣泛使用，把世界變成一個以歐洲爲中心的地球村。一八〇七年富爾敦發明蒸汽船，一八一九年美國蒸汽帆船塞芬拿號用廿九天橫越大西洋，一八三九年，英美郵政公司大西洋航線已經定期化。㊱一八四八年前，除英國外世界各地尚不存在鐵路網，但到一八五五年，世界五個大陸上都已鋪設鐵路。㊲一八七五年，全世界共擁有六二〇〇〇部火車頭，一一二〇〇〇節客車車廂，共運載了十三億七千一百百萬旅客和七億一千五百百萬噸貨物。一八四八年前環繞地球的航行最快也不能少於十一個月，但一八七二年已能在八十天之內周遊世界。在一八八〇年代早期（一八八二年），每年幾乎有二十億人坐火車旅行，其中大多數是來自歐洲（百分之七十二）和北美（百分之二十）。一八六〇年代出現的一系列「自由貿易條約」，在實質上拆除了主要工業國家之間的關稅壁壘。㊳這一切尤如今日之WTO（世界貿易組織）那樣。

第四章 系統論的綜合：現代社會的基本結構

現代性三要素的不同功能——市場經濟的擴張和理性無限制運用的前提：它們必須被視為是正當的——現代性的系統觀：正當性和制度的耦合——「社會」的興起和公共空間——重讀鄂蘭、哈貝馬斯和博蘭尼——現代政治結構在耦合中的關鍵性作用——現代社會建立的兩個不可分割的方面：民族國家集合和國內社會整合——現代社會的雙層次結構——現代化為甚麼是全球化——探索現代社會起源的兩條線索——發生過程和學習過程——經濟決定論和觀念決定論的謬誤

如果從功能角度來分析現代性三要素，就可以發現現代認同的性質與其他兩個現代性要素是不完全相同的。工具理性保證了社會行動和組織理性化不會顛覆信仰和道德，導致科技可以無限度地應用和發展。個人權利主張個人自主性爲正當，從而使個人求利動機正當化，並使個人之間的契約關係（它是市場經濟和民主政治的基礎）高於其他人際關係。這兩種價值的功能可以歸結爲理性化和市場經濟無限擴張提供了價值動力和道德論證。而現代認同的本質在於規定政治組織

的規模，是將個人凝聚成具有主權（立法權）的契約共同體（國家）之力量。或者說，基於現代認同，獨立的個人才能建立政治組織，並立法保障契約社會。當沒有這種凝聚力時，經濟的和社會的契約組織得不到法律保障，亦不能互相整合；這時，工具理性和個人權利是不可能成為實際存在（不斷擴張）的契約組織正當性基礎的。

用系統論語言講，現代認同的是實現現代價值和社會（政治經濟）制度的耦合的前提。這樣一來，我們可以從一個全新的角度來把握現代社會的本質，這就是將其視為現代價值與經濟和政治制度的耦合，形成如圖一所示的基本結構。據此，馬克思典範和韋伯典範可以結合起來，得到一種把握現代社會性質的系統論觀點。

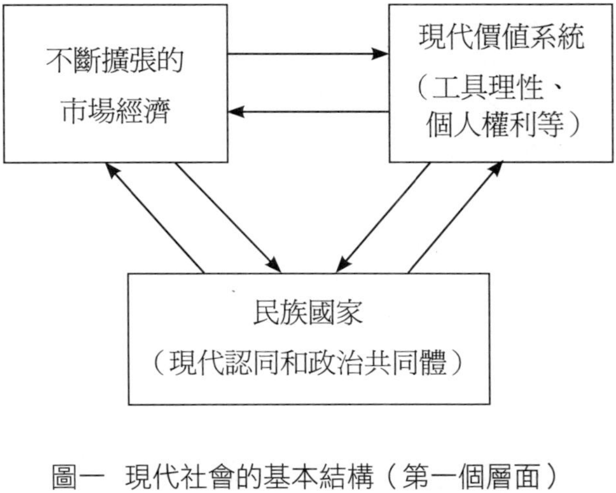

不斷擴張的市場經濟

現代價值系統（工具理性、個人權利等）

民族國家（現代認同和政治共同體）

圖一　現代社會的基本結構（第一個層面）

讓我們來回顧前面論述的基本邏輯。一開始我們根據擴大了的馬克思典範，把現代社會定義爲市場經濟可以無限擴張及科技無限運用而導致生產力超增長的社會。該定義是唯象的，沒有涉及超增長的機制。接著我們轉向韋伯典範和自由主義政治哲學。指出工具理性和個人權利這兩種價值之所以代表了現代性，這是因爲它們可以爲市場經濟不斷擴張和科技無限運用提供價值動力和道德上的正當性。但是僅僅在觀念上確立這兩種價值並不意味著經濟的超增長可以成爲現實，只有實現觀念系統和社會系統的耦合，它們才成爲社會制度正當性基礎，無窮無盡的生產力才被解放出來。這裡，建立在個人觀念之上的現代認同（民族社會）在形成這種耦合中起著關鍵性作用。

所謂現代（民族）國家的確立，正是指民族認同使得現代政治（契約）共同體得以形成，它通過立法保障私有產權、市場經濟以及現代價值的主導地位，以使社會契約關係可以互相整合並不斷擴展。我們之所以將其稱爲三個子系統的耦合，是想強調現代國家出現後形成的政治、經濟和現代價值系統之間的互相維繫關係。一方面現代價值系統爲政治經濟制度提供正當性，與此同時政治結構爲經濟和價值系統提供保護，另一方面經濟系統則爲政治系統運行和價值之實現提供物質支持，三者缺一，耦合結構都不能穩定存在。

通過這種穩定的耦合結構，工具理性解決了理性化和信仰（道德）之間的衝突，使得科學技術獲得獨立自主無限的發展可能。而個人權利則成爲社會行動和基於契約的各種制度正當性的最終根據。從此，不僅每個人自主地追求個人目的和利益是正當的，而且契約關係具有高於傳統血緣、道德和有機的人際關係的正當性並成為一切社會制度的框架。於是，市場交換和獲利活動得以克服種種傳統觀念和人際關係的枷鎖擴張到一切領域，個人自主的創造力和以無止境地追求個人利益為特徵的社會財富之增長，也就被源源不斷地釋放出來了。以上分析表明，如果只存在現代價值和經濟（社會）兩個子系統，它們是無法形成自足耦合的。保障超增長的耦合需要經濟、政治和現代價值（文化）三個子系統，其中通過現代認同形成的政治結構是促成耦合整體穩定的關鍵。

縱觀二十世紀的社會科學和宏觀歷史研究的成果，都表明獨立的個人為實現各自目的通過契約形成組織的重要性，它是保障生產力超增長的基礎（現代社會確立的標誌）。事實上，無論是科學技術發明轉化為產品和新工藝，還是新的更有效的生產方式取代舊生產方式，都需要資金、勞動力、信息有效地組合，特別是具有創新精神的個人為了達到目的自行組織起來。這裡除了理性的普及和承認人的致富求利動機為正當，即工具理性和個人權利被普遍接受外，其首要前提是社會不再是一個由傳統人際關係束縛之下不變的有機體，而是一個人可以自行組織起來的系統。社會（societas）這個詞的原意是個人為了達到自己的目的而自願形成之組織，它和由等級、共同文化以及血緣組成的共同體（universitas）或有機體不同。在十七世紀前「社會」一詞從未被用於指涉人類生活在其中的組織系統。鄂蘭（Hannah Arendt）指出，現代社會的出現在時間上和既不屬於國家也不屬於私人的新領域——社會領域的形成同步。㊴換言之，社會的出現是市場經濟可以不斷擴張、生產力出現超增長的前提。

哈貝馬斯（Jurgen Habermas）的研究發現，和現代市場經濟不斷擴張同時出現的是另一種傳統社會不會有過的組織形態——公共空間（public sphere）。所謂公共空間，是指人類事務中這樣一個領域和機制：該領域處在私領域和國家之間，在這裡人們可以通過公共理性討論（rational public debate）將個人意見和選擇合成爲公共意見和選擇（**我們可將其稱為存在著將「私」合成「公」的機制**）。在西方歷史上，這一領域的成長與資產階級公民社會興起同步。㊵用公共空間的形成解釋現代社會的起源，也是講明個人權利和工具理性如何爲公共事務及相應的組織提供正當性，它和服從契約機制的社會興起本質上是類似的，都是論述現代價值系統和社會系統耦合之過程。㊶

哈貝馬斯高度強調國家在社會和公共空間形成中的核心功能。確實，如果缺乏民族國家的一系列立法和建立理性化的科層組織，經濟的和社會的契約關係就無法順利建立，公共空間也得不到保障而不能正常運作，更談不上各種契約共同體互相整合和不斷擴張。在討論英國十七世紀經濟起飛原因時，一九八〇年代興起的制度經濟學將歸之於國家立法保護私有產權，並通過和法國、西班牙的對比來說明這一點。事實上，早在二十世紀中葉，博蘭尼的經典性研究已經證明：現代市場經濟在英國的成長絕非來自傳統社會的市場經濟自發擴展，而是由國家根據經濟自由主義理念推行一系列立法造就而成；即使對於十九世紀上半葉促使西方經濟超增長的廉價僱佣勞動力市場之出現，亦是英國在經濟自由主義指導下廢除大鍋飯式的《濟貧法》（Speenhamland Act）的結果。㊷換言之，英國十九世紀成爲世界工廠有賴於民族國家的雙面功能：對內通過一系列立法促使全國性僱佣勞動市場形成以使得市場的不斷擴張；對外則是建立以大英帝國爲中心的民族國家貿易秩序，使得市場經濟可以超越國界而導致全球化。

上述分析使我們得到一個結論：保證生產力的無限增長的現代社會，其組織形態在整體上應該具有如下兩個層次。第一個層次是民族國家內部，必須實現如圖一所示的現代政治、經濟和價值三個子系統耦合；第二個層次是由民族國家群體組成的世界共同體，每一個民族國家作爲主權擁有者如同擁有權利的個人組成社會一樣，來建立國家間的契約組織。民族主義（**主權國家對世界秩序的想像**）、全球貿易和國際法三者同樣必須構成一互相維繫的耦合系統（參見圖二），這樣，市場的擴張才不受國界限制，生產力的超增長才可以持續下去。㊸由此我們可以理解，爲什麼現代化（**即傳統社會的現代轉型**）一定是全球化；而且，民族國家在雙層次結構（**三個子系統耦合以及把兩個層次互相聯繫起來**）中起著核心作用，故建立民族國家亦成爲傳統社會現代轉型的關鍵。

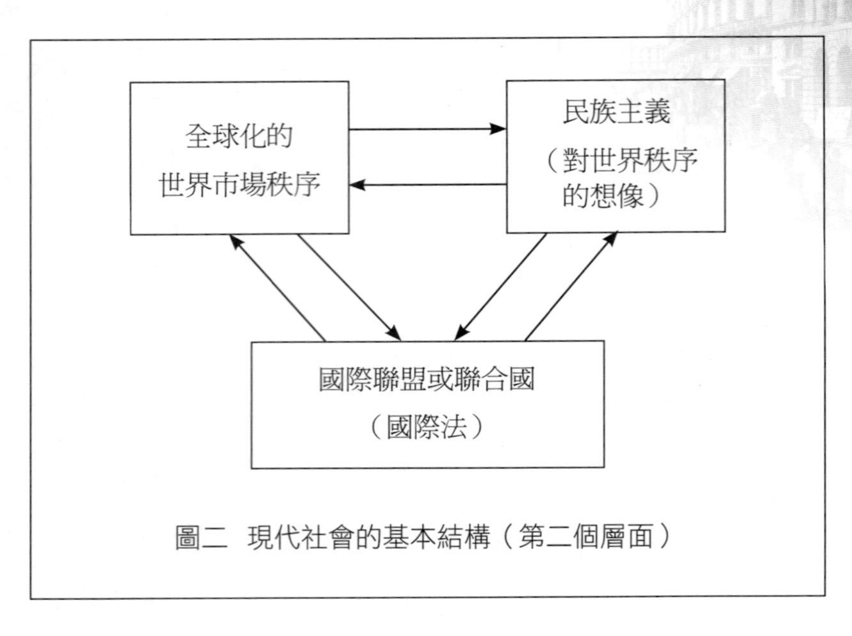

圖二　現代社會的基本結構（第二個層面）

既然現代社會具有上述由特殊經濟、政治、文化價值子系統互相耦合而成的雙層次結構，那麼研究該系統（**現代社會**）的形成就必須分別勾劃如下兩種不同的過程。第一條線索是代表現代性的各要素（**子系統**）是如何起源及壯大的，它們是在何種條件下互相耦合，以構成整體結構，即由圖一所示的三個子系統耦合而成的結構是如何從傳統社會中出現。該研究該涉及第一個現代社會（**現代國家**）的起源，我們稱之爲現代性發生問題。顯然，僅僅在一個或少數國家建立了現代社會（**實現了三個子系統耦合**）是不夠的，現代社會的雙層次結構規定了現代社會形成必須出現眾多民族國家，建立由民族國家關係組成的第二個層次耦合（**圖二**）。故現代社會的形成還必須包含第二條線索，這就是在現代性發生社會影響（衝擊）之下，其他社會的應變和摹仿或轉型過程，我們稱之爲現代化學習、改革和內部再整合（革命），其結果是民族國家群及世界契約共同體的出現。

從這一思路來看，只是從市場經濟、城市和議會制度以及資本原始積累來刻劃現代社會的出現及成長是不夠的。因爲新價值系統的出現不是社會事實變化（例如經濟發展和社會制度的變化）的自然結果，而取決於人類原先的價值系統在實行時和社會的互動。也就是說，研究現代社會的形成，必須首先去追溯第一條線索，即第一個現代社會的起源。顯然，如果不存在工具理性和個人權利這兩種現代價值，價值系統和社會制度的耦合是無從談起的。因此，研究第一個現代社會的起源必須從梳理工具理性和個人權利這兩種價值形成開始。但是，這並不意味著我們主張觀念決定論。因爲任何新觀念都是在舊觀念與社會互動中產生的，我們在第六章將指出，不理解觀念和社會的互動，就無法真正理解觀念的演化；而且研究新觀念的壯大以及和社會的耦合，亦需要一種系統演化論。㊹

第五章　追溯西方現代價值的起源

文藝復興和宗教改革為孿生現象——現代社會起源於新教國家的背後——超越韋伯命題——現代價值的結構——個人權利觀念和工具理性同時出現的前提——尋找最早的統一體——從探討西方法制的起源開始——十一世紀的教皇革命——羅馬法被納入基督教導致的後果——理性和信仰的結合——大一統教會如何成為西方現代社會的母體——個人觀念的神學起源：唯名論革命——唯有個人才是真實的——對上帝理性設計等級宇宙的解構——個人權利和自然法——理性和信仰的二元分裂——為甚麼現代價值互相關聯——宗教改革坐收天主教孕育的成果

馬克思典範將現代價值起源歸爲意大利文藝復興，而韋伯典範則主張現代性起源於新教倫理。E.Gilson（1884—1978）指出，宗教改革和文藝復興本爲孿生現象。㊺在某種意義上講，文藝復興和宗教改革是從不同方面刻劃了同一個過程，這就是理性與信仰的二元分裂。文藝復興作爲人的發現，意味中世紀的心靈發生入世轉向，古希臘羅馬經典和理性精神得到了重視。然而正如我們在第二節所說，古希臘羅馬的理性是與古代宗教互相衝突的，而在文藝復興的過程中不斷壯大理性則是在基督教中發展、並開始從中獨立出來。故文藝復興並非單純向古代理性主義的回歸，而是啓動了理性和宗教的二元分裂。從此以後，經院哲學中信仰和理性的聯繫即告斷裂，而這恰恰正好是宗教改革的基本精神。

無論是路德（Luther, Martin）還是加爾文（Calvin），都認爲上帝代表了無所不能的意志，理性只能在日常生活和信仰無關的領域中運用。在西方，道德的基礎是對上帝的信仰，愈是將信仰視爲和日常生活的邏輯以及和自然界無關，道德和理性的二元分裂愈徹底。也就是說，對於一個新教徒而言，他一方面遵循社會秩序規定的道德規範，另一方面又實現了世界的除魅，可以將理性運用到改造自然和一切日常生活事務中去。這裡，必須注意路德和加爾文的區別。加爾文的救贖命定說和禁欲主義比路德把信仰限制在個人精神層面更爲入世，將理性用於改造世界亦更爲強烈。因此當我們去追溯工具理性這一現代性基石的奠定時，可以發現它始於文藝復興，但卻是通過宗教改革最後完成的。

正因爲新教實現了信仰和理性的二元分裂，締造了現代的心靈，故在研究現代價值起源方面，韋伯典範比馬克思典範更爲深入。但是，從今日眼光看來，韋伯僅僅用新教的禁欲主義解釋推動資本原始積累的價值動力，並從天職（calling）來說明現代社會專業精神起源，還是遠遠不夠的。新教徒不僅實現了理性和信仰的二元分裂，還最早具備個人權利觀念，而且他們居然還是社會契約論的支持者。也就是說，現代價值的所有要素差不多都可以在新教中找到。否則我們便不能理解，爲甚麼最早的現代社會（荷蘭和英國）均是新教國家。正如思想史家希爾（Friedrick Heer）所說：「加爾文主義者是近代世界的先驅。他們在十六世紀推動了西歐宗教改革的發展，十七世紀裡推動了西歐國際政治的發展；十八世紀又推動了西歐科學的發展。十六世紀之後，歐洲無論在勞動精神、在雄心壯志、殖民開拓、戰爭與經濟結合、自然科學的進展，都與加爾文主義者的活動分不開」。㊻

這樣一來，探討現代價值的起源就必須超越韋伯，進一步往前走。其中，最重要的是要回答現代價值爲何在新教精神中普遍存在，而且互相之間有著結構性的關聯。也就是說，他們在實現信仰與理性二元分裂同時，爲甚麼又具有自然權利觀念並拒絕社會有機體，接受「我」是individual呢？請注意，工具理性講的是信仰和理性的關係。而個人權利主張個人自主具有終極的正當性，它除了需要有個人觀念外，還需要把本來只和法律相聯繫的權利觀念與正當性的終極根據相結合。這裡，不僅涉及新的觀念（如individual）如何從社會有機體中起源，更重要的是需要一種力量把原本屬於不同範疇的觀念（如理性、信仰、法律、權利、正當性終極根據）結合在一起。新教是在反對天主教、特別是在批判經院哲學中形成的。新價值固然可以源於對原有價值系統的否定，但新價值之間的結構性關聯卻是因爲有一個孕育他的母體。鑄造該母體必須依靠一種歷史的力量，這就是古希臘羅馬的法律被納入基督教。

讓我們通過個人權利觀念的起源來展開有關討論。自古以來，權利都是由法律規定的，是統治者意志的衍生物。現代權利觀念來自於十六世紀盛行的自然權利（natural rights），規定自然權利的是自然法（natural law）。自然權利具有終極的正當性，前提是法律（**自然法為其一部分**）必須高於道德、統治者意志，它是社會制度正當性的最終根據。這正是西方法制（rule of law）的起源問題。長期以來，中國學術界有一種誤解，將西方的法制（**法律高於政治權力和道德以及程序優先**）的建立歸爲市場經濟和資產階級興起的結果。實際上這是大錯特錯。早在中世紀，西方已經形成法律高於政治的傳統。[47]資產階級革命只是將契約視爲法律的基礎而已。[48]如果沒有早已存在的西方法律精神，十七世紀基於契約的現代社會組織原則是不可能產生的。也就是說，要研究西方現代價值的形成，必須追溯西方法律傳統是如何起源的。一直到一九八〇年代，學術界對此的了解才有突破性進展。

這方面最重要的著作是伯爾曼（Harold J. Berman）的《法律與革命》。該書指出西方法律精神起源於十一世紀的教皇革命。所謂教皇革命主要指如下兩件事，一是一〇五九年舉行教會會議第一次禁止由世俗當局任命主教，宣布由羅馬紅衣主教選舉教皇。在此之前，幾百年間任職的廿五位教皇中，有廿一位由皇帝直接指派，有五位被皇帝廢黜。第二件事是一〇七五年教皇格列高利七世擬定一個由廿七條主張組成的文件——教皇敕令，該文件從羅馬法中爲教皇不受世俗權力的約束找出根據，從此使得羅馬法律傳統和基督教傳統緊密結合，產生了僅僅憑兩者自身不可

能單獨形成的東西，這就是法律作爲形式規則高於政治，以及修改法律必須依靠法則的西方法律傳統。㊾

雖然湯恩比（A. Toynbee）早就指出大一統教會是西方現代社會的蛹體，但在伯爾曼之前，無人系統論述過教會法和教廷與法制及現代政府之間的關係。伯爾曼指出，在西方幾乎所有近代事物均起源於一〇五〇年至一一五〇年這一時期，而不是在此以前，這不僅包括近代的法律制度，而且還包括近代的法制政府、近代的城市、近代的大學和許多其他近代事物。爲甚麼會如此？關鍵在於：一旦確立法律爲社會制度正當性的根據，那麼任何一種被認爲正當的組織和社會行動必須是合法的，其組織和制度的建立亦必須依靠法律。可以用西方城市形成爲例來說明這一點。

眾所周知，西方現代社會是在中世紀城市中發育的。爲甚麼西方城市出現在十一世紀晚期和十二世紀而不是在此之前呢？伯爾曼指出，十一、十二世紀的新城市和城鎮都是宗教的聯合。它們中有許多是誓約公社（共謀集團）。商人行會本身就是宗教團體，那些皇帝、國王、公爵、大主教（或其他宗教人士）主動建立起來的城鎮，正是通過一種法律行爲（通常是授予特許狀）而建立的，特許狀是由宗教誓約來確認，並且，這些隨著官員的不斷替換而更新的誓約，首先包括宣誓維護城市法律。與西方相比較，無論中國、俄國還是伊斯蘭城市和城鎮從來都不是誓約公社，它們也不具有結社團體性質，不需要法律規定它的權限和特許狀。換言之，如果沒有教皇革

命後形成的法律傳統，就不會有城市法律意識和相應的城市法律體系，也就根本無法想像歐洲城市和城鎮的產生。㊿

實際上，我們可以把伯爾曼的發現表述爲古希臘羅馬的法律納入基督教。基督教最重大的特點之一是「救贖」意識，即人們對此世不感興趣，這樣法律被視爲上帝所制訂的治理有罪人類的規則。(51)而以教皇革命爲象徵的政教分離和教會法產生的重要性在於，從此在救贖這種對此世冷漠之價值中，開始正視此世事務之管理，這是形式法規至上的法制精神之起源。僅僅就古希臘羅馬文明的法律不能產生這種精神，僅僅是基督教也不能產生這種精神。因此我們可以將教皇革命視作基督教精神與古希臘羅馬理性主義結合的開始。因爲法制背後的價值是理性，法律納入基督教亦意味著古希臘羅馬的理性主義必須和希伯來宗教結合。其後果是古希臘羅馬的理性精神全面被基督教吸收，出現亞里士多德學說和基督教教義結合的經院哲學，它成爲孕育工具理性和個人權利以及種種現代價值的母體。(52)

我們必須強調，只有古希臘羅馬法律和理性精神納入基督教，西方文明才能成爲蘊育現代價值的溫床。首先，法制被視爲人類社會秩序的基礎，現代性的兩大支柱——個人權利和國家主權理念已在鑄造之中了。法制與德治不同，它肯定人們在不違反法律規定的前提下自主的行動即自由是正當的。法律可以分爲兩大類：來自上帝的自然法和由立法者制定的人爲法。自然法既然是來自上帝的法律，它必定是普世的和超越國界的，它所規定的權利是每個人都享有且自然合理的。這樣一來，自主性（權利）為正當觀念開始出現了。至於另一類人為制定的法律（我們稱為人為法），通常由國家（或國家權力擁有者）頒佈。當法律被視為秩序來源時，國家和國家權力也就被等同於立法權和主權。下面我們將指出，這一點對日後民族國家的出現極為重要。

另外，法律背後的精神是理性，一旦法律成為基督教有關社會制度正當性之根據，就必定要求理性亦成為信仰的一部分。故與法律納入基督教同步發生的是理性和信仰的統一。從此，對上帝的信仰和理性的運用不僅沒有矛盾，而且上帝的存在是可以用理性來證明的。這個過程中，亞里士多德學說在起著關鍵作用。根據亞里士多德樹狀的宇宙等級結構，只要從個別性不斷向普遍性推演，共相之頂端（終極的普遍完美之存在）就是上帝。理性和信仰的統一不僅保證了古代理性精神通過基督教傳播和普及，亦創造了日後工具理性和個人權利同步形成的思維模式。

請注意，自然法雖然蘊含了自然權利觀念，但在相當長時間中並沒有推出個人權利為正當。關鍵在於西方中世紀的自然權利的主體，不是個人而是亞里士多德哲學中的社會有機體的不同等級。⑬這一點在托馬士·阿奎那（Thomas Aquinas）的經院哲學（Scholasticism）中得到了透徹的表達。⑭封建制度是上帝根據理性所創造，由這一理性得到的自然法之承擔者為某種普遍屬性所規定社會等級。正如韋伯所說：

「各式各樣的行業和社會等級是按天命注定的，其中每一種都被分派了神所期望的、或為客觀世界的規範所確定某種特定和必不可少的職責，因此，不同的倫理義務都與人們各自的地位連

在一起。在這種理論形式中，各式各樣的職業各等級被比做一個有機體的組成部分」。㊺

由於每個人都是這一有機體不可分割的一部分，對於有機體各個部分而言，將這個人和那個人區別開來的是他所屬於的種和屬的性質（共相）。即把不同人區別開來的是共同體賦予的關係和屬性，因此個人觀念尚沒有出現。舉一個例子，從今天大量遺留下來的十二世紀文獻可見，當時某一個騎士自我認同之特徵必須訴諸於血緣、效忠對象和獨特之騎士精神，這些標準均來自於用於規定種和屬的性質，而非個人性。㊻這時，自然法雖規定了相應權利，但既然無個人觀念，當然也不會承認個人權利是正當的。㊼

因此，只有形成個人觀念，自然法才會進一步轉化為現代性核心價值；即個人自由（權利或自主性）為正當。雖然基督徒面對上帝時，已經存在個人觀念，但這只是一種出世的個人，現代個人觀念是一種入世的個人觀。㊽近年來的研究發現：促使西方文明邁出這最關鍵一步的，是十四世紀後唯名論思潮對經院哲學（阿奎那神學體系）之解構，特別是奧卡姆（William of Ockham）在早期唯名論基礎上掀起的所謂唯名論革命（Nominalist Revolution）。

在西方哲學史上，中世紀唯名論和唯實論的爭論早就受到重視，只是一直沒有將其和現代性起源聯繫起來。奧卡姆以其命名的剃刀（Ockhams Razor）聞名，認為反映真實的理論必須愈簡單愈好，多餘的假設必須像毛髮一樣剃去。奧卡姆之所以有這樣的想法，關鍵在於他不同意經院哲學將種和屬這種普遍理念看作真實的存在。奧卡姆認為，普遍理念理成為一種共相，只是將具體事物歸類的一個名稱而已，對於約定之名必須愈簡單愈好。西方思想史研究者將唯名論對經院哲學之顛覆，稱爲現代性的神學起源。[59]

唯名論認爲唯有個體才是真實的，在這一派看來，經院哲學中來自亞里士多德哲學的新柏拉圖主義（Neoplatonists）式的「種」和「屬」，它們作爲共相，只是一個名稱，不是實在。這樣一來，將封建社會視爲一個上帝設計的理性有機體的觀念就不再成立。國家是由一個個獨立的個人根據法律（自然法和人爲法）組成的，自然權利的承擔者只可能是個人。[60]

Gillespie曾詳細論述過這種來自唯名論的本體論個人主義（Ontological Individualism）對西方現代思想的形成，在三個方面發生持久影響。第一，從此之後尋找真理不應在如何由共相推出個別，即修辭學和三段議論的語言分析中花費時間，因爲共相不是真實，而應轉向自然界。這種觀念促使實驗科學之興起。第二，唯有個體才是真實的這一觀念經意大利文藝復興時期人文主義者的發揮，個人生活即私人領域的意義和正當性得到確立，它和自然法結合形成了個人權利和privacy等近代觀念。第三，它直接促成了十六世紀的宗教改革。唯名論相信上帝的無所不能並通過其意志創造了每一個具體之個體，這樣一來人和上帝的溝通（得到啟示）可以依靠個人單獨進行，大一統教會不再是必不可缺的中介。[61]這正是新教的基本理念。

更重要的是，唯名論否定共相的真實性，由類和屬組成的宇宙等級之樹只是人的想像，也不可能通過亞里士多德的邏輯和理性證明上帝的存在。正因爲如此，啟示的真理和理性必須分成爲兩個互不相干的領域。也就是說，唯名論的信徒不僅是個人主義者，同時亦主張對上帝的信仰和理性無涉。這樣，就完成了工具理性的塑造。由此我們可以理解，爲什麼新教徒會同時接受工具理性和個人權利觀念，並成爲普遍社會契約論的宣傳者和實行者，從而影響到十七世紀國際政治的形成，他們又是十八世紀現代實驗科學興起的重大動力。從現代價值起源來看，新教中的種種現代價值都是對經院哲學解構的產物，但所有現代價值之所形成整體性的關聯，卻正好源於古希臘羅馬理性主義（包括法律）和基督教的結合。故路易・杜蒙有一句名言：「宗教改革坐收了在天主教會裡已經成熟了的果實。」(62)

第六章　價值和社會的互動：系統演化論的史觀

為甚麼東羅馬帝國沒有法律革命——庇護制的前提：羅馬私法中的契約——教皇革命和西歐封建社會——如何研究互為因果的過程：子系統的互動和穩態——甚麼是社會結構的演化——系統論演化對經濟決定論的取代——《西方社會結構的演變》的研究綱領——怎樣形成耦合——城市成為最早的現代國家：荷蘭——美國認同的形成——耦合體超越城市的困難——作為立法主體的王權——三角均勢和議會的起源——英國為甚麼捷足先登——兩黨制的起源——啟蒙運動的本質——法國大革命的兩階段：制憲主體和民族國家——原子彈引爆氫彈：從法國大革命到十九世紀初的革命潮流——西歐傳統社會的現代轉型

讀者或許會問，拜占庭作爲羅馬帝國在東部的延續，比西歐更完整地保存了古希臘羅馬文明的遺產，爲甚麼沒有發生類似於教皇革命，從而把古羅馬法律及古希臘的理性主義納入東正教呢？法律革命實爲教會獨立於世俗權力、並爲此找正當性根據之結果。眾所周知，在拜占庭帝國，教會一直處在皇帝和官僚機構嚴密控制之下，並不存在建立獨立於世俗權力的統一教會並爲其尋找正當性根據的問題。而西歐教會之所以可以用羅馬法爲根據、擺脫世俗權力的干擾獲得獨立性，首先緣於西羅馬帝國的崩潰。

歷史學家常常津津樂道如下過程：在五世紀西羅馬帝國解體的大混亂中，商品經濟破壞，爲了在盜賊橫行的自給自足農村建立秩序，農民投身領主城堡以求保護；而領主之間不得不形成一種建立在互相同意之上的庇護制度。今天一講起庇護制，人們就想起以歐洲大陸「我附庸的附庸不是我的附庸」爲特點的封建關係，而常常忽略了它是建立在私人契約之上的。我附庸的附庸之所以不是我的附庸，這是因爲「我」和「我附庸的附庸」之間沒有契約。西方早期封建采邑和封臣制度雖然是一種等級秩序，但其基礎是私人契約，故人們不得不從羅馬法中尋找其正當性根據。[63]正因爲如此，教會要在分裂割據的世俗權力中建立統一組織，也只能以法律作爲根據。事實上，在一個現實中已確立的契約社會中（**這裡立約者不是受法律保護的個人，故和現代契約社會有本質不同**），建立法制相對容易。這正是教皇革命只能發生在西歐封建社會的原因。換言之，古羅馬法律被納入基督教，是西歐封建社會早期商品經濟衰落、統一王權解體以及普遍依附關係的出現直接結果；否則教會獨立於世俗政治權力是不可思議的。

教皇革命一旦完成，基於宗教信仰之上的法制（rule of law）出現了。這時，任何社會關係的確立必須在上帝面前立約，故從十一世紀開始出現等級制度的法律化，西歐封建社會成爲法律制度的產物，⑭並邁向法制社會。從此西歐特有的由法律授予特許狀之上的中世紀城市得以形成，它終於成爲孕育現代社會潛結構的溫床。也正是基於等級制度的法律化，唯名論革命可以導致個人觀念和自然權利觀念的產生。由此可見，宗教文化之變遷不能獨立於政治、經濟結構。

上一章是爲了簡明起見，我們只就文化價值系統內部的變化勾劃出現代價值的起源。然而從更基本的原則上講，是不能忽略經濟和政治宏觀條件來討論該過程的。因此，研究第一個現代社會的起源，僅僅將視野局限在現代價值的形成是不行的（即使該視野已經超越了韋伯），而應該去剖析政治、經濟和文化互動的長鏈。它必須包括以下過程，羅馬帝國崩潰，文化價值系統爲適應新的社會環境而發生的結構性變異，庇護制的出現，尋找庇護制正當性根據，法制的形成，法律對政治經濟行爲的規範，封建制度的法律化和天主教法制國家建立，作爲誓約公社（法團）的中世紀城市出現，經院哲學的形成，唯名論和唯實論的爭論，現代價值的出現，現代價值影響之下社會經濟政治的變遷，等等這一系列相關問題。

這樣一來，立即發生一個嚴重的方法論挑戰：歷史學家如何可能把握這近乎無窮無盡的長鏈呢？爲此，我們引進系統演化論。二十世紀系統論方法最重要的成果是指出，無論長鏈多麼複雜，不同子系統互動只可能有三種宏觀結果，它們分別爲：一、形成子系統耦合的穩態，這時子系統之間的互動表現爲穩態的自我的維繫；二、紊亂（chaos）；三、原有穩態的破壞後，各子系統從舊穩態走向新的耦合穩態。⑮第一種情況對應著社會結構三個子系統形成互相維繫的穩定結構；第二種情況即紊亂（chaos）意味著社會穩態的解體；而第三種情況則刻劃了新穩態的形成，也就是社會結構的演化。

在一九八〇年代出版的《西方社會結構的演變》一書中，我們曾將上述方法論系統地運用到社會歷史研究中去。我們發現：任何社會都是政治、經濟和文化三個子系統的耦合體。不同的社會結構中政治、經濟和文化三個子系統耦合（**互相調節和維繫**）的方式是不一樣的。我們可以用耦合的穩態來刻劃形形色色的社會結構。穩態的破壞必定導致舊社會的解體，新社會結構的形成需要政治、經濟和文化三個子系統在互相調節和維繫中形成新的穩態。這樣一來，社會的結構的演化意味著舊穩態的破壞，政治、經濟和文化結構中的新要素不斷壯大形成潛結構，以及潛結構取代舊結構。㊻該過程不是政治、經濟或文化三個子系統中任何一個可以決定的，故宏觀歷史研究應該從經濟決定論和觀念決定論的陰影中走出來，用系統演化論對馬克思典範和韋伯典範實行綜合。

一旦將現代社會起源研究納入系統演化論，我們的研究就是去探討如圖一所示的現代社會結構（**獨特的政治、經濟和文化價值子三個系統的耦合體**）是如何從傳統社會三個子系統的耦合體中產生的，這正是我們把有關現代社會起源的整個討論納入一九八〇年代出版的《西方社會結構的演變》一書基本框架的原因。《西方社會結構的演變》初版時有一副標題「從古羅馬到英國資產階級革命」。該書從分析古羅馬政治、經濟和文化三個子系統互相維繫出發，證明羅馬共和國和羅馬帝國都屬於耦合系統的穩態，羅馬帝國對羅馬共和國的取代屬於穩態的連續移動。㊲當奴隸制商品經濟、帝國政治、神人同型的宗教文化這三個子系統互相維繫穩態破壞時，意味著羅馬帝國滅亡不可避免。西歐封建社會和拜占庭帝國分別為新形成的政治、經濟和文化三個子系統互相維繫的兩種不同的穩態，羅馬帝國向西歐封建社會和拜占庭的演化，實為舊穩態解體後新穩態之形成。㊳

《西方社會結構的演變》一書力圖用這一邏輯來解釋現代社會為何最早在西歐封建社會內部出現。該書用了相當篇幅論十二世紀的城市如何作為現代社會的潛結構在西歐封建社會內部形成和壯大，以展開系統演化論的研究綱領。必須指出的是，一九八〇年代在寫《西方社會結構的演變》一書時，作者對價值系統內在演化邏輯所知甚少，故只對經濟和政治子系統的互動作了較詳細研究，系統演化論史觀並沒有得到徹底貫徹。如前面幾節所說，沒有現代價值系統的形成，就不會有圖一所示三個子系統的耦合，第一個現代社會在西歐封建社會中起源是不可思議的。《西方社會結構的演變》把第一個現代社會視為最早實現歸為市場經濟、代議制政治和現代價值互相耦合的系統，這一點完全正確；但正因為忽略現代價值這一子系統最先是在新教中成熟的，故對第一個現代社會的起源沒有給出更詳盡的解釋。現在，我們終於可以克服該書後半部分的不足，刻劃現代社會最早在西歐出現的較完整圖畫了。

在中世紀後期城市中，一直存在著市場經濟和市民組織（議會和代表會議）。教會早就在選舉主教和教皇過程中形成代議政治中的多數決定原則，教廷爲現代法制政府提供了模板。因此，只要加爾文教徒在一些市場經濟發達的城市裡集中，該城市就有可能成爲初步實現如圖一所示的三個子系統耦合，成爲最早的現代社會。這正是第一個現代社會出現在十六世紀末尼德蘭的原因。事實上，荷蘭共和國原則上只是一個城市國家。[69]

西方封建社會中的城市作爲現代社會的潛結構，最早成爲如圖一所示的三個子系統耦合體並不困難，但是現代社會組織規模要越出城市的範圍，把眾多城市群體、特別是廣大的農村都包含進來就不那麼容易了。如前所說，現代價值系統和市場經濟的廣泛耦合，必須依靠建立在現代個人觀念之上的政治契約組織。要令超越一個個城市、包括廣大農村在內所有新教徒在一起立約建立政治國家，還需要所有人都認爲自己屬於該政治共同體，其前提是形成一種屬於統一的政治共同體的認同。該過程漫長而又艱巨，美國的建立就是例子。

很多人把五月花號在新大陸登陸，全體移民一起立約建立政治共同體視爲美國的起源。正如路易・杜蒙（Louis Dumont）所說，一六二〇年，清教徒在新普里茅斯這個僑居地建立之前，已經用在上帝面前的誓約擬定了將在移民據點實施的公約，這些清教徒的契約是美國憲法的前身。[70]美國確實是清教徒以契約建立現代國家實現三個子系統互相耦合的典型，但是如果沒有美國認同，這一個個由移民組成小政治共同體（**每個共同體人數只有幾百人**），也是無法合併成一個統一政治共同體的。其實，該認同形成的過程漫長而又艱巨，長達一百五十年之久。它是新教徒從東向西開拓邊疆時逐步實現的。美國認同（即美國人的精神和民族性）的形成是同新教信仰的堅定化甚至人口的增加同步發生的。⑪由此我們可以理解，爲甚麼美國的獨立（建立三個子系統耦合）發生在五月花號登陸一個多世紀之後。

很難想像，發生在新大陸的緩慢的認同整合，可以在西歐封建制度重重限制下進行。西歐封建社會認同整合必須依靠另外的機制。通常人們形成屬於同一政治共同體理念需要依賴強大而持久的王權，或者說形成穩定而持久的統一君主制國家。建立在統一王權之上的政治結構雖有助於解決認同問題，但它要成爲現代社會耦合系統一部分，卻面臨另一個困難，這就是它必須同時變成由獨立個人讓渡其擁有的權利而形成的政治契約組織。這又如何可能呢？

爲此，先必須看一下何謂統一王權？在中世紀基於天主教法制社會中，王權即爲立法權（制訂不同於自然法和教會法的人為法，其主要內容是有關收稅的法律），建立國家意味著王權把屬於封建諸侯管理的地區納入統一的人爲法管治之下。如前所述，作爲現代社會結構子系統的政治結構，法律來自於個人之間的政治契約，即立法必須基於人民同意。這樣一來，作爲立法者的王權要成爲現代政治結構的一部分，就必須受到臣民的制約，或者說其行使立法權必須得到臣民同意。在西歐封建社會中唯有英國滿足這一條件。

今日一講起現代憲政的起源，人們都會想到英國一二一五年的「大憲章」（Magna Chart）。因貴族（封建諸侯）對王權的鉗制，使得國王不得不簽署「無全民一致同意不可徵收稅役和貢金」的大憲章。在西歐封建社會，每當貴族力量大到可以限制王權時，通常伴隨出現的是王權衰落（統一國家的解體），而不是國王頒佈大憲章。為什麼英國會如此獨特？

在《西方社會結構的演變》一書中，我們提出「三角均勢模型」來解決這個難題。在西歐封建社會中存在著王權、市民和諸侯三種不同利益群體，它們是可以互相制衡的力量。當這三種力量滿足三角均勢（即任何二者之和大於第三者）時，王權力量和市民聯合足以壓倒諸侯，建立起統一國家；與此同時，當市民力量加上諸侯力量總是大於王權力量，使得王權立法必須得到市民和諸侯的同意，否則，立即會發生市民與諸侯聯合壓倒王權，推翻國王立法。在英國，早在十三世紀就開始形成王權、諸侯和市民的三角均勢，頻頻出現三種力量的兩兩結盟以遏制某一方的獨大。王權不時依靠市民遏制諸侯力量分裂傾向以保證英國的統一，市民亦頻頻與諸侯聯手限制王權獨斷獨行，使得國王收稅和重大立法都需經過三方同意，作為立法機構的議會就是被三角均勢創造出來的。⑫議會成為立法機構，使得英國最早具有現代代議制政治的雛型。這樣一來，只需現代價值成熟，就比較容易形成現代價值系統和議會政治、市場經濟的耦合結構。因此我們可以理解，為何清教革命後，這種基於三角均勢的議會可以迅速和選舉結合，演變成現代民主社會的代議制政治制度。英國在十七世紀即成為超越城市共和國最早的現代國家。

《西方社會結構的演變》一書還論證了在三角均勢下，只要諸侯力量不斷減弱，一定會出現市民力量和王權力量的勢均力敵狀態。⑬這兩種力量在十七世紀轉化為惠格和托利兩黨。正如一位歷史學家所指出的：「就惠格黨而言，政黨存在的目的是要把國會當作一種制衡王權的機制；而對托利黨而言，政黨的目的是在維護原本確立的機制，尤其是君主制度。」⑭換言之，三角均勢中封建諸侯力量隨市場經濟和王權強大而消失，最後導致議會政治中兩黨制的起源。

《西方社會結構的演變》一書還進一步以法國爲例，說明即使統一王權解決了政治共同體認同問題，但那種缺乏三角均勢的政治結構的國家現代社會發展就比較困難。例如法國王權在市民幫助下壓倒諸侯建立統一國家時，市民和諸侯力量之和不足以遏制王權，三級會議力量極爲弱小，結果法國變成絕對君主制國家。因缺乏現代政治結構的框架，統一王權造就的法國認同無用武之地。形成的政治、經濟和文化之耦合體也不是現代社會結構。正因爲如此，雖然十七世紀法國的城市和市場經濟水準一度超過英國，但並沒有變成現代國家。現代社會結構從中脫穎而出，就必須打破舊社會結構的枷鎖。⑮而且法國作爲天主教國家，沒有經過宗教改革的洗禮，確立類似於新教中誕生的現代價值，就需要一場思想文化變革，這就是十八世紀的啓蒙運動。

學術界在爲啓蒙運動定位時，往往把理性、人權和社會契約論這些現代價值之核心的建立，歸之於這一文化運動，並高度強調它在顛覆天主教傳統方面的作用。⑯這固然不錯，但如果深入檢討啓蒙思潮的本質，就可以明顯看到英國和法國的不同。發生在英國的蘇格蘭啓蒙運動，實際上只是將本來蘊含在新教內部的現代價值體系化，綜合爲自由主義哲學。英國的自由主義爲議會政治和市場經濟提供正當性論證時，並沒有改變新教中理性和信仰二元分裂，以及自然權利和基督教不矛盾的基本結構。無論是休謨哲學的出現，還是密爾對洛克自由主義的系統化，以及亞當．斯密對市場經濟正當性的理論論證均是如此。

法國啓蒙運動的情況則有所不同，它需要在衝破天主教權威過程中確立起現代價值體系，並將其視爲與宗教傳統相對立的東西。自由、平等博愛和盧梭的《社會契約論》均爲顛覆傳統天主教價值的利器。⑰然而我們必須看到，法國啓蒙運動對天主教的顛覆，並沒有改變法國人的終極關懷。以自然神論（理神論）爲國教只盛行於法國大革命發生的短短幾年中。啓蒙運動的結果正是造就了信仰和理性二元並存；個人權利和社會契約論成爲政治和經濟正當性基礎時，宗教只是讓出位置退到與此無關的領域。正如諾曼．韓普森（Norman Hampson）在總結十九世紀法國人的精神狀態所描繪的：「當妻女前往教堂時，家裡的男人卻展讀著伏爾泰著作的詭異景象，恐怕也只能在法國家庭才看得到。」⑱也就是說，工具理性和其他現代價值在法國的確立，和新教國家沒有本質不同，無非它是通過激烈反傳統達成而已！

一旦現代價值在法國確立，原有社會結構的存在立即喪失了正當性。現代價值對舊制度實行顛覆並確立與其相應的政治制度，這就是法國大革命。法國長達十年的急風暴雨社會動盪由兩階段組成。前四年（1789—1792）爲第一階段，主線是舊制度的崩潰，現代價值終於成爲政治制度正當性基礎。後六年（1793—1799）是第二階段：爲作爲民族國家的法蘭西共和國出現在世界舞臺上。路易十六以叛國罪被送上斷頭臺，這是民族國家建立的標誌。在舊制度下，無論對於「朕即國家」絕對君主制，還是王權爲國家象徵的君主立憲制，判國王叛國罪都是不可思議的。可見在路易十六被送上斷頭臺的背後，是國家觀念的巨變，國家已成爲第三等級（嚴格說來是全體國民）作爲制憲主體的政治共同體。故與此同步發生的，是法國向奧地利、英國、荷蘭、西班牙宣戰。新興民族國家爲了保證主權不受他國干預東征西討，最後由克里斯瑪的軍隊統帥拿破崙作爲民族國家代表建立政治秩序。⑲

法國現代民族國家通過大革命建立，爲西方社會結構的演變開啓了全新的時代。在此之前，無論荷蘭共和國的出現，還是英國在建立現代國家方面捷足先登，均屬現代性（第一個現代社會）的起源問題。而法國大革命則意味著現代民族國家群開始形成，涉及到現代社會第二層面的建構。

爲甚麼法國大革命有如此重要的功能？關鍵在於，通過啓蒙運動（特別是法國大革命）現代價值已徹底從宗教中獨立出來，甚至被當作爲傳統的對立物，它的傳播可以超出任何宗教與文化的限制，令現代價值的擴張遠遠超過宗教改革地區，並要求建立實現這些價值的現代社會。更重要的，現代價值的衝擊還是由民族國家輸出革命的形式發生，它急驟地要求其他社會學習現代價值摹仿現代社會，並利用一種可以迅速出現的認同力量，把現代價值和社會制度耦合起來。這就是建立現代民族國家。

如果把法國大革命比成原子彈爆炸，它引起十九世紀初席卷歐洲的革命和建立現代民族國家潮流，則無疑相當於由核爆引發的氫彈，其衝擊波直達拉丁美洲。霍布斯邦認爲一八一五至一八四八年間，西方世界有三次革命浪潮。第一次是一八二〇至一八二四年，以西班牙、那不勒斯和希臘爲中心。其後果是拉丁美洲民族國家的建立。第二波是一八二九至一八三四年，比利時獨立、波蘭革命、意大利和日耳曼各地動盪不安，自由主義盛行瑞士。第三次即爲一八四八年影響全歐帶來「民族之春」的大革命。⑧⓪順應建立現代民族國家的需要，現代性第三要素民族認同在傳統社會現代轉型中的重要性一下子凸顯出來了。

前面我們已討論了現代認同對造就現代社會結構三個子系統互相耦合的重要性。荷蘭城市共和國規模太小，現代認同相對容易；英國和法國認同的成長依靠的是王權；而美國的現代認同形成經歷了漫長的過程。現代認同之締造，屬於民族國家形成的範疇，在現代性起源社會，其塑造過程大多需要依靠民族主義之外的其他因素（**民族認同是其非意圖後果**）。而要在迅速引進現代制度同時建立民族國家，實現由民族國家群組成的全球秩序（**現代社會結構第二層面**）之建構，依靠民族主義之外的其他因素慢慢實現認同整合就遠遠不夠了。於是，民族主義被創造出來，成爲傳統社會現代轉型不可缺少的力量。⑧①

第七章　現代社會第二個層面的建立：民族主義和民族國家

現代社會結構第二層面的形成——建立民族國家的兩個典範：美國和德國——轉向認同研究——超越視野和終極關懷層面的自我——為甚麼傳統社會沒有民族主義——對主權擁有者的再定義——想像的共同體——必須規定國家和個人的關係：憲法的意義——立憲主體和民族主義——西方民族主義三個基本論斷——為甚麼在西方民族與國家是等同的——民族自決的理論根據——認同符號——認同的主觀性和認同符號的客觀性——民族主義兩種理想類型——英美民族主義和德國的民族主義——不同形態的民族國家

現在，讓我們來做簡短的總結。第四章中我們根據現代社會的雙層次結構指出，探索現代社會形成必須去追溯兩條線索。第一條是現代性的起源（即現代價值為甚麼在西方出現，以及如何同社會制度耦合），第二條爲民族國家群（現代社會雙層次結構）的形成。我們先簡述了西方現代價值如何在天主教中蘊釀及通過宗教改革而成熟的過程，再討論爲何現代價值在新教國家（荷蘭和英國）最早完成和政治經濟制度耦合，這都是對第一條線索的勾劃。接著我們指出：法國只有掃清舊結構的障礙，現代價值才能成爲社會制度的正當性基礎。故在啓蒙運動中，現代價值終於從西方宗教中獨立出來，成爲反傳統的利器。其廣泛傳播以及對傳統社會的顛覆開啓了建立民族國家群的歷程。揭示該過程需要我們展開第二條線索的研究。

實現現代社會結構第二層面的建構，前提是出現一批依靠民族主義建立的主權國家。對內，主權國家是立法者，制定保證市場經濟和科技發展的一系列法規，從而實現現代價值（它們可以是由外引進的）和社會制度的整合；對外，民族國家作爲主權擁有者，如同個人捍衛權利一樣，在國際上和其他民族國家競爭，並在經濟發展中建立民族國家之間的契約（包括競爭）關係，使得市場經濟的擴展能超越國界。從此，生產力和科技進步依靠國與國之間競爭和對外殖民獲得更迅猛的動力。現代民族國家的建立存在著兩種不同的典範，這就是美國的獨立和德國的崛起。

美國成爲民族國家與法國大革命幾乎同時發生，它在十八世紀末就加入到西方民族國家群之中，並通過南北戰爭擺脫了對英國的經濟依附，開始同歐洲競爭。而德國現代民族國家的建立比美國晚了近一個世紀。現代社會起源之前，德國的城市曾一度比英國和法國更爲發達，而且和英國一樣經歷了宗教改革，但是德國缺乏足夠強大的王權建立統一國家，很難培育出一致的認同以實現現代價值和政治經濟制度耦合。正因爲德國沒有建立現代社會結構，市場經濟和生產力在十七世紀發生大倒退，很多地方出現二次農奴化。十八世紀的德國無論科技還是經濟都遠比英國和法國落後。㉜直到受法國大革命衝擊，民族主義終於在德國興起，三十八個邦凝聚成一強大的德意志帝國。德國經濟和科技突飛猛進，直接威脅大英帝國這一現代性起源國家的霸權地位。

我們認爲，德國民族國家的建立特別值得注意。首先，它是在現代性起源社會影響甚至是衝擊之下發生的。現代化歷程必須包含民族主義對國家的塑造、社會制度的摹仿，以及經濟追趕和國力爭雄。更重要的是，它必然地把這些因素加入現代社會結構第二層面的建構中去。由於該過程對十九世紀現代社會雙層次結構的形成極爲重要，特別是民族主義對現代社會結構自我調整和演化起著關鍵作用，這使得我們有必要對民族主義建立主權國家之機制詳加剖析。爲此，我們不得不先將探討重點轉到民族主義的基礎即認同分析中來。

如第三章所述，民族主義是現代思想，其之所以必須是因爲現代個人觀念形成後，孤獨的個人必須用民族認同來回答「何爲我們」以建立政治共同體。讀者一定會問，在社會有機體解體、現代個人觀念出現之前，爲甚麼沒有民族主義呢？自古以來，每個人都屬於某一種政治社會，該組織的任何一種屬性如人種、地域、使用的語言、文化、習俗都可以用來定義我們。也就是說，用類屬性界定自我，有著相當多的方法，而且大多和種族與民族有關。這樣，每一種與民族有關的政治主張都有可能產生民族主義，那麼爲甚麼又要說民族主義是傳統社會沒有的現代思想呢？這是因爲自我認同存在著兩個層面，我屬於哪一個政治共同體只是第二層面的自我意識，在它之上，還存在著終極關懷層面（即第一層面）的認同。在傳統社會，第二層面自我意識是建立在第一層面自我意識之上的，即終極關懷的認同壓倒了社會組織的認同。

所謂終極關懷，是指人從社會組織中走出來考慮生存的意義，尋找不依賴於社會的終極價值。其前提爲超越突破，它是軸心時代的貢獻。超越突破是人們常講的哲學概念，但因其定義長期含混不清，理論分析亦難以展開。根據史華慈（Schwartz）的說法，所謂超越（transcendence），其意義指「退而瞻遠」（standing back and looking beyond）。張灝將超越界定爲發現現實世界之外的終極真實，它可以凌駕其他領域價值之上。⑧③但是，人如何可能退而瞻遠呢？又如何讓某一種價值凌駕在其他價值之上呢？西方學術界用救贖宗教或捨離此世的價值追求來定義「超越」。但這樣一來，就無法解釋中國文化具有的超越視野，中國文化只能被勉強地稱爲「內在超越」。我們認爲，可以這樣來定義超越突破，即人獲得這樣一種能力，當他面對生死問題、或社會組織解體時，人不得不從社會中走出來，尋找獨立於社會組織的價值或意義。⑧④換言之，作爲「退而瞻遠」的「超越」（transcendence），其中「退」是從社會中走出，「遠瞻」即是把意向性（意志）指向獨立於社會組織之外的價值目標。一旦實現超越突破，其他社會價值就可以建立在這一價值上面或處於該價值反思及籠罩之下。這樣一來，我們得到有助於分析終極關懷理念形態的重要結論，這就是終極關懷背後存在的超越視野，它本質上是人從社會組織中走出來，追問獨立於社會的意義和正當性的結果。

追求獨立於社會而存在價值，又有哪些最基本的類型呢？以往對軸心文明有四種分類。我們可以採用另一種推理式方法，也可以得到四種理想類型。顯然，就價值目標本身而言，只有在此世之中和不在此世兩種可能；達到該目標的方式原則亦只有兩大類，一種是依靠個人自己內心的判斷和力量，另一種是依靠外部力量和評判標準。請注意，當外部力量和評判標準不能是來自於社會時，它只可能是神祕的或來自自然界的。某種追求方式和一種價值目標的結合規定了一種超越突破的基本形態，形成一種超越視野。而兩兩組合有四種可能性，故超越突破存在四種基本類（見表一）。[85]

表一　超越突破的四種類型

	離開此世	進入此世
依靠外部力量	希伯來宗教型超越突破（類型一）	希臘型超越突破（類型三）
依靠自己修煉	印度宗教的超越突破（類型二）	中國型超越突破（類型四）

這樣一來，我們可以理解，爲甚麼超越視野只存在著救贖（希伯來宗教）、解脫（印度）、對道德的追求（中國）、認知（希臘）四種基本型態。[86]每一種類型都存在著相應的終極關懷及自我意識，[87]它構成認同的第一層面。既然超越視野是人從社會中走出來後意識到自我存在的意

義，它必定是個人性的，這是個人觀念的最早起源。但它並不是現代個人觀念。因爲individual還必須是人參與社會組織和行動時對自我的看法，是規定「我們」的基本單元（**我屬於哪一個政治共同體**）。它和超越視野中出世的個人觀（**嚴格說來是獨立於社會的個人觀**）不同，是一種入世的個人觀（**個人如何組成社會，或合理的社會組織藍圖中個人的位置**）。民族和民族主義產生的條件，取決於這第一層自我意識和第二層自我意識的關係。[88]

我們以西方中世紀爲例來說明這一點。如圖三所示，因亞里士多德學說被納入終極關懷——基督教（**A'決定B'**），亞里士多德學說規定的社會有機體之自我（**認同第二層面B**）由終極關懷層面自我

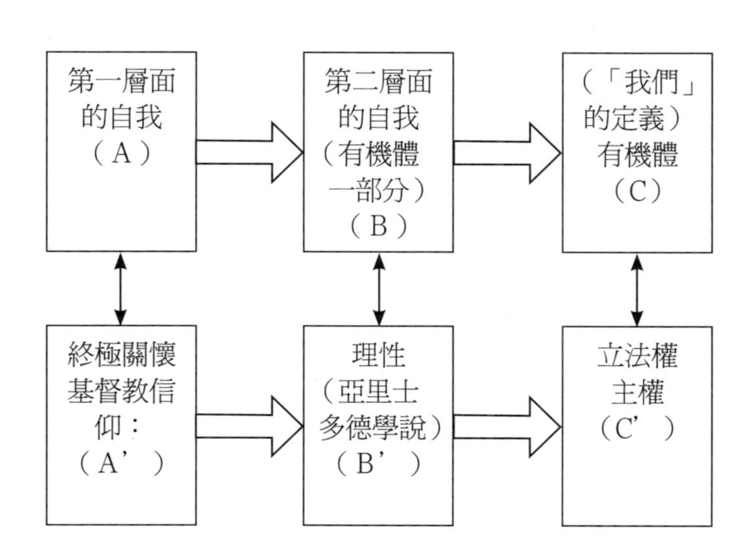

圖三　西方中世紀傳統社會的認同結構

意識（A）決定。因終極關懷的普世性，由它規定的「我們」包含了持該終極關懷的全人類。換言之，因社會有機體和對上帝的信仰（終極關懷）配合得天衣無縫，有機體的民族特性也就會被終極關懷的普世性掩蓋。中世紀西歐雖然分裂爲許多封建國家（其種族和語言可以大不相同），政治共同體層面認同和終極關懷層面認同互相一致，使得社會組織藍圖爲統一教會之下的基督教世界。⑧⑨事實上，不僅西方如此，在其他軸心文明中，也存在和圖三類似的關係。即以軸心文明的核心價值爲標準來界定我們，對「我是誰？」的問題答案雖然與西方不同，但它們的社會組織藍圖均屬世界主義性質。和基督教的世界共同體學說一樣，中國的天下觀、印度教的社會組織藍圖是由道德或種姓而非民族決定。⑨⓪

我們可以想像，只要工具理性出現，圖三中第一條鏈A'和B'就發生斷裂，立即會導致第二條鏈中A和B以及B和C之間的分離。這裡我們看到連鎖效應：社會有機體觀念的解體在實現理性和信仰二元分裂的同時，還如同一把利劍斬斷了基督徒第二層面認同和第一層面認同的聯繫，使得民族成爲界定國家不可缺少的觀念。本來終極關懷層面的認同和共同體認同，是通過種和屬的真實性互相整合，當種和屬不再具有真實性時，「我」爲社會有機體一部分的觀念即告解體。屬於哪一個政治共同體不再有明確答案。這時何爲我們？它構成唯名論者持久而不易回答的問題。人類歷史上前所未有的認同危機發生了，而民族主義是人類對認同危機的回應。⑨①

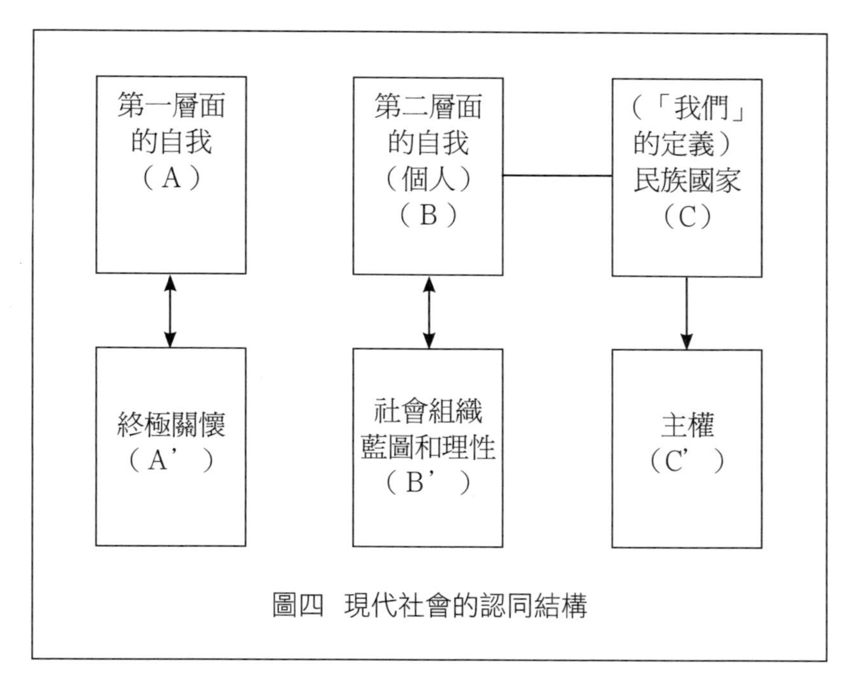

圖四　現代社會的認同結構

必須強調的是，二元分裂是指兩條鏈的同時斷裂。在圖三中，一是A'、B'的斷裂，使得C'亦不能由B'推出；二是與此相對應的是A、B、C之間原有關係之斷裂，這就得到圖四所示的現代社會的認同結構。由於「我屬於哪一個共同體（C）」不能由A和B導出，必須重新界定C；也就是說，民族（何為我們）和民族國家（作為政治共同體的我們）的凸顯實為第二條鏈斷裂的結果，我們可以稱之爲民族主義的起源。民族主義是指「提供一種準則，而且往往是終極的原則，以確立一個社群能夠恰當地建立它獨有的國家政府行使政治權力，並自組一個政治社會的正當性。」⑨²於是，民族國家被創造出來了。這就是爲甚麼種族（民族）自古以來就存在，但民族主義和民族國家卻是近代的事物的理由。

這裡，問題的關鍵是必須重新定義國家。顯而易見，當用某一種認同來規定我們（民族）時，在邏輯上存在著兩種可能性。第一種可能是把國家等同於主權（立法權）。因擁有主權的傳統有機體已解體，特別是當主權的正當性不能用君權神授導出時，只能將主權定義爲由個人權利合成的。這時國家也就被認爲由一個個個人根據契約組成的，國家主權來自於一個個獨立的個人權利的讓渡與合成。⑨③這時，主權的主體和組成該國家的所有個人的總和是相等的。如果將後者定義爲民族，就可發現，在該思路中國家和民族必定是全等的。這是第一種類型的民族國家。第二種可能是把國家看作該認同規定的「我們」（民族）組成之實體，立法權（主權）被視爲該實體（國家）的屬性。這時主權和參與該政治共同體的個人權利無關。我們稱之爲第二種類型的民族國家。

無論第一種類型民族國家還是第二種類型民族國家，政治共同體（國家）都必須由民族認同符號規定的全體個人（國民）建立。如圖四所示B和C的原有的聯繫已不存在，現在必須重新確立國民與民族國家之間的聯繫。這就是明確界定國家構成的法則，該法則通常亦稱爲憲法。⑨④憲法既然是規定國家與國民（組成民族國家的每一個個人）關係的基本原則，它必須包含三方面內容：一是保障基於個人的三大現代價值不受政治共同體的損害，使它能成爲現代社會制度正當性最後根據；二是闡明個人如何組成國家；三是明確憲法形成之方法。第一方面內容通常包括對個人權利的保障和政教分離原則。⑮第二方面爲國民義務和政府運作及立法遵循的規範。第三方面必須闡述憲法正當性根據和建立程序，也就是明確立憲主體。故建立民族國家必須立憲，而民族主義往往是和立憲主體同時出現的。

西方民族國家大多（**特別是英美**）屬於第一種類型。因此我們可以理解，爲甚麼早在基督教神學中，人民（res populi）曾一度被視爲政治共同體（koinonia politik）即國家的主體，⑯但在國家主權由人民賦予的觀念出現之前，西方並沒有民族主義。⑰在西方，民族國家和人民的「制憲主權」（constituent sovereignty）即對國家制憲權主體的界定是同時產生的。正因爲如此，在西方現代政治理論中，民族主義這一理念通常包含三個邏輯上互相聯繫的部分。第一是民族認同的符號，即怎樣規定「我是誰？」，或民族（**組成同一國家即主權的擁有者意義上的「我們」**）如何界定。國家組織範圍和規模一旦明確，民族國家是這些人互相制訂契約的結果。這樣就得到有關民族主義的第二個論斷：由某一認同符號規定的群體（nation）構成同一政治組織實體——國家（state），即西方民族主義論述中nation和state指涉通常互相重合。或者說一個民族有權建立一個獨立的國家。⑱而且這種共同體的形成既然是基於其成員的契約，即自願交出某種權利以形成國家主權。故民族主義通常包含第三個要素，這就是民族自決：某一個民族可以用全民公決方式決定是否建立獨立的國家。⑲顯然，美國的獨立十分形象地刻劃了上述特點。正因爲如此，安德森（Anderson, Benedict）把民族稱爲想像的擁有主權的政治共同體，並將美國獨立視爲現代民族主義起源的典範。⑩

綜上所述，對第一種類型的民族國家（國家由立法權來定義）來說，民族主義與自由、人權和民主不僅不矛盾，而且是互相聯繫的。民族國家的建立，一方面意味著傳統社會現代轉型，另一方面是民族自決、民權確立和自由主義普及。但對於第二種類型的民族國家，國家爲一代表民族之實體，主權（立法權）只是國家之屬性，主權並不依賴於人權，民族國家的建立只需工具理性與形成民族認同，而和個人自由無關，甚至在某些方面是靠壓制人權建立的。

這兩種類型民族國家的不同，明顯地表現在民族認同符號及形成過程的重大差別上。第一種類型的民族國家認同的形成大多是一個自然發生過程，往往經歷相當長時間，英國、美國均是如此。在長時間自然形成的認同過程中，往往可以主觀地回答「我是誰？」，即只要某一地域內一群人互相承認同屬一共同體，就可以構成一個民族，而不一定需要諸如共同文化、血緣、歷史和其他客觀性指標來界定。⑩

以美國爲例，表面上看，美國人的民族認同之中有國旗、憲法等認同符號，但顯而易見，僅僅靠國旗和憲法並不能回答「我是誰？」，民族界定依靠的是主觀認同標準。如Cobban所說：「任何地域性的社群，它的成員意識到他們是社群的成員，並希望維持他們社群的認同，就是一個民族」。⑩Gellner, Ernest講得更清楚：「兩個人屬於同一個民族只需要他們互相承認對方是同一個民族，……而不是由於他們共同具有其他相同的屬性……」。⑩這裡，民族認同與某種特殊文化歷史，以及其他種種客觀屬性（如人種）關係不大，民族主義的意義僅僅在於捍衛這一民族國家的主權，而不需要對某種特定的文化、人種和歷史表示忠誠。⑩④

相反，如果民族國家迅速建立，統一認同不能依靠慢慢成長的主觀互相承認的過程，而必須基於文化、人種或其他客觀認同符號的凝聚力，例如利用種屬、文化或某種其他客觀屬性定義民族，這樣，民族國家的形成就需要訴諸民族主義的動員力量。這時往往會對和這一認同符號相悖的東西加以反對和排斥。⑩⑤這樣，隨著民族認同符號不同，民族主義表現形態和開放程度也大不相同。⑩⑥換言之，如果民族國家認同符號是主觀的，民族主義為自由主義民族主義，形成的民族國家如同美國那樣，是一個可以把各種文化、種族、族群融合為一個統一現代國家的熔爐。⑩⑦如果民族認同符號是客觀的（如獨特的文化、人種），那麼民族主義促成第二種類型民族國家的建立，其速度往往比第一種類型的民族國家要迅速得多。德國民族國家之形成就是這方面典型例子。⑩⑧

如前所述，德國的民族認同建立在德意志共同的文化上。德國的民族文化起源於十八世紀末的狂飆運動，並在十九世紀浪漫主義氣氛下進一步成熟。狂飆運動本是文化抗議運動，它反對浮誇、虛偽形式的物質文明和僵化的文化建制，抵制法國文化與啓蒙思想。⑩⑨浪漫主義反對工具理性將宇宙和自然界當作一部大機器，接受有機自然觀，在文化上則否定啓蒙運動所主張的超越民族文化之上的價值。換言之，德國認同是在法國大革命衝擊下形成的。德國民族主義奠基者之一費希特（Johan Fichte）就認爲，將法國大革命和啓蒙價値看作普世的（cosmopolitan）是一種時代錯誤。⑩哲學家赫德（J.G. Herder）歌頌人民，誇大伯克氣質的獨特性，強調德國特殊而優秀的文化。他主張民族應該像個人忠誠於自我那樣忠實於民族文化。⑪進而浪漫主義思想把民族想像成一個大個體，一個不同於其他民族的獨特個體。⑫這樣，浪漫主義直接促使德國把本民族歷史文化當作認同和忠誠對象的文化民族主義的出現。

對於德國人而言，民族文化是一先於國家的歷史存在，民族國家乃爲文化和精神之載體，而非一個個個人的集合。因此德國民族國家的建立並非靠德國人公民自決而產生，而是通過普魯士在一系列征戰中顯示日耳曼民族特殊認同符號而建立。其中以一八七〇年普法戰爭最爲典型，該戰爭爆發原因是西班牙王位繼承問題。俾斯麥（Otto von Bismarck）巧施手段，迫使法國向普魯士宣戰，普魯士因此可以獲得南日耳曼各邦支持；在強化德意志民族文化認同之下，統一的民族國家終於形成。由於普魯士國王是民族國家之代表，由全境男子投票選出的四百名帝國議會（Reichstag）代表對皇帝並無約束力。⑬德國民族主義構成了不同於英美民族主義的另一種類型，⑭與其對應的是我們前面講的第二種類型現代民族國家。因爲非西方文明建立的現代民族國家大多屬於這種類型，故十九世紀德意志帝國的建立十分重要，開啓了不同類型民族國家崛起以導致現代社會結構第二層面發生內在衝突的歷程。

第八章　傳統社會的現代轉型：學習、立憲與內部整合

現代化成為全人類不可迴避的命運——為甚麼必須區別學習過程和起源過程——學習的前提：人不能引進道德上錯誤的事物——價值和制度層面的學習：終極關懷退出政治經濟領域——學習現代化和非西方文化的現代轉型——關鍵在於如何建立民族國家——立憲的重要性——民族認同的形成：傳統文化與理性的二元分裂——被動的學習過程：帝國主義和民族解放運動——印度、鄂圖曼帝國的例子——主動的學習過程——日本建立現代民族國家為甚麼如此迅速——日本的「亞洲主義」——現代社會雙層次結構不穩定性的暴露——現代社會的內部整合和演化

我們之所以反覆強調存在兩種類型的民族主義和民族國家，是因爲隨著民族認同符號及形成的機制不同，民族國家建立方式和社會現代轉型之速度大不一樣。第一種類型民族國家大多限於現代性發生社會，其民族認同之形成，基本上是一自然過程。而第二種類型民族主義和民族國家建立則是在最早完成社會現代轉型國家衝擊下發生的。它不需要依靠來源於加爾文教徹底個人主

義式的對統一共同體之主觀認同，只須利用現有的政治權威，斬斷終極關懷和原有政治有機體之聯繫（工具理性隨之出現），或用民族主義作爲政治和社會制度（它們可以是學習的產物）正當性基礎，進行立憲實行憲政即可。這是一個比現代性發生社會更爲迅速地建立民族國家的過程。一旦現代化的衝擊來臨，該過程即普遍發生。基於該機制，現代民族國家建立可以越出西方文明之範圍，導致非西方傳統社會的現代轉型，即引發現代化後進社會的學習和立憲；故它具有最大的普遍性，可以把全人類不同社會捲括進去。

確實，在人類歷史上十九世紀六、七十年代發生的變化具有某種分水嶺性質。一方面，德國統一民族國家的建立意味著西方已成爲一由現代民族國家組成之集合，另一方面，美國南北戰爭的結束標誌經濟自主的北方壓倒依附於英國棉織業的南方，西方民族國家之間的現代化競爭更趨激烈。由於現代社會雙層次結構在西方的確立，全球化立即對所有傳統社會發生前所未有的巨大衝擊。馬克思親眼目睹了該過程，他曾這樣寫道：「由於一切生產工具的迅速改進，由於交通的極其便利，把一切民族甚至最野蠻的民族都捲到文明中來了。它的商品的低廉價格，是它用來摧毀一切萬里長城、征服野蠻人最頑強的仇外心理的重炮。它迫使一切民族——如果它們不想滅亡的話——採用資產階級的生產方式。」⑮換言之，現代化後進國家特別是非西方文明要是不學習西方現代社會的制度，就不可能在這個世界上生存。十九世紀下半葉起，全人類被迫面對一種史無前例的挑戰，這就是必須有意識學習起源於西方的現代科技和社會組織方式。由此，全球化衝擊下傳統社會的現代轉型波瀾壯闊地展開了。這是有別於軸心時代以來傳統社會各自演化的全新過程。

翻開世界史我們可以看到，正是在這一時期，世界各大文明紛紛以西方現代社會作爲自己學習對象。俄國宣布解放農奴改變米爾制度，東正教社會痛苦的現代轉型揭開序幕。日本則進行明治維新。古老的中華帝國經歷了兩次痛苦的鴉片戰爭，開始了自強運動應對全球化衝擊。甚至已淪爲西方殖民地的印度，亦第一次出現建立自主民族國家的嘗試。

但是，傳統社會如何才能順利地實現社會現代轉型呢？以往的研究，只是強調推動這一轉型的物質力量和前提，如這些傳統社會感受到西方船堅砲利巨大壓力，因求存救亡的需要，必須學習西方科技以至引進相應的經濟、社會制度。這固然是不錯的，但如果用現代性的系統觀來考察傳統社會學習西方現代化的進程，就可以發現，存在著一個馬克思典範和韋伯典範都看不到的關鍵性要素，這就是學習現代制度必須先在觀念上確立其正當性。我們可將其概括爲傳統文化實行現代轉型。

所謂傳統文化的現代轉型，就是化解現代價值系統和傳統文化終極關懷的衝突，爲學習現代制度尋找正當性根據。⑯要知道，大多數人是不會去學習道德上錯誤東西的。把現代事物特別是制度（**例如市場經濟、現代政治的制度和科技廣泛運用等等**）學習過來之時，人們必定會問：爲甚麼這些制度是正當的？在那些現代性起源的國家，現代制度正當性的根據是工具理性和個人權利，這些現代價值的形成源於古希臘理性主義和基督教的結合，經歷了宗教改革或啓蒙運動漫長的歷史演化，它們並非是市場經濟擴充的自然產物。而現代化後進國家在學習現代制度時，並沒有經歷上述過程。要順利地引進西方現代事物，在確立現代制度的同時，必須證明其爲正當。

從現代性的系統觀看來，所謂現代社會的建立是指現代價值系統和現代政治經濟制度的耦合。對於現代化後進社會，現代科技和相應設施由於其有效就可以成爲必須學習和引進的理由，但社會制度大多是文化價值系統的實現，價值系統演化遵循自身獨特的規律，從外界引進的硬件和設施並不一定會促進價值系統的變化。特別是該社會存在著由傳統確立的一套自己的正當性標準，在傳統社會政治經濟制度正當性標準未曾改變之前，大規模引進現代社會制度幾乎是不可能的。西班牙就很典型。十五世紀西班牙天主教帝國在世界上擁有最大的殖民地，但是它既不像英美那樣是新教佔統治地位，也沒有像法國那樣受到啓蒙運動和大革命的洗禮，也沒有如德國那樣經歷了宗教改革並接受浪漫主義的文化民族主義，甚至不如它在南美的殖民地通過民族獨立轉化爲民族國家。⑰法國大革命後，西班牙一度引進拿破崙法典以及學習各種現代制度，但西班牙在現代化道路上一直步履維艱。其關鍵原因正是天主教和現代價值的矛盾。⑱

特別要強調的是，不同的軸心文明有著自身的正當性最終標準和不同於西方基督教傳統的道德價值系統，它規定了這些社會中生活的人的認同和不同於西方的正當性論證模式。要引進工具理性和個人權利作爲正當性，就必須解決它們與非西方文明原有的信仰和道德是一種甚麼關係的問題，化解其衝突。如果該問題不解決，引進的現代經濟政治制度不僅不可能生根，而且會導致原有社會崩潰。從理論上講，化解傳統文化和西方現代價值衝突的前提是傳統終極關懷退出政治和經濟領域，或在西方衝擊下發生終極關懷與理性的二元分裂。正如上一節分析所指出的，只有該過程發生，政治共同體（國家）才不再由終極關懷層面的認同來規定。

這樣，根據圖四我們可得到一個結論，只要民族主義興起，認同結構之巨變同時會引發工具理性形成。也就是說，一旦民族主義爲政治制度提供正當性並實行立憲，個人權利等現代觀念就可以隨著民族獨立被引進，與此同時，還意味著終極關懷退出政治社會制度正當性論證，這通常亦是工具理性之形成。這時，學習引進的現代價值和現代政治經濟制度，就可以通過建立民族國家迅速實現耦合。由此可見，建立民族國家（立憲）在學習西方現代社會制度的社會轉型過程中起著相當關鍵作用。

上述變化的實現可以分成主動和被動兩種過程。所謂被動，是指該傳統社會沒有抗拒西方入侵之能力，通過西方帝國主義侵略和佔領完成現代轉型。首先是淪爲殖民地，西方現代價值隨著制度的引進在本地精英分子中確立，傳統終極關懷及其正當性標準亦逐步地退出政治經濟生活。一旦西方社會對殖民地控制能力衰落，殖民地獨立就成爲現代民族國家的契機。印度是被動轉型的典型例子。印度作爲英國殖民地，現代價值由外引進，社會精英由國外培養。在殖民地統治漫長的過程中形成了國大黨，在社會精英心目中來自本土文化的終極關懷雖在國家認同起作用，但它已退出政治經濟制度正當性論證，達到工具理性所需要的信仰和理性的二元分裂。⑪⑨在公共領域上與民主制度配套的價值，亦基本來自於西方。對於這一類被動過程，展開的前提是傳統終極關懷和理性可能發生二元分裂以及可以退出政治和經濟領域。

當傳統文化很難退出政治經濟制度正當性論證、又不能實現信仰與理性二元分裂時，傳統終極關懷和現代在社會生活特別是西化的制度存在不可調和的矛盾，其後果是非西方傳統社會和西方發生長時期的文明衝突。它伴隨著兩種文明的戰爭，傳統社會的解體，社會內部長期動盪、無序和普遍貧困化。鄂圖曼帝國的命運就反映出這一點。早在十八世紀鄂圖曼帝國已經感受到西方現代的衝擊。由於伊斯蘭教比印度教更難退出政治經濟領域，拒絕精神與世俗分成兩個不相干的部分，致使社會精英階層幾乎無法理解和接受工具理性和個人權利，⑫⑩其結果只能是文明衝突和傳統大帝國不斷地衰落。不管它在器物層面如何現代化，因無法建立民族國家實現社會現代轉型，最後只能崩潰。⑫①到今天為止，在相當多伊斯蘭社會傳統精英（伊斯蘭教的本土宗教領袖）仍無法接受工具理性所必須的信仰和理性的二元分裂，由此引起對學習之厭惡，這正是二十世紀原教旨主義興起之溫床。⑫②

根據以上分析，在邏輯上必定存在著另一種可能。這就是：如果傳統社會在全球化衝擊來臨之前或來臨之際，已經做到了理性與終極關懷的二元分裂，或有某種因素可促使二元分裂的達成，這時社會現代轉型必定極為迅速，現代民族國家可以在極短時期內建立。該過程在速度上和上一章所講的西方第二類現代民族國家的建立相同，而有別於殖民地式被動式的社會轉型，這是一種主動的學習。必須注意，在主動學習過程中導致終極關懷與理性二元分裂的原因是非西方傳統文明內在因素，它必定極深地捲入學習機制。換言之，在主動轉型的過程中，制度現代化主要是靠學習模仿，而這些制度正當性根據之形成即文化現代轉型，並不是簡單的學習引進所能說明。文化現代轉型在相當程度上依賴著本土的價值在外來衝擊下和外來價值結合，成爲其引進現代社會制度正當性之根據。其最典型的例子是日本。

十九世紀下半葉日本的現代化，一直使西方社會學家感到意外。日本只用了三十年即完成社會現代轉型，成爲十九世紀末世界五強之一，其速度可與德國媲美。從制度層面看，日本的現代化當然離不開學習和引進。但在文化價值層面，日本用作論證現代社會制度合理的根據，則與西方不盡相同。日本至今仍不是一個以個人爲本位、全盤接受西方政治契約論的國家，但這一切並不妨礙日本的立憲和公司的運作以及市場經濟及國力的高速成長。⑫③

日本社會現代轉型之迅速，可以歸爲日本傳統中本來就潛藏二元政治結構：作爲國家象徵的天皇和具有實權的幕府將軍。天皇背後的文化觀念是神道，而德川幕府政治合法性基礎本來自中國的程朱理學。但早在江戶時代，氣論對朱子學的解構產生了日本獨特的儒學——徂徠學。徂徠學中，已發生了政治理性和道德的二元分裂，國學更把天皇視爲至高無上。⑫④明治維新時期，我們可以看到表面上互相對立的過程，一是王政復古，二是全面向西方學習。這正好揭示了日本能迅速實現社會現代轉型的機制：理性和終極關懷（神道和儒家道德）的二元分裂，一方面使得日本可以迅速學習西方制度，同時通過王政復古來建立君主立憲的民族國家。

一八八九年二月十一日，明治憲法正式頒佈，標誌著現代價值和政治經濟制度耦合的實現。憲法規定作爲國民的全體日本人如何組成現代民族國家，如內閣向天皇而非國會負責，天皇統帥陸海軍以及國民的各種權利。正如安德魯．戈登（Andrew Gordon）所說：「憲法的頒佈及民選國會的召開，象徵日本已成爲一個由主體組成的國家，民眾一面要承擔國家義務，另方面也獲得政治權利。義務包括男性要服兵役、所有人都要上學、每個人都要付稅。權利包括少數人得到選舉權、能夠在政府決定預算中表達意見。」⑫⑤故自一八八〇年代起，日本就迅速加入到第一次全球化生產力高速發展的進程中去，工業產量以每年百分之五的速度增長。一八九五年至一九一五年間，其工業總產量增加了二點五倍，同期美國只增加了一倍。⑫⑥

總而言之，在西方現代社會的全面衝擊尚未來臨時，日本傳統社會已蘊含著某些價值。這些價值自身雖不足以催生現代社會；但是一旦開始啓動制度層面向西方學習，這些有著極強的本土資源的價值，就會迅速親和相應現代價值並和西方引進的社會制度耦合，成爲其正當性基礎。這使得日本傳統社會現代化與其他國家被動學習過程不同，而格外迅速。日本現代民族國家的形成，其前提是天皇（加上國學和神道）爲民族認同符號，以及用民族主義（日本主義）實行立憲。由於明治時期的政治理性是與儒家道德和神道分離的，所以它可以迅速接受西方價值，成爲引進現代政治經濟制度正當性根據。

日本的君主立憲制度中，天皇既是國家象徵亦是最高統帥，國會對天皇約束力極爲有限。這樣，日本民族國家建立，同時意味著每個人確立國民和臣民的雙重身分。對社會來講個人爲國民，對國家而言個人是忠於天皇之臣民。國家是由天皇爲代表、必須效忠的對象，而非由個人權利合成之客體。由於天皇爲一個唯日本才具有的客觀認同符號，日本以單一民族國家見稱。

就民族國家性質而言，日本和德國同屬第二種類型。即這兩個國家主權不是由個人權利合成的。因此，我們可以把現代德國和日本的興起，作爲現代社會結構中不同類型民族國家形成的標誌，亦意味著現代社會雙層面結構已超越西方文明範圍，開始演變爲一種力圖把所有軸心文明都包括在內的世界秩序。

然而，我們必須指出，由於德、日與英、美屬於不同類型的現代民族國家，因此前者與後者對世界秩序的理解也呈現了相當大的差異。如第五章所說，西方現代性三要素工具理性、個人權利和民族主義之所以可以結合在一起，是因爲持唯名論主張的加爾文主義視任何社會組織（**包括民族國家**）爲個人之間契約的產物，這樣，國家只能用立法權來界定，主權是由人權合成的，而非實體之屬性。而現代民族國家間的世界秩序（**即現代社會結構的第二層面**），只能是如圖二所示的國際法籠罩下主權國家的契約共同體之屬性。[127]但是，在德國或日本這類民族國家中，國家不是由個人權利合成，它或爲民族文化的載體（**如德國文化民族主義**），或是某種最高文化價值的實現（如日本忠於天皇）。這時，必定造成了對世界秩序的不同理解。在這種民族主義的視野中，不同的民族國家不可能是平等的，國際社會亦不一定是民族國家組成的契約共同體了。

在德國民族主義興起的過程中，出現日耳曼民族比其他民族優越的泛日耳曼主義。在十九世紀，因為以大英帝國為首的現代性發生國家主導著國際秩序，德國的泛日耳曼主義當時只是民族國家現代化競爭中的潛流，西方現代社會雙層面結構的穩定性尚未破壞。日本崛起後，情況日趨嚴重。在日本民族主義中，天皇為民族認同符號，以忠君為核心價值的日本式儒學形成了其對世界秩序之想像。在日本式儒學看來，黃種人的亞洲有別於西方，應成為一共榮圈，而先進的日本當然是亞洲的領袖。該民族主義對合理的世界秩序之界定，是以日本為中心的亞洲主義，而非遵守國際法的各民族國家平等的契約組織。也就是說，隨著德國和日本等第二類型現代民族國家的建立，現代社會結構第二層面已出現和圖二所示結構的不同。我們已經可以感受到二十世紀上半葉民族國家劇烈戰爭的硝煙味了。[128]

現代民族國家的普遍建立，特別是第二類型民族國家的出現，不僅使得現代社會結構第二層面變成不穩定的，甚至會對其第一層面產生衝擊。在後發型國家建立現代民族國家過程中，還會產生另一個問題，這就是現代化學習導致社會整合的解體。我們在第七章中論證了，只需迅速斬斷傳統終極關懷和社會有機體（包括傳統國家）的聯繫，就能較順利地引進西方制度、建立現代民族國家。這只是高度簡化地講了一個必要條件。實際上還存在另一個更重要的必要條件，這就是新建立的民族國家必須能代替原有社會有機體實現社會整合。這對於那些幅員遼闊大帝國的現代轉型特別重要。因為這些社會的迅速轉型，通常出現傳統社會有機體被包容到現代民族國家的框架中，由於傳統社會有機體和現代國家組織方式往往是互相矛盾的，兩者被迫結合就必然會引發內部組織形態激烈的變構。其結果，多半是傳統社會有機體在現代化過程中解體。這樣，只要新形成的現代社會組織不能實現社會整合，必定出現嚴重的社會脫序。

非西方傳統社會在建立現代民族國家後發生嚴重的社會整合危機，是一件非同小可的事情。它和不能建立民族國家而出現的社會無序性質完全不同。後者是傳統社會因不能接受現代價值導致文明衝突；而前者則是主動學習現代價值、建立現代民族國家後的社會危機。它或意味著某些軸心文明對經學習得到的現代價值必須進行重構，才能實現社會整合，或意味著去建立新的社會有機體代替碎裂的民族國家。前一種情況即現代價值之重構，意味著不完全等同於西方現代價值之新價值之出現，後一種情況意味著形成能實現社會整合之現代民族國家必須經過一個過渡階段。這兩種過程和主動學習一樣，都會迅速地以雷霆萬鈞之勢展開，並指向建立另一種現代社會。該過程立即對現代社會結構第一層面發生衝擊。這既是現代社會結構越出其起源地以後的進一步演化，亦是多元現代性的呈現。

簡而言之，源於西方（嚴格地說是來自於天主教文明）的現代社會結構要被全人類接受，其前提是其他軸心文明（特別是大帝國）能通過制度和價值層面的學習亦成為現代社會。然而無論對中國文明還是東正教文明的俄國，在學習之後均發生社會整合的解體。這一切使得現代社會結構剛剛形成就碰到巨大的挑戰，走上無可避免的自我調整和演化之路。無論是俄國羅曼諾夫王朝還是中華帝國，在發生社會現代轉型導致的整合危機時，均是用馬列主義意識形態代替民族主義，實現社會重建。因此，爲了展開傳統社會在轉化爲現代民族國家後社會整合危機的發生以及建立另一種現代社會的討論，我們必須先分析何爲馬列主義？對現代性而言，它有甚麼意義？

第九章　甚麼是馬克思主義？

馬克思主義的三大來源——批判康德：從費希特、黑格爾到費爾巴哈——對工具理性的否定——自由主義和古典政治經濟學的共同基礎：個人權利的可欲性——從勞動價值論到剩餘價值學說——現代社會組織藍圖的虛妄——社會高於個人和人的解放——社會主義：從空想到科學——馬克思主義的定位：反思現代社會之巨鏡——批判不能獨立於批判對象而存在——令人著迷的「現代社會之後」——巨鏡之粉碎：對思想和意義死亡的預示

如果把十七世紀定位爲現代價值和現代社會結構的起源，十八世紀爲現代價值在西歐的普及以及西方核心地區社會的現代轉型，⑫⑨那麼十九世紀則是全球化展開以及經濟自由主義全面推行的時代；這也是現代社會結構發生異化、弊病開始呈現的時期。它導致對現代價值之批判和對現代社會組織藍圖的再評價。⑬⓪一種力圖超越現代社會的想像亦日益強烈。馬克思主義正是其代表。

恩格斯（Friedrich Engels, 1820—1895）曾明確指出過馬克思主義有三大來源，它們分別爲德國古典哲學、英國古典政治經濟學和空想社會主義。⑬¹今日看來，這三大來源恰恰刻劃了現代社會形成過程中對現代性（**工具理性、個人權利和現代認同這三大價值**）的懷疑以至否定的思潮。馬克思主義的第一個來源（**德國古典哲學的發展**）代表了對工具理性的否定，第二個來源（**英國政治經濟學的批判性繼承**）則記錄了對個人權利爲正當性最終標準的懷疑，以至形成全盤顛覆性的理論，而第三個來源則刻劃了對社會契約論和民族認同的批判和取代。

所謂德國古典哲學，通常指從康德開始，通過費希特、謝林（Schelling, Friedrich Wilhelm Josheph Von, 1755—1854 ）到黑格爾（Hegel, George Wilhelm F. 1770—1831）不斷深入之德國觀念論，以及包括費爾巴哈（Ludwig Feuerbach, 1804—1872）對黑格爾主義批判在內的德國哲學傳統。其實，這恰恰是一條反映德國民族精神誕生的哲學之路，亦是否定工具理性之路。康德經歷了整個啓蒙運動並目睹它怎樣導致法國大革命，作爲力圖用其精神取暖而不是被其焚毀的思想家，康德哲學是從觀念論角度對宗教改革和啓蒙運動的精神（**二元論**）作出總結。⑬²他的代表作《純粹理性的批判》用哲學分析指出理性的能力和局限，建立了信仰（**道德**）與理性（**科學**）二元分裂（**也是為工具理性提供正當性**）的現代哲學體系，故康德是屬於對現代性進行闡述和論證的哲學家。⑬³

費希特則不同，雖然他自稱康德的傳人，但因深受拿破崙大軍入侵的衝擊，開始懷疑法國啓蒙價值的普世性，主張德國民族精神。爲此，他告別信仰與理性二分立場，提倡主體（**包括理性、意志和情感**）的主觀精神論。⑬謝林進一步將費希特的主觀一元論轉化爲客觀的精神一元論。黑格爾繼續順著這一條思路，建構出精神不斷自我發展、以民族國家建立爲理性最高實現的宏大體系。顯而易見，只要把外部世界視爲人控制和改造之對象，世界就可以看作精神之實現。黑格爾正是基於這一點提出了他的絕對精神自我實現說。當理性和信仰都作爲絕對精神表現時，上帝的存在亦得到證明。⑮故查爾斯·泰勒（Charles Taylor）將黑格爾絕對精神稱爲「自我設定的上帝」，它既不同於有神論（theism），亦不同於自然主義（naturalism），「黑格爾的主體理論是一種自我實現理論。因此，它是徹底反二元論的。」⑯既然終極關懷可從精神推出，理性和信仰再次達到統一。因此在黑格爾哲學中，康德哲學基本精神（**對工具理性的肯定等**）已被顚覆。（**注意：德國觀念論對工具理性的批判，僅僅局限於哲學而非普遍文化價值，即並不意味著路德教放棄信仰和理性二元分裂的工具理性原則**）。

我們知道，新柏拉圖主義或亞里士多德哲學在某種意義上也是觀念一元論，而工具理性正是建立在唯名論對經院哲學（**信仰與理性統一的一元論**）的否定之上的。黑格爾主義在某種意義上講是回到新柏拉圖主義，但它是一種和托馬斯主義完全不同的反現代性的現代思想。它之所以產生，這是因爲德國在宗教改革後一直沒法建立統一的現代社會，唯有文化民族主義才能實現現代價值和社會耦合，一旦精神成爲先於世界之存在，民族文化作爲精神之載體，民族國家也就可從作爲理性之最高實現了。

黑格爾認爲，當精神（觀念）創造出與它相對應的現實後，精神還能再一次對這被創造的現實進行反思，產生對上述過程的自我意識，這意味著更高一級觀念之誕生。在黑格爾的模式中，精神不僅是萬物之主宰，而且通過反思處於不斷演進之中。據此黑格爾提出所謂精神進步的正、反、合、三階段論（諸如理性的確立、理性的實現或異化、對理性實現的反思使理性達到更高階段）。黑格爾爲了將正、反、合表達爲包羅萬有之內在發展法則，而把自我矛盾作爲其方法論。黑格爾認爲，規定性A和它的否定非A是同時存在的。正因爲在一切領域對於任何一個規定性A，必定同時存在與其矛盾的非A，這使得這個世界是內在發展的。在黑格爾時代，不可能知道A和非A共存造成的邏輯悖論會對整個理論體系命題論證造成甚麼後果。今日我們知道，如果允許在一個理論系統中存在悖論，即同時有著自我矛盾的A和非A，那麼在這個系統中任何想要的結論均可推出。這一點（後被馬克思主義繼承）使得理論體系可以抗拒證僞、具有巨大的隨時代需要而應變的能力。

在西方哲學傳統中，本來就存在否定心物二分（包括信仰與理性）的唯物論。唯物論認爲世界是物質組成的，不承認上帝存在。但樸素唯物論不能回答理性在物質世界的位置，十七世紀前只是輔助性觀念系統。只有黑格爾唯心主義產生後，一元論才具備與心物二分論理性主義抗衡的力量。故一旦費爾巴哈認爲黑格爾的絕對精神只是物質世界的反映，馬克思就立即可以將黑格爾辯證法顛倒過來，系統地把黑格爾對工具理性否定之辨證法和唯物論結合，建立了辯證唯物論哲學。

西方現代價值系統第二個核心是個人權利，以個人權利爲正當性最終標準對政治和經濟制度作合理性論證，這就是自由主義。十八世紀，充分展開了從理性和個人自主性（**擁有財產和追求個人利益的正當性**）來討論相應經濟制度之研究，形成了英國古典政治經濟學。古典政治經濟學一直是和自由主義共同成長，互相交叉的。洛克、休謨既是自由主義哲學家，亦是古典政治經濟學奠基人。個人權利爲正當性最終標準，本具有雙重含義：第一，和自然權利相對應的自然法是來自於上帝的規定，它和自然法則等價；第二，擁有自然權利的個人就是理性的和追求自己利益的個人。這兩個原則轉化爲市場經濟正當性之論證就是經濟自由主義：亞當・斯密《國富論》的出版意味著這兩個原則的確立，這既是現代經濟學的誕生，亦意味著英國政治經濟學傳統的形成。

眾所周知，自亞當・斯密後，經濟學家開始將市場法則當作物理定律那樣的規律，經濟學的目的即爲揭示該規律。[137]與此同時，人的自主性則主要體現在其經濟能力之中。據此，博蘭尼認爲，經濟自由主義有三個要素，一是必須由市場來決定勞動力和商品的價格；二是金本位制；三是貨品必須能在國際間自由流通不受阻撓或保護。[138]事實上，十九世紀的經濟自由主義，還有第四個要素，這就是從古典政治經濟學繼承來的勞動價值論。

為甚麼這樣講？以個人權利為正當性最終根據有一個基本預設——自主的個人總是可以自己維持自己的生活的。但是當人無財產時又如何維生？為了保證個人自主性這一價值是人人可欲的（即使對無產者也是如此），必須假定一個人只要具有勞動能力，必定可以在市場中生存。勞動被認為是一切價值之來源，故自洛克到亞當．斯密，都主張勞動價值論。然而我們必須意識到，這四個要素並不是自洽的。它們之間的互動會導致馬克思剩餘價值論的產生，從而推出一切權利都是階級的權利。也就是說，十九世紀經濟自由主義的演化，本身就隱含著對個人權利作為正當性最終標準的懷疑和否定。

根據勞動價值論，既然勞動作為市場價值來源，那麼工人出賣勞動力即可以獲得生活必須的資源。這一理論預設的成立，必須有一個前提，這就是工人一定可以在市場上找到賴以維生的工作。但這一預設是和經濟自由主義的認為市場萬能、政府愈少干預經濟愈好是矛盾的。因為價格和工資的剛性（價格和工資不能無限制地降低），必然出現非自願失業（特別是經濟不景氣時）。只要失業工人多到一定程度，市場社會即發生大量工人無法維持自己生活的情形。而在不受干預的市場經濟中，該情況一定會週期性地發生，這就是隨著市場經濟發展出現週期性生產過剩。

眾所周知，隨著貧富差別拉大，會導致社會有效需求不足。因為金本位制，貨幣的供給量受到限制，經濟自由主義又不允許國家用增加公共開支以刺激有效需求，其結果必定就是同時發生週期性生產過剩和大量工人找不到工作。這時，如果仍堅持勞動價值論，就只能接受馬克思的剩餘價值學說，即資本家剝削了工人的剩餘價值，使工人的收入不足以購買他們創造出來的社會產品。本來市場分配基於自主的個人自願交換，它無疑是正當的；而剩餘價值論證明交換中存在剝奪，這就等於指出現代市場經濟不具正當性。為甚麼基於個人權利的自願交換會是不公正的呢？唯一的解釋是一切權利都是階級的權利，也就是說，個人權利再也不是普世價值，當然亦不是現代社會制度正當性最終標準了。整個自由主義的基礎面臨被顛覆的危險！

由此可見，十九世紀的經濟自由主義發展到一定程度，就會產生自我否定的悖論。一旦工具理性和個人權利受到懷疑，作為現代社會組織藍圖的社會契約論開始崩潰。⑬⑨本來根據工具理性和個人權利，合理的社會不是有機體，而是個人之間契約的產物。當社會契約失去了正當性之後，隨著現代經濟危機出現，重返社會有機體的呼聲日益壯大，這就是各式各樣的社會主義思潮。由此我們可以理解，為何馬克思主義第三個來源是空想社會主義。空想社會主義源於工業化過程中社會有機體解體而導致的貧困問題，特別是形成赤貧無望的無產階級。所謂烏托邦社會主義均為各式各樣重建無產階級社群之嘗試，如歐文（R. Robert Owen, 1771—1858）建立工廠、消費和教育一體化社會之思想就是其中之一。

《共產黨宣言》列舉了三種社會主義，指出封建的社會主義、小資產階級的社會主義和德國的或「真正的」社會主義都是反動的，因為它們代表著對已過時的社會有機體之緬懷和反對工人革命，而批判的社會主義和共產主義則是空想的。⑭馬列主義之所以視其為空想，是因為主張用科學的社會主義（共產主義）來代替它；這一理論暗含著用另一套組織機制（道德意識形態共同體）來重建新式的社會有機體。因此，馬克思主義第三個來源中包含著對現代性第三個核心觀念的否定，個人並不是先於社會的，未來社會必須對自我認同的第二個層面重新界定。或者說，現代社會整個認同結構都是被商品社會異化了的，民族更是無意義的。人類必須形成全新的自我意識，馬克思稱之為人的解放。這裡，既存在對傳統認同的否定，也是對現代民族認同的批判。本來民族是在人被作為individual時對「我們」的定義，自由主義的傳播與民族主義並行不悖，如馬志尼（Giuseppe Mazzini, 1805—1872）認為民族的解放就是個人權利的普遍確立。馬克思主義既然否定個人權利的終極正當性，又將黑格爾主義顛倒過來，故主張工人無祖國。一種超越民族主義、主張社會高於個人徹底的世界主義之學說出現了。⑭

馬克思主義的重要性不僅僅是它集中地反思並批判了現代價值的所有要素，還在於將其鑄造成一宏大而看上去一致的理論體系。⑭首先，他將黑格爾辯證法顛倒過來，用矛盾鬥爭、否定之否定作為解釋宇宙演化的法則，這就是辯證唯物論。然後將這種物質發展觀運用到人類社會，得到歷史唯物論和階級鬥爭之理論。歷史唯物論主張經濟決定論，認為人類的經濟在不斷發展中。政治和文化只是建立在經濟基礎之上的上層建築，它們必定也隨著經濟基礎變化而變化。然後，馬克思用唯物史觀來解剖資本主義社會，這就是剩餘價值論。它是論證現代資本主義必然滅亡之根據；最後推出科學社會主義，即經過無產階級革命，一個完美的共產主義社會就會來臨。

正因爲馬克思主義將對西方現代性否定之諸因素組成一個互相說明的整體，故它構成歷史上從未有過的最爲深刻的批判體系，我們可將其視爲全面反思現代社會巨鏡的樹立。正如伯林（Isaiah Berlin）所說：「這一最終完成的體系是一個巨大的結構，無法對其進行直接攻擊，它包含了意在對付敵人擁有的已知的每一件武器的材料。它對朋友和敵人一樣產生了極大的影響，特別對社會科學家、歷史學家和批評家。它在這樣一種意義上改變了人類思想的歷史，即自有了這個體系後，某些東西就再也不可以振振有詞地說出來了。」(143)

只要認真思考馬克思主義的各個組成部分，就會發現辯證唯物論、經濟決定論和剩餘價值說之間並無邏輯聯繫。因爲從辯證唯物論推出經濟決定論，需要一個前提，這就是把經濟等同於物質。而這只是語言含混帶來的類比。從經濟決定論進一步推出剩餘價值說必須依靠勞動價值論，而古典政治經濟學的勞動價值論並不正確。馬克思主義使用了黑格爾哲學方法使得其論證含混，推導具有任意性。換言之。正是由於其邏輯的不嚴密，使人們覺得三者組成一個能解釋一切的體系。當然，如果不講究思想體系的整體性和預見性，同樣可以對經濟自由主義、工具理性和民族主義進行反思和批判，並用相反的價值取而代之。故在馬克思主義周圍的是形形色色的社會主義，它們共同構成平等高於一切的思潮。並據此產生了對不平等給人類帶來的苦難激烈的批判和對現代性鐵籠的反抗。「總的說來，它構成了迄今表達出來的最令人生畏、最持續恒久、最雄辯有力的控訴，反對整個社會秩序，反對它的統治者、它的支持者、它的理論家、它的自願或非自願的工具，反對一切使自己的生活和它的生存息息相關的人。」⑭

作爲現代性批判者的馬克思主義是成功的。但十九、二十世紀的馬克思主義的功能遠不止此，它直指一個具有無比魅力的「現代社會之後」的理想世界。當烏托邦的社會藍圖被認爲是科學的時，它必定轉化爲人類大規模的社會實踐，主張建立一個不同於資本主義全球化的另一種現代社會的嘗試出現了。然而，正如鏡子的功能本是讓照鏡者意識到自己的缺陷，反思之巨鏡是不能脫離其反思對象而存在的。根據鏡子想像的圖景去建立了另一種不同型態的現代社會，並不能保證該社會允許科技無限運用和經濟超增長，也就是說它不一定能同現代資本主義競爭。其失敗反而會導致反思現代性巨鏡的粉碎，生活在現代社會的人類將面臨思想死亡和批判意識喪失的時代。

第十章 在俄國革命的背後

馬克思主義轉化為大規模社會實踐的前提：社會現代轉型導致社會整合危機——社會整合解體的兩種類型：中國和俄國——依靠擴張的帝國：俄羅斯帝國的社會結構——與中國傳統社會結構的同和異——帝俄的國家汲取能力——貴族和農民的極度不平等——為甚麼俄國知識界對馬克思主義情有獨鍾——軍事失敗和改革之間的關係——米爾解體和泛斯拉夫主義——俄國推行君主立憲和中國預備立憲的差異——第一次改革的經濟成果——農村的危機——日俄戰爭和司徒雷平改革——罷工和軍隊不服從：社會解體的象徵——走向戰爭的動力——馬克思主義與俄國社會的再整合——甚麼是列寧主義——二十世紀初中國和俄國社會現代轉型的共同點——必須研究現代社會結構二個層面的互動

馬克思主義在何種情況下才能轉化爲追求另一種現代社會的實踐？我們認爲，它通常有兩個前提：一個是前面講過的建立現代民族國家過程中發生社會整合的解體；另一個爲存在著用意識形態（或準意識形態）整合政治社會的傳統。在軸心文明中，東正教的俄羅斯帝國和以儒家倫理爲政治意識形態的中國都具備這兩個條件。本文主要通過俄國爲分析例子來展開有關討論。一方面，這是因爲中國接受馬列主義過程是在俄國革命影響下發生的，它比俄國複雜，涉及中國獨有的文化融合傳統。我們必須在另一本專門著作中進行剖析。另一方面，二十世紀初俄國用馬列主義建立另一種現代社會的嘗試對現代社會結構造成的衝擊遠比中國革命來得巨大。

俄國建立現代民族國家的嘗試比中國早半個世紀。基於俄羅斯帝國的特殊形態，對外戰爭的勝負常常是鑑別其是否成功地實現現代化的標誌。正因爲如此，俄國社會的現代轉型必然地和對外戰爭勝敗相聯繫。這樣，俄國學習現代民族國家的失敗亦產生了世界性影響，成爲馬克思主義實踐的開始和傳播的中轉站。也就是說，俄國社會轉型直接影響到現代社會雙層次結構的穩定性。爲了討論俄國社會轉型和實踐馬克思主義的關係，我們必須先花少許筆墨分析俄羅斯帝國的社會結構。

正當現代社會在西方起源之際，俄羅斯帝國興起。⑭⑤圖五反映出俄國自一五五〇年至一六六〇年這一百多年間版圖的迅速擴張。⑭⑥在版圖擴張的背後，是一種十分獨特的社會整合方式的形成。値得注意的是，該社會整合方式和中華帝國存在著若干相似之處。我們在《興盛與危機》一書中指出：中國傳統社會之所以能實現遼闊農業社會的整合，是因爲建立了以王權爲中心的大一統官僚機構、紳士在縣以下的自治和家族組織這樣的三層次的社會結構。⑭⑦其獨特之處在於：家族作爲社會基層組織，紳士作爲縣以下自治構成社會組織的中層，有效地把以皇權爲中心的官僚

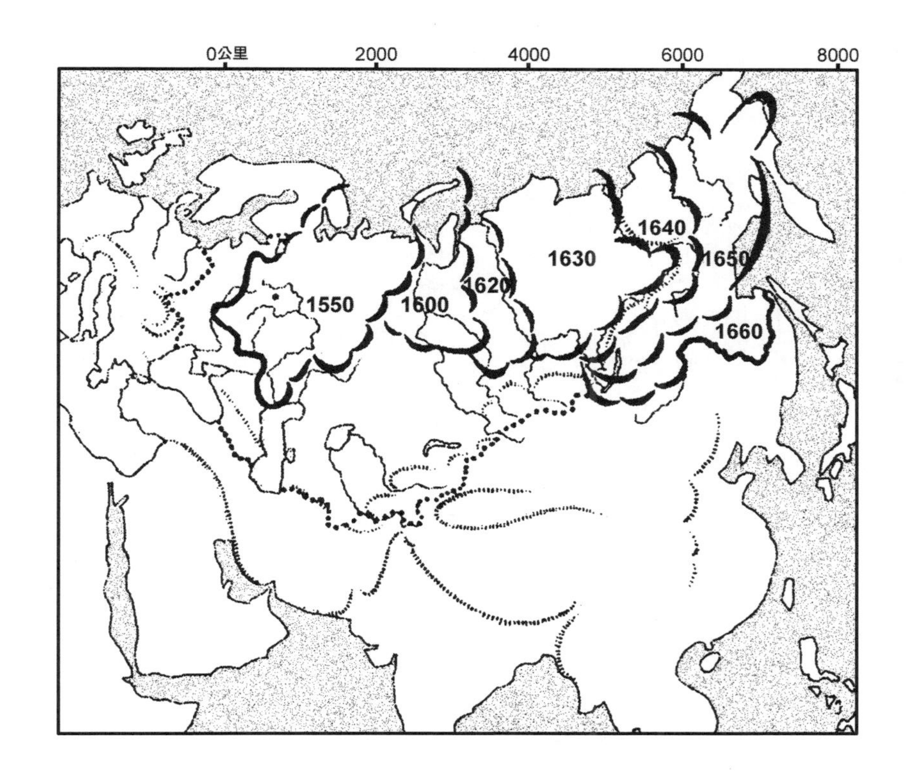

圖五　帝俄的擴張（1550—1660）

機構（**上層**）權力同基層家族組織結合起來；儒家意識形態在維繫王權、紳士和家族三個層次整合中起著關鍵作用（**圖六**）。

俄國在十六世紀建立幅員遼闊的農業帝國，其奧秘也在於形成了皇權（**官僚機構和軍隊**）、服役貴族（**領地的管理者**）以及基層農村公社（**米爾**）的三層次結構（**圖七**）。帝俄社會結構的上層是以沙皇為中心的官僚機構，它透過服役貴族這個中間層次統治農村基層社會。皇帝為了讓貴族為其服務（**包括擴張領土**），賜給貴族一定的封地。俄國軍功貴族得到的封地與西方領地完全不同，稱為米爾（Mir）；米爾為俄國特有的農村公社。⑭⑧雖然米爾名義上是屬於服役貴族（**米爾的農民都是貴族的農奴**），但嚴格說來服役貴族不具有米爾土地的所有權，而只能掌握部分米爾的農產品作為自己的收入。米爾土地屬於

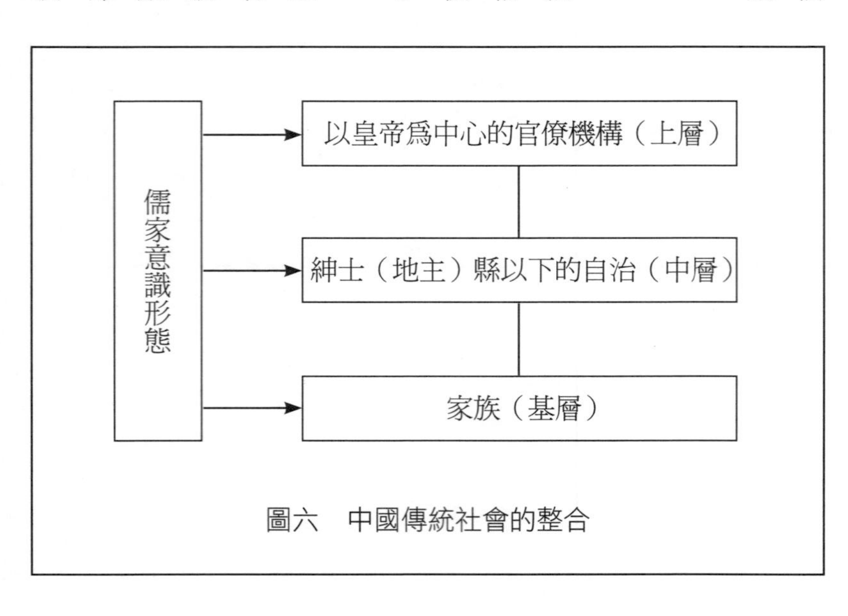

圖六　中國傳統社會的整合

國家。米爾成員雖由服役貴族（公社主）管理，但必須共同勞動，向國家提供稅收和兵源。他們要分別為國家、軍功貴族（公社主）及村社管理者交稅。

將圖六和圖七相比較，就可以看出帝俄社會整合層次和結構在整體上同中國傳統社會有類似之處。但三層次的每個子系統卻存在重大差異。首先，米爾與中國的家族不同。中國的家族是由祠堂、族譜、族田組成的想像的血緣共同體，由一群住在同一個地方的有共同祖先（同姓）的人組成，並從中推舉族長。家族雖有公共的田地和某種管理族人的權力（具有基層政府的功能），但每個核心家庭各自卻是經濟獨立的，實行私有制，家族並不是統一的經濟單元。米爾則完全是一個集體所有制的單位。其土地公有，定期重分；實行連環保，即貴族所收的稅金由公社統一

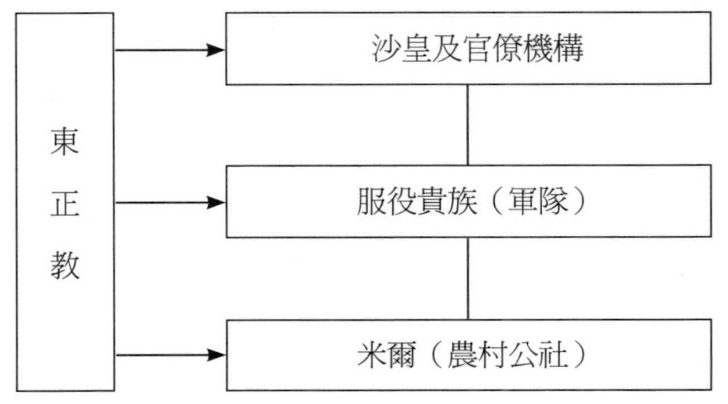

圖七　帝俄社會結構

支付，而不是每家每戶自己上繳；如果有哪一家逃稅，就由公社共同承擔租稅。米爾還實行土地共同耕種，強制性聚居和村社民主。⑭換言之，中國基層社會組織是實行私有制，而米爾是集體所有制，甚至是公有制（全國土地實為沙皇所有）。正因爲如此，俄國中央政府對農業剩餘汲取能力遠比中華帝國要高。

第二個基本差異是社會整合的中層。十九世紀末，俄國總共有三十五萬個米爾。這意味著其管理者共有一百多萬至數百萬人（包括其家族），帝俄的中層人數雖然和清代紳士人數差不多。但是帝俄的服役貴族與中國傳統社會紳士性質是完全不同的。中國紳士大多身兼族長，是基層組織的利益代表。而服役貴族作爲米爾的統治者，和米爾組織既無血緣關係亦不代表村社作爲一個共同體的利益。此外，中國的紳士屬於士大夫階層，是儒家倫理的載體，作爲社會的精英分子，協助政府管理地方事務。他們本身並不是官僚機構成員，往往是地主、文人，亦可以經商。而服役貴族只爲沙皇服務，以祈沙皇賞賜他們米爾，即帝俄官僚機構和國家軍隊遠比中國龐大。而且俄國貴族經商的興趣很少，在社會的現代轉型中，他們多轉化爲知識分子和文學家，而不是成爲商人，亦不能代表地方利益。

第三個基本的也是最重要的差別來自於將三個層次互相整合起來的文化價值系統。儒學依靠忠孝同構，將家庭倫理外推出王權的正當性，可以將三個層次整合起來。一旦忠和孝斷裂，儒家倫理被限定在家族內部（私領域）有效，皇權的正當性不再由儒家倫理推導出來，這時容易形成政治理性（**公理**）和終極關懷（**儒家道德**）二元分裂的意識形態，它和西方工具理性形成時信仰和理性的分裂同構。在中西二分的二元論意識形態中，由於以儒學爲核心的傳統文化已退出政治制度正當性論證，它可以作爲民族認同符號，形成文化民族主義。皇帝也不再是民族文化的代表，建立的民族國家不屬於日本、德國類型。也就是說，紳士階層在公共領域引進西方現代價值時，可以顛覆王權，建立儒學式公共空間或共和國。

俄國維繫沙皇、服役貴族、米爾三個層次的整合的是東正教。沙皇被認爲是宗教最高首領，特別農民視沙皇爲一君父。天主教實現了希伯來精神（**一神信仰和救贖**）和古希臘理性主義（**主智認知精神**）的結合，⑮⓪而東正教只有希伯來精神，沒有包含古希臘理性主義和羅馬的法律傳統。⑮①東正教要實現終極關懷與理性的二元分裂甚至比儒學還要困難。⑮②這亦構成了俄羅斯特有的思想方式，主張人可以通過冥想接近上帝。這種尋找救贖方式和天主教差距極大，和新教更是南轅北轍。在思維結構上，它有點類似於黑格爾的觀念一元論。⑮③據此，以東正教爲背景的民族主義只能是泛斯拉夫主義，沙皇仍是民族國家的代表，其建立的民族國家屬於德意志帝國及日本同一類型。

由於中、俄社會整合三層次結構的相似，使得這兩個社會現代轉型過程表現出某種類似性，這就是現代民族國家的建立過程中會發生社會整合危機。而且，因兩國都缺乏（**天主教傳統社會具有的**）法制傳統，意識形態或宗教本來在整合傳統社會上、中、下三層次中就起重要功能，⑮④

當社會整合被摧毀時，都可以用新意識形態建立黨國，重新實現社會整合。然而，中、俄社會結構三個層次中每個子系統和文化價值系統的巨大差異，又使得它們社會現代轉型方式、建立的現代民族國家的形態以及社會整合危機發生的原因都有極大不同。

俄國因其特殊的米爾制度使得國家具相當大的汲取能力，可以利用農奴制經濟的剩餘推行國防現代化。這使得俄國面臨西方現代社會衝擊初期，在保持其原有社會結構不變前提下的國防現代化相當成功。我們在《開放中的變遷》一書中指出，晚清三十年洋務運動的目標正是在保持原有社會結構不變前提下推行國防現代化，但國家汲取能力太低，中央政府只能拿到農業剩餘的百分之四還不到，建立現代國防如無根之木。⑮⑸俄國情況完全不同，早十七世紀末，俄國已感受到西方最早現代社會的軍事衝擊，因米爾可以向國家提供百分之二十以上的農業剩餘，俄國建立了強大的軍隊和國營工業，這是中國洋務運動可望而不可及的。⑮⑹十八世紀，俄國打敗瑞典成爲歐洲軍事強國；十九世紀初，俄國又在對拿破崙的入侵戰爭中取得了勝利。國防現代化的成功使得俄國社會現代轉型要等到十九世紀下半葉，即在西方民族國家普遍建立全球化不可阻擋時才感到有進一步改革的必要。

米爾制度固然可以使俄國有效地榨取農業剩餘，將其轉化爲國防和工業投資，但代價是農民被嚴格禁錮在集體所有制的村社中，生活極其悲慘。它造成貴族和農民之間嚴重的階級對立。眾所周知，在吸收西方文化的貴族中，出現了俄國最早的知識分子。⑮⑺有良心的知識分子不滿沙皇專制，同情米爾制度下的農民，這一切都促使民粹主義在知識界的傳播成爲俄國獨特的近代傳統。

我們必須意識到，類似於洋務運動的國防現代化無論怎樣卓有成效，由於沒有實現社會轉型，遲早不能應付全球化衝擊。在中國，甲午戰敗宣告洋務運動破產，拉開傳統社會現代轉型的序幕。一八五四至一八五六年，俄國在克里米亞戰爭中戰敗，暴露了保持原有社會結構不變前提下軍事現代化和官辦現代工業的弊病。軍事失敗亦是俄國力圖建立現代民族國家的開始。克里米亞戰爭中死亡了六十萬人，其中一半是俄國人，它對俄國統治階級造成了巨大的思想衝擊，他們終於認識到，如果不學習西方現代政治經濟制度，再也不能保持昔日的霸權。⑮⑧一八六一年，亞歷山大二世（1855—1881在位）推行改革，這是俄國力圖建立現代民族國家的重要轉變。

對俄國而言，所謂社會現代轉型，是指將沙皇帝國轉化爲現代民族國家。它包括在農村推行私有制，並將服役貴族轉化爲現代科層制官僚機構。其前提除了引進西方現代價值外，最重要的是東正教退出政治社會制度的正當性論證，將沙皇、軍隊和官僚機構統治合法性建立在民族主義之上。這正是在一八六〇年代後泛斯拉夫主義在俄國興起的原因。⑮⑨

所謂泛斯拉夫主義，強調斯拉夫人和相應文化的優越性，沙皇被視爲斯拉夫文化的代表。泛斯拉夫主義和德國文化民族主義（泛日耳曼主義）一樣，都指向建立第二種類型的民族國家。表面上看，只要隨著泛斯拉夫主義普及，帝俄整個統治結構的正當性可以平穩地從東正教轉移到民族主義之上。然而，事情不那麼簡單。問題在於，東正教和德國新教不同，不存在individual觀念，亦不接受理性和信仰二元分裂。本來東正教是維繫米爾作爲一有機體存在的根據，一旦統治正當性轉化爲民族主義，米爾面臨瓦解，俄國農民又很難接受契約社會的正當性；又由於帝俄一直沒有法制傳統，這就造成一旦基層社會有機體解體，整個俄國將面臨嚴重的社會整合危機。

正因爲如此，一八六〇年代的改革是不徹底的。民族主義雖然興起，但東正教並沒有退出政治和經濟制度正當性論證。廢除農奴制只是解除米爾農民對服役貴族的義務，並沒有破壞米爾結構。一八六一年的改革產生了兩個結果，一是大量貴族分得米爾部份土地，將其據爲私有財產；另外一個結果是米爾村社成爲國家行政管理體制的一部份。在此基礎上，一八七四年實行軍隊改革，實行義務兵役制，使得國家可以更方便從米爾中徵兵。由於服役貴族與米爾的分離，貴族不再是村社主，這爲貴族大規模轉化爲經營地主和知識分子準備了前提，它亦導致俄國現代經濟的發展和國力的增長。正如一位歷史學家所概括的：「鐵路建造從一八六一年的一千五百公里擴充到一八九〇年的三〇五〇〇公里。同樣地，一八六〇年到一八九〇年間，工業勞動力增加超過了一倍，達到一百五十萬人。擴張中的絕大部分來自於私人企業——特別是鐵路建設……政府在計畫與財政上有主導地位；強調工業上的資本財而非消費財；資金的來源來自對已負擔過重的農民抽重稅；鼓勵外資大量投資……計畫的核心是鐵路建設的龐大擴張……橫越西伯利亞所需的大量煉鋼與採煤工業，在整個工業化過程中扮演了重要地位。」[160]

另一方面，村社土地由於貴族變成地主而減少，面對國家的榨取，俄國米爾農民生活更為悲慘，不平等和階級對立更為嚴重。由於貴族向地主、資產階級和知識分子轉化，在俄國民族主義興起同時，是俄國知識分子階層的形成。⑯¹因俄國社會比其他社會轉型造就了更大的不平等，現代資本主義格外醜惡，馬克思對現代社會的批判呈現出巨大的說服力，俄國成為接受馬克思主義的溫床。

事實上，馬克思主義剛產生時，就在俄國產生了巨大影響。這方面最典型的例子是《資本論》的翻譯。《資本論》出版後一年，即一八六八年秋天，第一個俄文本就在聖彼得堡出現。馬克思知道後大吃一驚，馬克思終其一生都在等待英譯本，但直到去世，這個期望都沒有實現。而俄國讀者則頻頻地和馬克思通信，成為他的信徒，詢問在俄國有否可能跳過資本主義進入共產主義。⑯²翻開俄國近代史，可以看到馬克思主義傳入俄國和俄國知識分子的成長同步。這一切都為馬克思主義轉化為大規模社會實踐準備了前提。

正因為一八六〇年的改革並沒有實現社會現代轉型，俄國仍然不能與新興民族國家競爭。在一九〇四至一九〇五年的日俄戰爭中，俄國再次戰敗。統治階級終於意識到，再不廢除米爾制度建立現代民族國家，俄國將無法立足於現代世界，於是進一步加快了改革的進程。一九〇五年，沙皇召開國會（杜馬），這和當時清廷預備立憲類似，是進一步邁向建立現代民族國家的改革。但俄國和中國預備立憲不同在於：中國是紳士公共空間的形成，幾乎所有紳士（社會中層）都參與其中，成爲立憲主體；而在俄國，並沒有形成精英階層的公共空間，對泛斯拉夫主義而言，沙皇是當然的立憲主體。因此，帝俄的專制統治沒有絲毫鬆動，無論是杜馬的權限，還是參加杜馬的人員，都受到嚴格的限制。俄國根本不可能發生社會中層請願要求開國會，甚至不服從中央以至於顛覆王權這樣的事件。因此，日俄戰爭後，俄國的改革，只是進一步將沙皇和官僚統治正當性從東正教轉向泛斯拉夫主義。其結果是米爾完全破壞，俄國出現社會整合的解體。

對比一下中華帝國和俄羅斯帝國解體方式的差別是意味深長的。中華帝國社會整合的解體是由於紳士公共空間擴張的結果。清廷的廢科舉和預備立憲導致紳士的城市化，即圖六中社會中層的上移。它雖造就了中國第一次現代化高潮和亞洲第一個共和國，但從社會整合上來看卻是擴大的紳權顛覆王權（中央政府）和社會三層次整合的斷裂。中國面臨軍閥割據和嚴峻的社會整合危機。⑯俄國的改革在導致社會整合之中層和基層解體方面與中國類似，但不存在著中層上移顛覆王權問題。這樣，社會整合危機必定與對外戰爭失敗有關，即俄國社會現代轉型中的社會整合危機和中國不同，表現爲對外戰爭引發的沙皇權威崩潰和基層社會騷動的互動。

該互動過程開始於日俄戰爭俄國之戰敗。⑯一九〇六年，斯托雷平（Peter Stolypin, 1906—1911任首相）的農業改革出台，強迫廢除村社，把它轉化爲貴族和地主的財產，沒有錢和地的農民被趕出家園，這實際是把農民從村社控制下解放出來。改革一度使俄國的工業產生了很大的奇蹟。一九〇七至一九一四年，俄國的糧食產量超過了美國，成爲歐洲的糧倉。但是，隨著公社的解體，社會整合危機發生了，工人罷工、農村騷動時起彼伏。大量無地農民成爲基層革命的動力，國家只能依靠強大的軍隊鎮壓來實現控制。

本來東正教是沙皇統治正當性基礎，但建立現代民族國家必須實現政教分離。爲了強化統治的正當性，只能將沙皇專制的合法性完全基於泛斯拉夫主義。這產生了一個十分重要的現象，即任何斯拉夫民族的解放都和俄國有關。也就是說，以解放斯拉夫民族爲名的對外戰爭，亦成爲展現俄國民族主義、鞏固俄國成爲第二種類型民族國家必要的證明。俄國內部社會整合危機愈深重，沙皇愈需要在捍衛泛斯拉夫主義的對外戰爭中凸顯民族主義，爲社會整合提供凝聚力。這使得俄國更深地捲入歐洲國際紛爭，這些糾紛是信仰東正教的斯拉夫人建立民族國家引起的。我們在下一章將指出，它直接引發了第一次世界大戰。一旦戰敗，其對整個社會衝擊亦更爲猛烈。一九一四年，俄國因鞏固其民族主義意識形態的需要參與引發第一次世界大戰。到戰爭第三個年頭即一九一七年春天，俄國估計有六百至八百萬人陣亡、受傷或被俘。[165]軍事的失敗直接否定了沙皇的統治權威，導致一九一七年的革命。

沙皇權力崩潰源於基層社會暴動（層出不窮的罷工和遊行示威）和軍隊的不服從。前者出於社會有機體的解體，後者則表明當戰爭失敗時，泛斯拉夫民族主義再也不能給沙皇統治正當性以支持。一九一七年初沙皇被迫退位後，由國會建立臨時政府。無論立憲派的臨時政府多麼軟弱，仍不敢宣布退出第一次世界大戰，因爲停止戰爭意味著放棄民族主義對其正當性的支持。從這一意義上講，十月革命取代二月革命是歷史的必然。與德國簽訂單方面喪權辱國的和約，爲俄國民族主義所不容；因此只有新的意識形態成爲政治社會制度正當性時，退出戰爭才是可能的。而這種新的意識形態就是馬克思列寧主義！

其實，自一九〇六年俄國開始陷於愈來愈嚴重的社會整合危機時，已經形成以馬克思主義爲信仰的知識分子階層，它使得利用新意識形態整合社會成爲可能。雖然馬克思主義早已爲建立另一種現代社會提供了藍圖，但新意識形態整合社會必須依靠列寧主義政黨這種組織方式，它恰恰是在這段時間內被發明的。所謂十月革命確立蘇維埃政權，本質上是用信仰馬克思主義的列寧主義政黨（**其成員主要為知識分子和工人**）組成官僚機構、統率軍隊先整合社會中上層，然而再深入農村，並再次利用傳統農村的有機體（**米爾制度的復活及它的變構即集體農莊**）實行社會整合。爲了使馬克思主義適合俄國社會整合的需要，必須對其進行發展，產生了列寧主義。

馬克思主義並沒有涉及社會整合具體模式，但既然反對社會契約論，就只能回到社會有機體。因此，當馬克思主義轉化爲建立新社會實踐時，必然和各式各樣傳統社會原有的整合方式結合。在中國，它吸收了儒家意識形態整合社會的方式；在俄國亦只有結合東正教社會整合結構，特別是將十九世紀民粹主義政黨整合社會的主張和米爾傳統吸收進來，這就是列寧主義（**和斯大林主義**），它是一九〇六年以後才逐步成熟的。⑯⑯

列寧主義包含了三個基本要點：一爲帝國主義說，認爲帝國主義是資本主義的高級階段，它一定會引發世界大戰。這實為運用馬克思的剩餘價值說來解釋第一次世界大戰是不可避免的。⑯列寧主義的核心在於第二要點，即建立無產階級先鋒隊，也就是列寧主義政黨。列寧高度強調列寧主義政黨在無產階級革命中的重要性，主張用其領導革命建立新型的一黨專政的現代國家。一八四七年到一八四八年間，馬克思受魏特林（Weitling, Wilhelm, 1808—1871）和布朗基（L. Blanqui, 1805—1881）的影響，一度相信無產階級革命可以由經過訓練的革命家推動，一八四八年歐洲革命失敗後，馬克思放棄了這個想法。所以列寧主義政黨和馬克思主義基本上無關。

列寧主義政黨的組建，在相當程度上受列寧哥哥的影響，即繼承了民粹主義的遺產。⑱列寧將民意黨改造，提出由知識分子組成的職業革命家來領導革命的想法。一九〇二年列寧出版了《怎麼辦》，該書為這種組織的意識形態根據作了有力的論證。他這樣寫道：「掌握科學利器的，不是無產階級，而是中產階級的知識分子，因此，目前的首要急務是把工人革命轉變成以黨活動為主的知識分子革命（**我們特別強調『以黨活動為主』，否則的話，這種轉變就沒有意義。**）」⑲

列寧主義第三個要點是土地國有化。表面上看它是從馬克思主義推出的，其實俄國馬克思主義並不主張土地國有化。在沙皇時期，土地實際上是國有的。社會民主黨反對沙皇，因此是否定土地國有化，主張發展資本主義。一九〇六年，列寧回到了民粹主義的主張，認同土地國有化立場。十月革命後實行的所謂土地國有化，實爲讓農民自行佔取富農和貴族的土地，恢復了傳統的村社。⑰在政權穩固後，蘇聯將傳統的村社（包括私人家庭農莊）轉化爲國家控制的三十五萬個集體農莊，⑰以便國家可以有效汲取農業剩餘，推動進一步工業化。集體農莊的數目以及它在社會整合中的功能和米爾如出一轍，這實際上是表明蘇聯恢復和原有米爾同構的制度。它十分典型地反映了在社會整合危機日益嚴重時，俄國原有的社會整合方式是如何爲新意識形態實現社會整合提供組織模式的。

由以上分析我們可以得出結論：中國和俄國傳統社會在現代轉型過程中都曾出現社會整合的破壞，當在建立現代民族國家過程中發生社會整合解體時，用新意識形態整合社會是這兩個社會面臨的共同選擇。從這個意義上講，中國五四以後「以俄爲師」，正好顯示出中國對社會整合危機反應與俄國的類似性。其實，用意識形態及其政黨重組社會，不僅出現在俄國和中國，甚至發生在一戰後的意大利和一九二〇年代以後的德國等。正如五四後中國社會的再整合有著傳統王朝更替的影子一樣，受東正教影響的民粹主義成爲孕育列寧主義政黨組織模式，就一點也不值得奇怪了，蘇聯同樣存在著帝俄社會整合的影子。批判社會契約論一定會導致現代思想和傳統社會有機體觀念互相結合，使得傳統深層結構以舊瓶裝新酒方式復活，創造出種種看來似乎是全新的社會組織方式。

二十世紀初，俄國社會現代轉型導致的社會整合危機對世界的影響遠比中國巨大。其原因除

第十章

在俄國革命的背後

了蘇聯建立了第一個另一種形態的現代社會外，還在於俄國民族主義（泛斯拉夫主義）的興起使得它同對外戰爭存在著不可隔斷的聯繫。也就是說，二十世紀初，正當人類各大文明建立現代民族國家趨於實現之際，現代社會兩個層面的互動亦隨之開始，人類進入現代社會結構自我調整的極端年代。其標誌就是第一次世界大戰的爆發。

第十一章　現代價值的危機與第一次全球化的終結

第一次世界大戰的系統論解釋——泛日耳曼主義和泛斯拉夫主義的衝突——為甚麼國際法失效——殖民地和秘密外交——霸權消失後的民族國家結盟——擾動被無限放大——現代社會結構第二層面的不穩定性——百年和平的終結——巴黎和會：力圖重建一戰前的世界秩序——現代社會第一個層面的問題——有效需求不足和周期性經濟危機——貧窮和失業對現代社會組織藍圖的挑戰——一九二〇年代經濟自由主義的失效——個人權利可欲性前提的破壞——現代社會結構自我調整的兩個方向——現代性起源國家的反應——福利國家和美國新政——個人權利被顛覆的結果——走向第二次世界大戰

二十世紀歷史研究中最不可思議、至今仍爲不解之謎的，是爲甚麼會發生第一次世界大戰？一九一四年六月廿八日，一位塞爾維亞十九歲的學生普林西比（Gavrilo Princip）槍殺了奧國皇位繼承人裴迪南大公（Archducke Franz Ferdinamd）。由於這一個別事件，兩個月之內，奧國、俄國、德國、法國、英國等都先後捲入了戰爭。現代社會在數年之內發生了空前的浩劫。在此之前，找不到任何即將爆發世界性戰爭的跡象，大戰亦沒有對參戰的任何一方帶來預期的利益。它使人想起自然界頗爲奇特的紊亂（chaos）現象：某處一隻蝴蝶拍動翅膀結果引起席捲整個大陸的風暴。事實上，第一次世界大戰的發生，正是現代社會結構第二層面中的chaos。微小的擾動啓動了國際秩序中類似於骨牌倒塌的效應，其結果是長達一個多世紀的全球化太平盛世的終結。

我們在第六章指出，互相維繫的各子系統在互相作用的因果長鏈中，chaos的發生意味著系統穩定性破壞。chaos形成機制本質上是自爲因果或互爲因果的關係（**它表現為互相作用的非線性過程**）對擾動結果一步一步乃至無限制地放大，其後果往往是舊結構解體、新結構形成。我們在第四章指出，世界秩序由現代社會雙層次結構決定。事實上，只要分析二十世紀初現代社會結構第二個層面的變化，就可以理解chaos是如何發生的。

根據現代社會組織藍圖，其第二層面結構（**圖二所示的三個互相維繫的子系統**）本應形成內穩態，即不僅三個子系統每一個是穩定的，它們之間的關係也必須有助於國際秩序的穩定性。例如國家主權和個人權利同構，代表民族國家的自主性（**民族國家有權自行制訂本國法律，有如獨立個人處理個人事情那樣管理國內事務**），正如個人權利不應互相矛盾一樣，一個主權國家不得干預另一個主權國家，侵犯別國利益。民族主義對世界秩序的想像應該是自洽的。又例如與個人之間通過契約合作以增加各自利益類似，民族國家之間亦可以簽訂條約甚至建立契約共同體，國際法保證這些結盟與條約不會互相衝突。至於各國之間的貿易基礎是互利，金本位制維繫貨幣信用的穩定，全球市場組織本身也是自洽的。換言之，主權觀念（民族主義對世界秩序的想像）、國際法約束下的國家之間關係、國際貿易這三個子系統互相緊密關聯，它們的耦合應該有助於世界秩序的穩定性。

然而，隨著十九世紀全球化的展開，一個又一個現代民族國家的建立，出現了多種類型的民族主義；第二種類型民族國家的民族主義就可能互相衝突，即不一定是自洽的。例如泛日耳曼主義和泛斯拉夫主義都把本民族視爲最優秀，在其理念中各民族國家並不平等。又例如日本民族主義對世界秩序的想像不是國際法統治下的民族國家集合，而是與西方並列的以日本爲中心大東亞共榮圈。而且，從一八八〇年代後期起，民族國家之間的軍備競賽開始了。⑰一八八〇至一九一三年間，德國常備軍由四十二萬擴張到八十七萬，法國由五十萬增至八十萬，俄國由八十萬擴至二三〇萬，僅陸軍就有一百四十萬。奧國由廿七萬增至八十萬，意大利亦由二十萬增加到三十五萬。擴軍既是民族國家捍衛主權力量的加強，亦是民族主義支配下的現代化競爭，只要民族主義作爲至高無上的價值，它是不可阻擋的。換言之，隨著民族國家現代化競爭，不同民族主義對世界秩序想像的不一致有可能演變成日益嚴重的民族國家之間的衝突。

當個人權利（自主性）之間發生衝突時，唯有法律才能保證社會秩序。解決國與國之間衝突亦必須依靠國際法，而在現代社會結構第二層面很難做到。我們不要忘記，國際法本來自於自然法，它是天主教現代轉型的產物，國際法的權威原則上只在基督教世界才有效。隨著愈來愈多非天主教傳統社會轉化為現代民族國家，國際法不再有約束力。上述第二層面結構穩定性開始破壞。

事實上，正如法律維繫秩序需要執法機構存在一樣，國際法的實行需要世界政府（**由所有民族國家一起立約建立的政治共同體**），在它被有意識地建立起來之前，世界警察所依靠的是現代性起源社會（**大英帝國**）的經濟和軍事實力或某種世界性霸權。隨著法國、德國、美國和日本的相繼崛起，大英帝國霸權受到挑戰。保持國際和平不得不依靠大國形成力量均勢。於是，民族國家愈來愈注重同盟關係。變動中的結盟固然有助於維繫均勢，而一旦兩個國家發生戰爭它亦會導致盟國紛紛捲入，將國與國的衝突轉化為世界戰爭。此外，國與國之間的經濟貿易體系亦產生了新的問題，這就是殖民地爭奪。十九世紀有相當多非西方傳統社會現代轉型是被動的，它們先淪為西方殖民地，即在經濟上和政治上均無自主性。西方列強將其視為原料產地和自己的市場。具有這種帝國主義心態中的列強之間，極易因爭奪殖民地發生衝突。⑰特別是德國和日本這些新興民族國家，感到原料產地及商品市場不足時，認為這是源於英國和法國這些老牌現代民族國家的先下手為強。總之，鑒於圖二中三個子系統及其相互關係的上述變化，二十世紀初，世界秩序已孕育著chaos發生的可能性了。

綜上所述，二十世紀初，現代社會結構第二層面三個子系統已和圖二（理想狀態）不同。世界經濟（秩序）子系統中帝國主義成份日增，國家主權子系統相應各類民族主義互相衝突，即鄂蘭所說的各種「泛－」運動（泛日耳曼主義和泛斯拉夫主義為其典型）和大陸帝國主義興起相呼應，⑰④而國際法讓位於大國結盟。由這樣性質的三個子系統組成的整體終於成爲微小擾動的放大器。

讓我們來分析一下，一九一四年六月廿八日薩拉耶佛刺殺奧國王儲事件是如何引發世界大戰的。二十世紀初的奧匈帝國本是一個多民族的聯邦，而塞爾維亞則是斯拉夫人的民族國家，其民族主義的目標是建立包括巴爾幹半島所有斯拉夫人在內的國家，這無疑會導致作爲多民族聯邦的奧國解體。早在一八七八年奧匈帝國爲了保護聯邦的穩定，曾托管波斯尼亞和黑塞哥維那，成爲塞爾維亞民族主義目標的主要障礙。本來對世界秩序而言，恐怖主義刺殺只是一種微擾，但在泛斯拉夫主義勃興背景下，奧國認爲這是對其生存之挑戰，決定一舉解決塞爾維亞問題。微擾被放大爲兩個國家之間的戰爭。

一般說來，只要全球民族國家秩序是穩定的，國與國的衝突通常會迅速平息，兩個國家之間的戰爭亦不算大事。十九世紀的戰爭有兩類，一是頻頻發生的民族獨立，二是現代民族國家對傳統帝國的衝擊和爭奪殖民地引起的戰爭。它們都沒有導致世界秩序的崩潰。但到二十世紀初，由於現代社會結構第二層面的變異，使得奧國和塞爾維亞之衝突很快被放大。首先，因俄國的民族主義為泛斯拉夫主義，支持塞爾維亞擴張不僅有助其達到本國利益，而且可以轉移國內視線克服統治危機。雖然戰爭不一定給俄國帶來經濟利益，但在一九一四年內部極不穩定的前提下，民族主義者一直在尋找合適的對外戰爭以便用泛斯拉夫主義鞏固日趨削弱的政府權威，故俄國一定會出兵幫助塞爾維亞。⑰為了遏制俄國捲入奧國和塞爾維亞的衝突，奧國向德國求助以牽制俄國。在泛日耳曼主義中，德奧有著比一般民族國家同盟更深的關係。德國遠沒有估計到泛斯拉夫主義對保持帝俄統治合法性的重要，反而以為俄國內部不穩定不會參與支持塞爾維亞的戰爭，於是就給奧國開出無條件支持的空頭支票。在此條件下，七月廿八日，奧匈帝國向塞爾維亞宣戰。

我們可以看到，本來為了保持力量均勢、以維繫國際秩序的國家同盟關係，現在反而成了擾動的放大器，它啓動了各國參戰的連鎖效應。奧國向塞爾維亞宣戰兩天後，七月三十日，俄國總動員，出兵援助塞爾維亞。八月一日德國不得不向俄國宣戰。十九世紀，法國一直是俄國經濟現代化的主要外資來源，法俄同盟極為重要。法國可以不管一九〇四年的日俄戰爭，但不能不理會德國向俄國宣戰。自普法戰爭後，法國和德國就成為宿敵，法國只能依靠和俄國結盟才有可能拿回失去的領土，法國立即支持俄國。德國早有經濟上被法國和英國封鎖的感覺，於是八月三日又向法國宣戰。為了迅速打敗法國，必須通過布魯塞爾直指巴黎，德國在八月四日入侵中立國比利時。英國為了不讓德國處於歐洲霸權地位，必須盡可能保持力量均勢，只能站在俄、法一方。而且根據一八三〇年保持比利時永遠中立的倫敦條約，英國不得不向德國宣戰。八月六日奧匈帝國向俄國宣戰，八月十二日，英國又向奧國宣戰。日本爲了取得德國在中國的利益，實現其民族主義目標，亦於同年九月向德宣戰，十一月攻佔青島。不久美國亦捲入戰爭。世界各大民族國家均在民族主義、同盟關係和爭奪殖民地利益的支配下，捲入一場事先沒有想到而給本國帶來巨大犧牲和經濟損失的世界戰爭。在短短四年中，六千五百萬人參戰，一千萬人喪生，二千萬人受傷，損失達一千七百億美元。

自拿破崙戰敗以後，雖不時發生新民族國家獨立和殖民地利益衝突而引起的局部戰爭，但建立民族國家之間的國際秩序及貿易體系一直是世界的主流。一八一五至一九一四這一百年，爲現代社會結構第二層面結構之成長和全球經濟高速增長的時期，博蘭尼稱其爲百年和平。第一次世界大戰無疑意味著百年和平之終結和現代民族國家組成的國際秩序的崩潰。

由於美國參戰，協約國力量壓倒同盟國，加上同盟國內部的變化，如德意志帝國爆發革命以及奧匈帝國解體，第一次世界大戰以協約國方取勝結束。一九一九年一月，各國在巴黎召開和會，簽訂凡爾賽和約等一系列條約，力圖重建世界秩序。美國總統威爾遜提出十四點原則，主張用公開立約代替秘密外交，要求裁軍、民族自決以及商業貿易自由，並建立由民族國家組成的國際組織—國聯（League of Nations Covenant）—來保障世界和平。巴黎和會是想針對民族國家關係中（即我們所說的現代社會結構第二層面）的不穩定性因素，力圖消除chaos出現的原因，重建國際秩序。[176]然而這是不可能成功的。因爲在一戰期間蘇聯的建立，世界秩序已不僅僅是如何建立民族國家關係問題，而是出現了兩種完全不同類型現代社會之間的對抗。事實上，巴黎和會在重建民族國家之間關係的同時，亦是圍堵蘇聯，意欲把布爾什維克主義扼殺在搖籃裡。梅耶（Arno Mayer）認爲一九一九年即爲冷戰的開始。[177]

事實上，一戰之後人類再也不可能回到一九一四年以前的現代世界中去了。除了蘇聯建立令現代社會結構第二層面（國際關係中）出現了全新的要素外，還在於現代社會結構第一層面亦發生了新問題，其穩定性開始減弱甚至破壞。它首先表現在周期性經濟危機愈演愈烈，終於出現對經濟自由主義全盤否定的思潮，甚至個人權利這一現代價值的核心都受到懷疑。

早在十九世紀初，全球化剛開始時，人們就發現了一個表面上似乎不可思議的現象：在經濟高速發展、社會財富總量不斷增長的同時，出現了歷史上從未有過的嚴重貧困問題，大量貧民流離失所無法維持其生計。[178]經濟自由主義將其歸之於社會現代轉型的不徹底。在傳統社會即使很多人生活資料相當缺乏，但有機的社會聯繫不致於使大量窮人流落街頭。而在完全由個人組成的契約社會中，每個人都只能依賴市場爲生。當社會有機體解體而市場機制又不夠發達時，就出現大量窮人流離失所。在經濟自由主義看來，工人貧困化是自由市場經濟尚未充分發展所致。他們認爲，隨著傳統社會現代轉型的完成，市場組織完全代替社會有機體，貧困問題會自然解決。

確實，經濟高速增長曾帶來了人民生活的改善。例如，在一八八〇年到一九一四年間，英、法、德等國的購買力幾乎增加了一倍。原來的西方工人只能以馬鈴薯和麵包爲食，但到後來，工人家庭的餐桌上，已有肉類食物。許多工人可以買得起工廠的成衣，咖啡店成為工作之餘最主要的娛樂場所。⑰但是這種生活改善的前提是有工人可做。一旦工人在市場中找不到工作，便沒有甚麼可以保障他們有吃飯的權利。從一八四〇年代開始，周期性經濟危機（經濟學家稱之為「商業循環」）出現了。每當經濟繁榮若干年後，大衰退必然來臨。這時出現了十分諷刺的局面：物資過剩，工人找不到工作。資本家把大量物資銷毀，而工人卻沒有飯吃，在繁榮時期改善了的生活頓時化為烏有。

在經濟自由主義看來，無論是金融恐慌，還是生產過剩，都是市場機制進行自我調節的表現，不值得大驚小怪。生產過剩、工資下降之時，亦是物價低廉之際。由於低廉的價格鼓勵人民購買更多的東西，不景氣過一兩年就會過去。⑱換言之，根據經濟自由主義的基本原則，市場調節會自行解決問題。經濟自由主義對不景氣的對策是強調政府不干預、讓市場自我完善。它亦可概括為通貨緊縮，即縮減政府的耗費以平衡預算，降低產品的價格以增加銷路，收緊銀根保證國際社會對本國貨幣的信心以及用金本位制保持國際貨幣的穩定等。

一開始，這一套辦法似乎行得通，蕭條一、二年就會過去。但隨著時間推移，經濟危機愈演愈烈，復甦日益困難，所需時間亦更長。如一八七三年，西方發生金融恐慌，德國從一八七四年至一八八三年幾乎沒有經濟增長，整個社會大難臨頭，幾乎回到野蠻狀態。全靠一八八〇年代的各國軍備競賽挽救了大蕭條。但到二十世紀一戰結束，軍備競賽停頓，經濟危機再次來臨時，比一八七〇年代更爲可怕。一九二九年至一九三三年，股市暴跌百分之八十五。⑱全世界工業生產力降低百分之四十四，世界貿易減少百分之六十五。⑱這場經濟危機持續了十年之久。一九三二年，德國有六百多萬人失業，美國失業人口高達一千二百萬，工業生產跌落了百分之四十七。其中鋼鐵工業下降了百分之八十，汽車工業下降了百分之九十五。

爲甚麼會發生周期性經濟危機？特別是當大蕭條來臨時，伴隨著生產過剩的爲甚麼是普遍的失業？根據凱恩斯主義，經濟危機是社會有效需求不足和資本邊際效率崩潰造成。當經濟繁榮時，預期樂觀，過份的投資導致生產過剩。與此同時，邊際消費傾向降低。特別是因市場分配導致貧富差距懸殊，當財富集中在少數人手中（或儲蓄相當高）時，社會購買力疲軟難以消費生產出來的商品。兩者綜合效應是經濟景氣之後蕭條的來臨。⑱而且，工資和價格是不可能無限制地降低的（經濟學稱之為工資和價格的鋼性），這使得生產過剩時失業大量出現和不得不倒掉過剩商品。

也就是說，只要政府不干預市場調節，周期性的大蕭條以及普遍失業（它伴隨著無可避免的赤貧）是全球化市場經濟不可避免的產物。事實正是如此，統計表明，自全球化開始以來，無論經濟增長多麼迅速，總是有三分之一的人生活在赤貧之中。根據一八九九年的社會調查，英國的約克郡有百分之廿八的居民生活在極端貧困之中，倫敦有百分之三十點七的居民無法達到溫飽。一九〇〇年左右，即使在最富有的國家裏，也有接近三分之一的人在挨餓，⑱死在慈善醫院或街道上。有一位英國打雜的女傭人，請人在她死後的墓碑上寫著：「朋友們，不要爲我哀傷，更不要爲我哭泣，因爲我從此再也不必做牛做馬了！」⑱⁵當自由而享有權利的個人無法維持生存，終生勞苦而沒有一點尊嚴時，現代價值的意義何在？個人權利還值得留戀嗎？

這裡，我們看到個人權利這一現代價值的核心在自我實現過程中的異化。如前所述，它本是現代社會和政治制度正當性最終根據；正因爲人們相信該價值，私有產權和市場分配才獲得合法性，而政府干預經濟認爲是不恰當的，政府的功能被限制在立法保證私有產權，而不能參與分配、影響市場運作和創造總需求。也就是說，現代市場社會得以建立並能有效運行，完全依賴個人權利自主性這價值的存在。然而，當在自由市場中相當多工人找不到工作，想出賣勞動力而不得以致於無法維生時，無疑宣布了市場能力對他們已沒有意義，如果再追下去則表明個人權利觀念的虛妄。

任何一種價值的有效，其前提是它對每個人都是可欲的。經濟自由主義既然把個人權利等同於經濟能力，具有勞動能力的人在市場中找不到工作，也就宣布該價值的不可欲性。法朗士（Anatole France）用一個諷刺來巧妙地表達當工人無法在市場經濟中生存時個人權利這一現代價值的荒謬，他說：「在其莊嚴的平等上，法律賦予每一個人在麗池大飯店用餐和在橋下睡覺的同樣權利。」[186]這種荒謬，致使人們懷疑個人權利這一現代核心價值是否能作爲現代社會和政治制度正當性的最後根據。如果個人權利這一現代價值的核心不是人人可欲的，它亦不再能無可懷疑地作為現代社會和政治制度正當根據，現代社會也因之而崩潰。

讓我們分析圖一所示的現代社會結構第一層面。現代價值（個人權利）為政治和經濟兩個子系統提供正當性，維繫它們的穩定。如果僅僅只是經濟危機，還屬於子系統內部的擾動。但大量失業否定了將個人權利等同於經濟能力這一十九世紀深根蒂固的觀念時，不僅經濟自由主義被拋棄，個人權利的意義亦受到挑戰。這時價值系統便不能再支持經濟子系統，不受干預的市場經濟也不再是正當的。圖一所示的現代社會結構（第一層面）的穩定性被破壞了。一九三〇年代的大蕭條正是產生了這一後果。市場經濟萬能的觀念不僅被人們視為荒謬，而且成為絕對的罪惡，思想全面左傾，⑱這時，現代社會結構第一層面被迫進行自我調整。

從邏輯上講，為了達到新的穩態，現代社會結構的自我調整只有兩種方向。第一種方向是盡可能斬斷人的經濟能力和個人權利的關係，使得人們對市場分配正當性的懷疑不進一步波及到其基礎——個人權利。現代性起源國家的反應大多屬於此。這時，仍可堅持個人權利是政治制度正當性根據，支持法制和代議制政治。放棄的只是經濟自由主義，國家用行政干預和立法來解決市場出現的危機，保障工人的最低收入，從此開始福利國家和國家對市場的宏觀調控。福利國家最典型例子是丹麥、瑞典和挪威。在這些國家，一九二〇年代末到一九三〇年代初的大危機使得社會民主黨大獲全勝，並從此連續執政四十多年。如瑞典的社會民主黨成立於一八八九年，因部分接受馬克思主義對現代市場社會的批判，主張用普選消滅階級。該黨一上台，即擴大公共部門，實行「人民之家」，以盡力做到「全民就業」。

國家干預市場包括將部分企業收爲國有和實行宏觀調控（控制貨幣供給、流通總量和製造新的需求）。宏觀調控最典型例子爲美國的新政。一九二〇年代末的大蕭條中，百分之六十美國家庭年收入不足兩千美元，百分之二十一的家庭年收入在一千美元左右，溫飽成爲嚴峻的社會問題。一九三三年羅斯福實行新政（New Deal），提出改革、復興和救濟三方面目標。國會通過法案保障銀行穩定，政府干預農業，撥款三十三億美元進行公共工程，解決失業，這是前所未有的對市場經濟之干預。羅斯福新政雖有助於克服經濟危機，但政府干預經濟缺乏理論上的正當性，故在自由主義看來，新政是對個人權利的侵犯，是披上自由主義外衣的法西斯主義。一九三五年聯邦最高法院判決「國家工業復興法」違憲，一九三六年又宣布「農業調整法」違憲。⑱

另一種可能是否定個人權利是政治和經濟制度的正當性根據。本來，個人權利、工具理性和民族認同一起構成現代法制社會的基礎；政治組織和經濟組織都是個人契約的結果，個人交出部分權利形成公共權力，代議政治具有無可辯駁的正當性，民族主義在個人權利爲正當的約束下只表現爲爭取民族自決和主權以及對立憲主體的限定。雖然，第二種類型民族國家把國家視爲某種超越個人的共同體，但立憲和法制是任何一個現代國家都必須具有的，一旦在現代性三要素中抽掉其核心價值——個人權利，民族主義和工具理性立即畸變，法西斯主義產生了。

只要政治組織不是個人契約的產物，它必然是有機的整體或別的甚麼。其正當性基礎又來自何方呢？爲了塡補政治如社會制度正當性真空，形形色色的畸型意識形態興起，並凌駕在法律之上。⑱⑨換言之，現代社會自我調整的第二個方向除了國家干預市場外，還產生民族主義和國家主義的畸型變種。當否定權利是正當性最終標準時，個人觀念亦不再有意義，極權主義興起。而且，現代社會結構第一層面的巨變立即反過來衝擊第二層面，它再也不能保持穩定了，人類陷入第二次世界大戰。

第十二章　否定個人權利以及種族主義的畸型發展：法西斯主義

保護主義——放棄金本位制——第一次全球化的終結——馬克思主義的勃興——第一次世界大戰帶來的災難對文化民族主義的衝擊——社會達爾文主義和種族主義——民族主義的畸形變態——反猶主義的興起——個人道德的淪喪——極權主義——現代性的黑暗面：法西斯主義的本質——第二次世界大戰——如何看待意識形態整合社會——馬克思主義和畸型種族主義的本質不同——追求另一種現代社會之嘗試

民族國家用行政和立法干預市場，意味著保護主義愈演愈烈。顯然，爲了保持本國經濟的穩定，必須盡可能切斷外部經濟的衝擊。當國際市場不再重要時，金本位亦就無意義。一九三一年五月十一日，維也納財力最雄厚的信託銀行（Credit-Anstalt）倒閉，八月德國被迫凍結外國資金，九月十九日英國拒絕接受英鎊而出售黃金，金本位制被放棄了。從一九三〇年代開始，各國市場經濟紛紛被限制在民族國家內部，或正在演變成國家控制之下的經濟（甚至是計劃經濟）。

第一次全球化終結了。

在現代社會結構的自我調整中，馬列主義顯示出巨大的吸引力。馬克思早就指出，在市場出賣勞動力的工人之所以貧窮，是因爲他們生產的剩餘價值被資本家佔有。這樣一來，工人所獲得的工資必定遠遠不足以購買他們所生產的產品，致使社會出現購買力的薄弱，即有效需求不足，必定出現周期性生產過剩。除了古典勞動價值論外，這個解釋和凱恩斯學說幾乎等價。但是它導出的結論卻和凱恩斯主義的宏觀調節不同，是徹底推翻舊社會（包括取消市場經濟）。

按馬克思的說法，個人權利只是階級的權利，它不再是政治和經濟制度的正當性基礎。而且既然市場經濟是不合理的，代議制民主只是資產階級的事務所，那麼自由的個人應如何組成社會呢？馬克思沒清楚回答這個問題，他只是籠統地指出，從市場的異化中解放出來的個人具有無限的創造能力，可以通過自由聯合組成社會。這裡完全忽略社會組織機制，實際上是烏托邦。

我們必須意識到，馬克思主義中存在著兩個本質上互不相關的部分：一是對現代資本主義的批判，二爲新社會的建構。其中第二部分遠比第一部分含混不清，並且不受理性的約束，從而使得各種軸心文明的傳統都可以捲進來填充其含混空白之處。歷史學家早就發現猶太教傳統對馬克思建立共產主義的影響。[190]事實上，人們是否根據馬列主義去建立合理的新社會，往往不是取決於它對資本主義的批判，而是看是否存在著一個建構不同於市場社會新秩序的潛在方案。該方案在相當程度上是受傳統文化深層結構支配，特別是由人們習慣的社會整合模式所規定的。

本書第十章指出，俄國知識分子對馬克思主義的信服，乃出於東正教傳統對二元論的拒絕，以及對帝俄社會不平等（特別是農民極度貧困）的深惡痛絕。一九三〇年代蘇聯建立集體農莊汲取農業剩餘以實現工業化，該結構和帝俄社會相同。中國知識分子擁抱馬列主義，亦是基於革命烏托邦的理想，而革命烏托邦本身是對宋明理學的價值逆反。⑲在馬列主義被中國人知曉之前，中國知識分子早已把世界大同視爲現代民族國家進一步演化方向。也就是說，凡是接受馬克思主義將其轉化爲建立新社會實踐的，都是因該社會組織和文化深層結構中存在著獨特的與馬克思主義相似或可親和的要素。

對於大多數民族國家而言，不一定存在這些因素。特別是當二元論思維方法深根蒂固時，全盤接受馬克思主義並不容易，人們更傾向在民族主義中尋找新社會建構的方向。然而，第一次世界大戰既然是民族主義膨脹的產物，大戰引起的現代文明浩劫必定給民族主義以巨大的反作用。由此帶來一戰後的民族主義必不同於十九世紀的民族主義。但我們又如何才能從思想內在變化的邏輯，去把握第一次世界大戰對民族主義的衝擊呢？

民族主義的核心是民族認同。民族認同方式（符號）存在著文化（語言）、人種和主觀承認三種基本類型。一般說來，主觀認同和種族認同不易受外來衝擊的影響，故由這兩種認同符號規定的民族主義受一戰影響較小。而文化民族主義受制於人們對文化本身的看法，第一次大戰的災難帶來的一個後果是對戰前文化的幻滅。虛無主義和憤怒的行動主義席捲歐洲。詩人們公然宣稱他們厭惡「垃圾文化」，有的德國知識分子甚至說：「當我聽到文化這個詞時，我就會拔出手槍」。⑲²當文化本身不再受尊重時，基於本民族文化認同的文化民族主義必定要改變形態。因此，一戰以後原先盛行的文化民族主義受到的衝擊最大，而基於種族和主觀認同的民族主義幾乎不受影響。在該前提下民族主義的重構，一方面意味著第一種類型民族國家民族主義形態保持基本不變，另一方面對於第二種類型民族國家，有的發生了文化民族主義義向種族主義的轉向。

必須注意，種族主義本是民族主義的一種，它早就存在著。種族作爲民族認同符號（**共同祖先和血緣**）是把個人凝聚成「我們」的力量，並不一定有哪一個種族最優的意識。在十八世紀和十九世紀上半葉，它一直是爭取民族獨立的力量。但到十九世紀末，隨著以西歐爲中心全球經濟體系的建立，和貧富懸殊同時出現的是南北差距的拉開，⑲³白種人優秀的觀念凸顯出來。因爲當時種種現代事物大多是白種人創造的，加上進化論在社會文化中錯誤運用的社會達爾文主義流行，從而出現一新思潮，這就是認爲「基於生物學上的差異，大多數人都無法達成理論上只有白人（**或者，更狹義地說，具有北歐血統的人**）能夠做到的成就。」人類必須區分優秀和低等種族的觀念，開始和進步的想法一樣滲入這個時期西方人的心靈。⑲⁴

第一次世界大戰以後，隨著對個人權利可欲性的質疑，北歐白人優越觀念迅速與民族主義的種族主義轉向結合在一起，形成了畸型的種族主義意識形態。無論是希特勒（Hitler, Adolf, 1889—1945）打算集合所有日耳曼人（Volk）於一國中並給其足夠的生存空間

（Lebensraum），還是匈牙利岡波斯種族保衛黨（Party of Racial Defense）及黨醒團（Ezsz or Etlkoz Association）力圖建立一個「偉大的信基督教、但在種族上純正的匈牙利」，以及墨索里尼（Benito Mussolini）把國家工團（社會）主義和雅里安人優秀的民族主義混和，建立法西斯國家，都是畸型種族主義內核的膨脹。它產生了可怕的後果。本來泛日耳曼主義就是第一次世界大戰的誘因，現在德國人的文化自傲感變成了雅里安人的種族優越論，泛日耳曼主義蛻變爲雅里安人統治劣等民族的政治主張。它指向外部世界時，除了要雪清凡爾賽條約給德國的恥辱外，還要建立德國統治全世界的新秩序，其後果只能是第二次世界大戰。

因此，第二次世界大戰的禍根雖由第一次世界大戰種下，但兩次世界大戰的性質並不完全相同。如果說，第一次世界大戰可以歸爲民族主義膨脹導致現代社會世界秩序解體，那麼第二次世界大戰則是現代性黑暗面的顯現。在現代價值系統中，以種族爲根據的民族主義本基於現代認同，它是現代個人觀念形成後無法界定「我們」的結果；即它和個人權利是同時形成，以致於民族主義一開始都是建立在個人權利之上的。一旦否定個人權利的正當性甚至進一步拋棄個人觀念在民族認同中的位置時，十九世紀那種強調民族獨立和國家主權意義上的民族（種族）主義消失了。也就是說，作爲現代性之一的民族主義開始死亡。從此，種族壓迫和滅絕代替了民族解放和捍衛國家主權，工具理性和畸型的種族主義結合並失去平衡的發展，終於露出了其猙獰面目。它首先表現爲反猶主義（Antisemitism）。

十九世紀末在西方世界興起並愈演愈烈的反猶主義，不是緣於中世紀以來基督徒對寄居在基督教社會異教徒的排斥（Jew-hatred）。鄂蘭指出，它是伴隨著民族國家轉化爲帝國主義而產生的。⑲⑤姑且不論一戰前西方民族國家是否已變成帝國主義，有一點無疑義，這就是隨著西方社會由基督教共同體轉化爲現代民族國家，猶太人的地位已經發生根本的變化。現代民族國家的確立意味著社會有機體的瓦解，終極關懷退出政治經濟制度正當性論證。在此過程中，不同民族國家中的猶太人分別獲得該國國民身分，猶太人不再是作爲一個有機的群體和基督徒對立。也就是說，作爲寄居在基督教有機體內的異教徒的猶太人對民族國家而言，不再是必須排斥的對象。

既然猶太人已作爲國民被融入民族國家，基督徒傳統的排猶就應該不再重要了，爲甚麼還會有反猶主義興起呢？我們不要忘記，在現代民族國家中，宗教的終極關懷雖然不再是政治和社會制度的正當性基礎，但仍是現代民族國家中國民個人信仰和道德來源。這時對異教徒的反感，很容易轉化爲指責猶太人道德低下。又由於相當多金融家是猶太人，當人們苦於資本主義造成的社會危機時，猶太人作爲資本主義人格化身，在基督教民族國家中則加劇了對猶太人的普遍厭惡。「自一八八〇年代起傳布全西歐的政治反猶太主義，和猶太人的實際數目並沒有甚麼關聯……這種反猶太運動所針對的是銀行家、企業家，以及其他『小人物』眼中的資本主義荼毒者……因爲在猶太人所主導的企業領域中，他們不僅與小商人競爭，同時也扮演給予或拒給農夫和小匠信貸的角色。」⑲⑥顯然，僅僅反對資本主義，而沒有甚囂塵上的畸型種族主義，是不會形成席捲歐洲的反猶主義的。換言之，反猶主義是將對資本主義的厭惡匯入二十世紀畸型種族主義的結果，它導致對猶太人駭人聽聞的大屠殺。

希爾伯格（Raul Hilberg）描述了納粹德國如何用現代化的、高度發展的官僚機器，在種族主義意識形態支配下精確並有效地實施一連串的滅絕措施，導致對歐洲猶太人的滅絕性屠殺。服從工具理性的官僚機構成爲「滅絕機器」（machinery of destruction）。[197]畸型種族主義意識形態對內的目標是消滅猶太人，對外是壓迫所有劣等種族。正如一位歷史學家所指出的，納粹德國對蘇聯的攻擊是受其種族主義意識形態支配，「除了在戰爭中粉碎軍事抵抗外，還要有目的有計劃地消滅其政治制度（例如布爾什維克主義）、消滅種族（猶太人以及其他『劣等的』種族）……德國早在戰爭開始之前就廢除了通行的戰爭規範與法規。下達了殺死俘虜（紅軍政委）的命令……對被佔領的國家及地區進行的搶掠，目的在於讓上千萬人活活餓死。」[198]

本來，作爲現代價值實現的現代社會，無論其民族主義類型和民族國家性質有何種區別，以及代議制民主貫徹程度有多大不同，因爲個人權利、工具理性和民族認同三個基本要素的同時存在，使得法制和立憲對任何現代政治制度是不可缺少的。一旦在現代性三要素中抽離了核心價值——個人權利時，不僅個人變得不重要，甚至建立在個人之上的終極關懷亦可有可無了。人喪失了信仰和道德，變成不能獨立於群體的存在。換言之，「人的自主性完全消失，道德人格（Moral person in man）被摧毀，人被等同於活死人，凡事皆可爲的風氣興起。」[199]這是自軸心時代以來從未發生過的，在西方世界尤爲嚴重。

我們在第五章指出，自從希伯來超越突破與古希臘超越突破的結合，法律在西方就成爲政治權力正當性基礎。特別是十一世紀教皇革命後，西歐封建社會是建立在法制之上的。因基督教對此世不感興趣，通常不能算作意識形態，西方從未出現凌駕在法律之上的意識形態統治。即使隨著傳統社會現代轉型，民族主義和現代意識形態的出現（請注意，自由主義亦是意識形態），但是由於個人權利是現代價值之核心，法律被歸爲民族國家中所有人的契約，法制一直是現代政治的基本形態。因此，即使當傳統社會實現現代轉型（只要建立民族國家沒有導致社會整合危機），高於法律的意識形態統治是不可思議的。因此，當法西斯主義盛行時，政治制度的正當性不再建立在法律之上，這在西方是全新的事物。正如鄂蘭所說：「這一樁事實（意識形態恐怖統治）是史無前例可循的。歐陸歷史的持續性，因這樁的確實而被阻斷了。由於它，我們的傳統顯示出斷隔的『裂痕』。」[200]

在西方，一旦個人無足經重，法律不再是社會組織的柱石時，從團體到國家都變成了光天化日之下的黑社會，社會運動亦成了黑社會的行動，[201]這一切構成法西斯主義的本質。法西斯（fascio）一詞，源於拉丁文，其意義爲「一捆」；[202]延伸到政治，指一種和西方本作爲選舉機器的議會政黨不同的緊密結合的團隊。因個人道德和法律對其都是沒有意義的，法西斯運動一方面抹殺個人，另一方面藐視法律，訴諸赤裸裸的暴力。

法西斯主義（fascism）最早出現在意大利，由墨索里尼（Mussolini, Benito,1883—1945）提出。正如G・威爾普所說：「法西斯主義植根於十九世紀意大利民族解放運動，受到那些從統一到大戰爆發期間擁護意大利民族主義的人們的支持。」⑳③法西斯主義在意大利起源的軌跡，十分典型地表現出個人權利可欲性破壞，是如何導致工團主義興起以及第一次世界大戰後民族主義的種族主義化趨勢，而這兩者互相結合，就演變成法西斯主義運動。「法西斯」這個來自古羅馬的詞被選中，表面上意味著社會組織向希伯來精神和古希臘羅馬法制精神結合前狀態（羅馬帝國）的回歸，實際上是一種前所未有的社會組織形態之出現，這就是極權主義政權。

今天，極權主義社會的組織形態已得到透徹的研究，它有如下六個特點。第一，以某一種超越法律之上的意識形態進行統治，意識形態提供了全社會生活的目標和意義；第二，信仰意識形態的核心份子（不到總人口的十分之一）組成一個政黨，領袖獨裁，一黨專政；第三，國家用秘密警察進行恐怖統治；第四，人民的通訊工具為黨和政府所壟斷；第五，軍備和武裝掌握在黨和官僚手中；第六，中央控制經濟活動。⑳④西方政治學家是通過將蘇聯社會和納粹德國進行比較而總結出上述結論的。其實，在上述六個特點的背後，存在著個人權利缺失導致意識形態凌駕法律之上這一核心原則，其本質是用意識形態來整合社會。因此，當意識形態性質不同以及用意識形態整合社會發生的歷史境遇存在巨大差異時，與其相應的各種極權主義社會形態是不可比的，也遵循著不同的演化邏輯。⑳⑤

我們在第十章詳細討論了建立民族國家導致社會整合解體的案例，指出這時用新（準）意識形態整合社會是另一種選擇。因此，對某些極權（威權）主義政體（如葡萄牙、西班牙、越南、北朝鮮等），它只是向現代民族國家轉化的過渡型態。西方極權主義研究最大問題是把馬列主義意識形態統治和畸型種族主義（法西斯主義）統治混爲一談。法西斯主義爲現代價值系統中抽取個人權利後工具理性和種族主義畸型結合，代表了現代性的黑暗面。而馬克思主義源於對現代價值系統的批判，雖然它亦不把個人權利作爲新社會建設的基石（這必然使得社會組織形態表現出極權主義的特徵），但平等一直是其基本追求。特別是馬列主義力圖克服現代性的黑暗面，追求一種現代社會之後（沒有現代資本主義社會弊病）的理想社會，這和畸型種族主義有本質不同。更何況蘇聯和中國用新意識形態整合社會的實踐過程中，東正教（帝俄）和儒家意識形態（中國）組織社會的傳統分別被捲入。因此用納粹德國爲原型抽出的極權主義的概念，原則上很難用於把握蘇聯和中國建立不同於西方資本主義的現代社會的嘗試。[206]

特別對於一九二〇年代的中國更是如此。一九二七年，國民黨利用列寧主義政黨組織原則建立黨國、黨軍、黨天下，本是紳士公共空間解體帶來社會現代轉型之失敗之後民族國家的重建。一九四九年以後，意識形態凌駕在法律之上的統治，在中國絕非歷史上從未有過，亦並不是中國人道德的淪喪，反而是力圖把社會建立成一新的道德共同體。[207]

總之，只有超越西方經驗中心論，對意識形態整合社會的分析具備更爲廣闊的歷史視角，我們才能理解二十世紀現代社會結構自我調整的方向。否則不能解釋爲甚麼第二次世界大戰是英美、蘇聯和中國共同進行的反法西斯和反對日本軍國主義的戰爭，以及爲甚麼二戰開啓了第三世界殖民地國家的民族解放運動。其後果既是西方民主國家對法西斯主義的勝利，亦是社會主義陣營的形成。特別對中國而言，它是經過國民革命重構後的民族國家戰勝力圖把大東亞共榮圈強加給亞洲的日本，也是中國共產黨實現中國社會整合並展開大規模社會主義實踐的前提。從此，人類全面進入兩種不同現代社會競爭的新時代。

第十三章　現代社會結構的自我修正

冷戰及其後果——自由世界的形成和資本主義的自我改進——計劃經濟弊病的暴露——西方對市場經濟的再一次肯定——社會主義國家為什麼很難認識到計劃經濟的問題——社會主義和民族國家——伊斯蘭社會的轉型——從泛阿拉伯主義到泛伊斯蘭主義——高於經濟發展的社會目標——中蘇利益分歧在毛澤東思想中的定位——反修防修——無產階級文化大革命——中國成為世界革命的中心——新華夏中心主義的凸顯和解體——無產階級立場的不可欲——改革開放和冷戰的結束——現代常識理性對市場經濟的支持

一九四五年二月，當反法西斯戰爭勝利在望之際，美國、英國和蘇聯等各盟國領袖在雅爾塔舉行會議，討論戰爭結束以後的世界秩序。會議決定建立聯合國取代已經失效的國聯，創造了常任理事國擁有否決權的安理會制度。表面上看，這似乎是重新建立由獨立民族國家組成的國際秩序，以保障世界和平與現代社會結構第二層面的穩定。但經過第二次世界大戰，社會主義的影響力如日中天，蘇聯的勢力範圍已遠遠超過帝俄時期，其對國際秩序的理解與英美不同。列寧主義將帝國主義視爲垂死的資本主義，力圖通過社會主義實現共產主義。史達林心目中的世界秩序是以蘇聯爲首的社會主義陣營的不斷擴張；而英美對共產主義擴張之擔心遠甚於對法西斯主義的恐懼。於是第二次世界大戰一結束，世界立即分裂成兩個對立的陣營，冷戰開始了。

冷戰開啓了現代世界秩序的新局面。本來，在現代社會結構中，民族國家作爲將現代社會結構兩個層面互相聯繫起來的樞紐，是國家利益的載體，任何兩個民族國家的經濟互利都是通過市場中的交換來實現的。現在，出現了社會主義陣營，存在著不同於資本主義民族國家的另一種形態的現代社會模式。在社會主義陣營內部，意識形態目標應該是高於民族國家利益的，這就是反對西方帝國主義和建立不同於資本主義的新社會。在這一挑戰面前，西方各國亦必須聯合起來遏止共產主義的擴張，自由世界的觀念由此得到強化。正如社會主義國家之間超越民族國家利益的軍事和經濟合作一樣，西方自由世界亦開始了史無前例的民族國家之間的經濟援助。著名的馬歇爾計劃（Marshall Plan）就是一例。爲了抵抗共產主義，美國希望歐洲迅速完成重建。一九四七年至一九五一年間，美國對歐洲撥款達一三一點五億美元，其中百分之八十八爲贈款。該計劃消除了長期存在於西歐各國的關稅和貿易壁壘，有助於西歐的一體化。該計劃結束時，絕大多數參與國的國民經濟已恢復到戰前水準。西方自由世界形成了。

一九五〇年代以後，西方自由世界的壯大，並非是向戰前民族國家結構的回歸，而是面對社會主義的巨大壓力、吸取馬克思主義對資本主義的批判，對現代社會結構進行大幅度改進的過程。

早在一九四五年，英國工黨首次得到史無前例的多數票執政，開始推動煤礦、鐵路等行業國有化，並通過國家干預來克服長期以來失業人口在百分之十左右的社會弊病，以實現充分就業。英國工黨源於第一國際英國工人代表。伯林將工黨建立稱爲馬克思對接納他的這個國家所作的一項最大的貢獻。[208]北歐福利國家的經驗受到高度重視，一九五〇年代已有百分之九十五的英國人在政府支持的醫療保險系統中看病。法國建立了基於（計劃和市場、國有和私有）混合經濟之上的第四共和（有別於戰前的第三共和），經濟國有化程度遠超過英國。意大利則由一個戰前君主立憲的國家變成實行混合經濟的共和國。其工人家庭收入只有百分之五十九是工資，其餘則來自於各式各樣的福利。[209]即使美國那樣對私有制和市場持原教旨主義熱忱的國家，凱恩斯主義和國家對市場的宏觀調節亦被普遍接受。未經計劃的市場經濟體系，因爲不能爲產品創造足夠穩定的需要而受到全社會的責難。從此，西方社會的政府職能被重新界定。本來政府的職能對內僅在於立法和保護私有產權，現在控制貨幣供給和保證社會有效需求和就業也成爲其不可缺少的部分。

在西方，政府通過宏觀調控和福利制度保障每一個人有生存權，這就使得二戰前愈演愈烈的週期性經濟危機得到控制。即使發生蕭條，亦不會出現大量工人失業無法維繫生計的情況，現代價值的核心個人權利的可欲性又得以恢復。也就是說，現代社會結構第一層面的內在危機已被克服，它又可以支持生產力的超增長了。在新一輪科技革命和市場的推動下，一九六〇年代自由世界經濟水準已是戰前的三至四倍。消費社會來臨了。

冷戰作爲兩個陣營、兩種現代社會制度的對抗，必定首先表現在社會主義國家和資本主義國家的軍備和國力的競爭之上。在軍備競賽背後，實際上是市場經濟和計劃經濟兩種現代經濟制度誰優誰劣的比賽。正如我們在第十章指出的，蘇聯用馬列主義意識形態克服帝俄現代社會轉型中發生的社會整合危機，在深層結構上是利用了傳統社會整合方式，即與帝俄社會類似的社會結構有利於榨取農業剩餘推行工業化。但計劃經濟本身畢竟是現代社會全新的事物，亦是社會主義有別於資本主義市場經濟的象徵。計劃經濟真的能保證生產力的不斷增長，並且能克服市場經濟的弊病麼？這是經濟學家面臨的新問題。

正如哈耶克所指出的，指望一個龐大的無所不能的計劃系統來統計人民需要甚麼，並根據社會需要來組織生產和分配，這是一種致命的理性自負。[210]沒有一個經命令形成的外在秩序可以代替市場經濟中自由的個人形成的自發秩序，以實現經濟不斷增長所必須的資金、人才和社會需求信息的有效整合。也就是說，計劃經濟力圖用國家控制的僵化官僚組織代替處於流變中的契約組織，是不可能保證生產力超增長的。一旦西方自由世界用宏觀調控避免一九二九年那樣的經濟大蕭條，福利國家保證個人權利的可欲性，計劃經濟就再也不是現代市場經濟的對手。一九三〇年代那樣的蘇聯經濟制度對西歐的優越性不再存在，人們日益發現計劃經濟會造成的普遍而持久的物資短缺、無效率和種種弊病。在美國和蘇聯的核武器軍備競賽中，蘇聯雖然沒有輸給美國，但因爲計劃經濟本身的特點，龐大的軍費開支必定會拖垮蘇聯的經濟。即爲了贏得軍備競賽，計劃系統再也不能保持人民生活的改善，甚至生活必須品的供給也經常出現困難。

雖然計劃經濟在效率上不如有宏觀調控的市場經濟，但要宣告計劃經濟的失敗，還必須證明它在道德上也是虛妄的。計劃經濟既然指責市場分配種種弊病並聲稱自己道德上的先進性，但它真的能保證公平的分配麼？市場分配的公正性建立在兩個獨立的個人自願交換之上，其盲區是在市場上找不到工作的人無法維持生計使得個人權利對他們不可欲。計劃經濟雖可以用國家管制和分配保證每個人有工作，但不能阻止有特權的管理者演變成新的階級。計劃經濟分配的公正性是建立在以平等爲核心的意識形態之上，一旦形成特權階層，其後果必定是計劃經濟分配及其意識形態統治喪失正當性。

從經濟制度的效率和正當性來講，計劃經濟和市場經濟的誰優誰劣或許早就可以得出結論，但是這並不能證明社會主義實踐的失敗。因爲社會主義不單是給出一種不同於資本主義的經濟制度，它還包含了現代化後進社會利用國家干預加速工業化和建立民族國家的嘗試。不僅那些建立現代民族國家過程中發生社會整合危機的社會是這樣，對於不易用民族主義建立現代國家的傳統社會更是如此。這特別反映在伊斯蘭社會的現代轉型之上。我們在第八章指出，伊斯蘭教很難退出政治經濟領域，亦幾乎做不到理性與信仰的二元分裂，故伊斯蘭傳統社會通過民族主義建立民族國家頗爲困難。我們曾用鄂圖曼帝國在西方衝擊下社會現代轉型步履維艱和由此引起的文明衝突說明這一點。

第一次世界大戰後，鄂圖曼帝國解體。除了土耳其在全盤反傳統基礎上利用土耳其認同建立了現代民族國家外，整個伊斯蘭世界分崩離析，廣大地區淪爲西方托管國或殖民地。由於伊斯蘭教和印度教不同，這些殖民地大多不能建立有效的現代政府。但是，自從社會主義興起，情況發生變化。社會主義作爲另一種現代社會形態立刻引起伊斯蘭世界的注意，伊斯蘭社會現代轉型加快了。從中東、北非到南亞，二戰後形成的伊斯蘭教國家，大多宣稱自己推行社會主義。

爲甚麼社會主義和資本主義的冷戰會成爲加快伊斯蘭社會現代轉型的契機？我們認爲，關鍵在於以社會主義爲旗幟、反對西方爭取獨立，比民族主義更適合伊斯蘭社會。我們在第七章指出，民族認同的形成需要終極關懷退出政治經濟領域，民族主義在爭取民族獨立過程中引進現代個人權利和社會契約論，這些新觀念是學習現代政治經濟制度的前提。該過程會破壞基於傳統終極關懷的有機體，這必定遭到伊斯蘭教堅決抵制。而社會主義本來就主張社會爲有機體，並不一定要建立在獨立個人之上。這樣一來，只要引進的現代制度（**國家對軍隊的控制、部分企業國有化和有限的土地改革**），不與伊斯蘭教規定的原有社會生活方式相衝突，該國家就能通過社會主義取得獨立並開始現代化。

事實上，正因爲社會主義只是伊斯蘭教處理世俗生活的新形態，使得這類伊斯蘭社會主義國家和馬列主義社會主義陣營根本不同。其社會政治制度正當性根據既不是社會主義意識形態，也不是民族主義，而是基於伊斯蘭教之上（或與其高度吻合）的觀念系統。不同的伊斯蘭國家即使各自主權獨立，但其正當性基礎既然以伊斯蘭教為內核，這使得它們都指向超越民族國家之上的更大的想像的共同體。㉑①正因為如此，社會主義實踐導致了伊斯蘭世界特有的民族解放運動，泛阿拉伯主義勃興就是著名的例子。

歷史學家早就指出，泛阿拉伯主義源於鄂圖曼帝國解體時伊斯蘭教對土耳其民族主義的反動，旨在建立大阿拉伯聯邦。㉑②表面上看，它以阿拉伯語為認同符號，提出阿拉伯民族這一觀念，是屬於文化民族主義。其實，在阿拉伯語背後是普世性（即不是只對某一特定人群才有效）的伊斯蘭教，故泛阿拉伯主義不是單純的民族主義。其終極目標不是建立民族國家，而是更大的政治共同體。二戰後，在以社會主義為旗幟的民族解放運動中，泛阿拉伯主義終於凸顯出來，轉化為大規模的社會行動。

一九四五年三月，阿拉伯國家聯盟成立，最多時（一九七七年）共有廿二個成員國。其宗旨除了捍衛阿拉伯獨立和主權外，還要全面考慮阿拉伯國家的事務和利益。其中以納賽爾（Gamal Abdel Nasser）的努力最為有名。他在埃及推行阿拉伯社會主義，一九五六年埃及將蘇伊士運河收為國有，在建設獨立的現代國家同時，還想把所有阿拉伯國家合併為一個政治共同體。正是根據該理念，一九五八年二月，敘利亞和埃及合併為阿拉伯聯合共和國。一九五〇至六〇年代，泛阿拉伯主義一直是推動中東阿拉伯國家共同對抗西方尋求獨立的精神力量。一直要到社會主義實踐式微，其背後伊斯蘭教便突破現代民族主義外殼，泛阿拉伯主義變成泛伊斯蘭主義。[213]

其實，社會主義和資本主義之爭不僅是兩種政治和經濟制度的比賽，還是終極關懷和生活意義的決擇。現代性起源於個人觀念出現後導致終極關懷和理性的二元分裂及社會有機體的解體，它在保證理性無限制地貫徹到一切領域的同時，也意味著高於個人之上的社會普遍目的之消失和世界的除魅。在現代價值系統中，無論是信仰、求知還是純化道德意志的修身都是個人的事。社會主義既然是建立在批判現代價值系統的意識形態之上，也就堅持超越個人選擇的普遍人生意義。社會主義社會作爲高於個人的有機體，還對應著個人利益和價值之上的普遍目標，使得社會行動重新魅力化了。本來通過建立現代民族國家實現社會現代轉型，現代化是其最終目的；現在，高於現代化的意識形態意義凸顯出來，並轉化爲改造世界的行動。在這些高於個人的普遍價值（**道德**）被證僞之前，社會主義實踐是不可能被認爲是失敗了的。

這一切都十分典型地發生在一九四九年以後中國的社會主義實踐中。我們在有關研究中指出，新文化運動中知識分子接受馬列主義和三民主義，是用經過重構的中國式現代價值（**現代常識理性、常識個人觀念和作為關係共同體的中華民族認同**）建立新道德意識形態。表面上看，用科學證明世界是物質組成的，再從唯物論推出了唯物史觀，最後得出共產主義理想（**人生觀**），是科學主義對新道德意識形態的建構。實際上，中國式科學觀的正當性來自於現代常識理性，背後是一種和常識建構程朱理學同構的過程。[214]五四時期中國知識分子接受的馬列主義是具有類似於程朱理學結構的道德理想主義，這是中國人新的終極關懷。而三民主義則是建立在現代人之常情之上的新意識形態。現代常識理性中存在著現代常識不可懷疑以及現代人之常情合理兩大基石，它們構成了論證道德意識形態正當性的最終標準。正因爲中國當代道德意識形態是建立在現代常識之上的，它帶來兩個蘇聯馬列主義不可能的結果。第一，道德意識形態給了中國超越民族國家利益之上的社會目標，中國社會整合一實現，就會去實現這些目標，只有當證明它是不可欲時，道德意識形態才會解構。第二，當道德意識形態被證明不可欲時，現代常識理性會對其重構，即馬列主義的解魅不會如同蘇聯那樣導致黨國正當性的徹底崩潰。這兩個特點給人類的社會主義實踐帶來重要影響。

特別是毛澤東對五四馬列主義進行結構性的改造，形成了具有儒學修身結構的觀念系統。這樣一來，實現新終極關懷的社會行動是進行純化無產階級的修身，這是一種比國家富強更重要的意義。而且，只要開展批判對立面的群體修身運動，就能遏制黨員的常識個人主義，達到全黨在毛澤東思想基礎上的團結，導致作爲道德共同體的黨組織規模不斷地擴張。故毛澤東思想成熟後，中國共產黨找到一種把全社會改造成新道德共同體的力量，中國共產黨實現了中國社會的再整合。新中國成立實現土改和完成社會主義改造後，毛澤東思想所提出純化無產階級立場的道德修身，很快成爲高於經濟發展的普遍價值。

隨著毛澤東思想成爲壓倒一切的指導思想，蘇聯作爲一個潛在的民族國家和中國的利益矛盾不再被容忍，在毛澤東思想的鬥爭哲學視野中，蘇聯基於自身利益與美國和平競爭就是對馬列主義的背叛。中國共產黨人認爲蘇聯已經變成修正主義，即共產黨演變爲走資本主義道路的當權派，社會發生了資本主義復辟。爲了防止該過程在中國發生，就必須反修防修，保證無產階級事業千秋萬代永不變色，毛澤東發動了以共產黨組織爲批判對立面的群體修身運動，這就是無產階級文化大革命。在無產階級文化大革命中，中國成爲世界革命的中心，一種和民族主義不同的新華夏中心主義主導了中國對世界秩序的看法。全球被劃分爲三個世界，中國必須支持第三世界反對帝國主義的鬥爭，必須依靠廣大革命群眾發動對修正主義和少數精英壟斷文化的鬥爭。紅衛兵造反引發了全球性的反體制、衝擊現存一切現存權威的運動。這是自法國大革命賦予革命具有摧毀舊事物至高無尚道德意義後，革命作爲超越個人價值之上社會行動的最大規模亦是最後一次大爆發。文化大革命的失敗證明無產階級立場是子虛烏有的東西，毛澤東思想被文化大革命帶來的災難證僞。革命自此喪失了其神聖性並開始了世界性的退潮。

文化大革命向全人類證明，現代社會似乎不存在高於個人之上（**即不是由個人目標和價值合成**）的普遍價值。一旦社會主義該層面（**即道德**）的意義被否定，社會主義社會和自由世界經濟水準之差異立即凸顯出來，計劃經濟帶來的落後再也不能忍受了。文革後，中國開始把四個現代化作爲最高目標，宣布對外開放和經濟改革。新華夏中心主義的解體後，中蘇關係重新定位於兩個民族國家的關係，中國放棄計劃經濟的市場化改革，反過來對蘇聯產生了不可忽略的影響。一九八五年戈巴契夫當選爲蘇共總書記，一九八六年，蘇共二十七大亦決定實行經濟改革。一九八八年，鼓勵私有經濟的《合營法》全面實施，其後果是蘇聯共產黨統治的解體。蘇聯解體方式和帝俄一九一七年被推翻雖然不同，但形式上看來卻一模一樣。因爲共產主義既然被證明是烏托邦，在西方市場經濟和自由主義的衝擊面前，馬列主義再也不能爲蘇聯共產黨統治提供正當性了。當加盟共和國出現獨立和工人大罷工時，軍隊不再服從鎮壓的命令。一九九一年蘇聯解體，分裂爲一群民族國家。冷戰結束。

中國改革的命運和蘇聯不同，黨國體制並沒有解體。生產力的超增長，使得中國和美國成爲二十一世紀初世界市場經濟的兩駕火車頭。爲甚麼中蘇兩國呈現出那麼大的差別？這是因爲中國政治制度正當性基礎與蘇聯馬列主義結構是不同的。表面上看兩者都把共產主義作爲最終目標，但中國的共產主義意識形態建立在現代常識理性之上。共產主義的解魅只導致意識形態結構的變化而不是全盤崩潰。如前所說，毛澤東對馬列主義的重構是把基於科學常識之上的共產主義理想放到道德境界層面，再在人之常情層面之上建立了可以遏制常識個人主義的無產階級道德品質。無產階級道德的不可欲導致毛澤東思想的解體。在境界層面一旦喪失共產主義目標，中國的歷史唯物論就迅速退化爲科學主義之上的唯生產力論，而在現實道德層面的無產階級立場的消失使得常識個人主義膨脹。科學主義和唯生產力論使得黨國統治可從經濟超增長中獲得正當性，而常識個人主義則成爲民間引進資本主義市場經濟的巨大推動力。它們共同構成中國改革開放學習西方資本主義經濟的正當性基礎。[215]

第十四章　告別二十世紀：軸心文明與大歷史觀

長十九世紀和短二十世紀——現代價值的自我修正——對民族主義的約束——主權不能高於人權——權利如何才能滿足可欲性要求——個人自主性為正當性的最終根據——無知之幕下的社會契約論——第二次全球化的到來——新的挑戰——環境問題的本質：消費社會——結構對生產力增長的容量——文明衝突背後：工具理性的異化——終極關懷退到私領域的後果——社會道德的淪喪——個人的異化：從佔有的個人到縱欲的個人——權利的異化：關係主義對法制的挑戰——沒有思想的多元主義：正當性最終標準的消失——系統演化論及二十世紀的方法論遺產——歷史終結的背後：超越軸心時代

史學界有長十九世紀和短二十世紀的說法。所謂長十九世紀指的是從法國大革命開始到一九一四年第一次世界大戰這一百多年。根據我們的分析，之所以可以將其視爲統一的研究時段，是因爲這一時期的特點爲現代社會結構的形成和第一次全球化。而短二十世紀是指一戰到一九八九年這七十多年間，它作爲統一的研究時段具有前一時段完全不同的性質。這就是現代社會結構運行中出現了嚴重的危機，如第二層面穩定性被民族國家之間的兩次世界戰爭破壞；在第一層面，大蕭條暴露了個人權利的不可欲性。正因爲如此，經濟超增長停止了。可以說短二十世紀是現代社會結構自我調整、人類重新探索現代性三大價值及其相互關係的時代。探索得到的第一個教訓是：如果否定個人權利，僅依靠工具理性和民族主義建立現代社會，其結果是法西斯主義。也就是說，現代性三要素中某一核心價值的缺失會導致可怕的後果，這是人們原先不知道的現代性黑暗面。另一個教益或許更爲深刻。這就是：對現代價值系統的批判無論多麼重要、有理，但單憑批判和否定是不能建立超越現代社會缺陷的新社會。[216]因此，我們可以把二十世紀看成是對現代社會結構弊病反思以及對其價值系統的懷疑。正是基於該反思和多方面痛苦的嘗試，現代社會結構兩個層面都得到巨大的改進。

現代性三大價值中首先被改進的是民族主義。如果說第一次世界大戰使人類意識到民族主義是現代性不可缺少的要素，民族自決不可阻擋，那麼第二次世界大戰則暴露了沒有人權的種族和法西斯主義的可怕。巴黎和會時還盡量使民族國家的國界符合民族分佈的疆界。二戰以後，國家邊界再也不是由種族分佈來決定。有一千三百萬日耳曼人被驅逐出中歐，離開被劃給波蘭的地區；另有六百五十萬人被遷入蘇聯與波蘭、捷克之間的新疆界。[217]人類終於認識到國家主權和人權的不可分離以及必須防止畸型的種族主義，只有與普遍人權自洽的民族主義才是健康的。

對民族主義的反省落實到現代社會結構第二層面，就是由民族國家組成的世界性政治組織——聯合國在人類事務中日趨重要。爲了防止民族國家主權擴張的無約束性，還確定了主權不應該高於人權的大原則。在現代民族國家的觀念建構中，主權本應該是由人權推出來的。但在十八至十九世紀民族國家建立過程中，由於民族認同符號不同，民族主義價值裏面主權和人權的關係是不清楚的。經過短二十世紀，特別是科索伏戰爭以後，終於在政治哲學裡明確建立了人權必須高於主權的大原則。這是現代價值系統的第一個大進步。[218]

現代價值系統第二個重大調整，是對個人權利作爲社會制度正當性最終根據的重新定位。一方面，極權主義的壓迫使得人類普遍認識到人權的重要性，沒有該價值僅僅依靠追求平等是無法建立良好社會的。但另一方面，亦意識到了在市場經濟中，人有可能喪失生存權的困境。也就是說，十九世紀從個人權利推出市場機制在分配中無可懷疑的正當性是有問題的。如何做到既肯定個人權利，又避免人權各項內容對窮人不可欲的困難？目前採取的辦法是將個人權利中自主性和達到權利，清單各項內容的能力區分開來。人類在堅持個人自主性作爲社會制度正當性最終根據同時，還必須把個人能力與後天條件看作並非必然和個人的自主性相聯的。這樣，從個人自主爲正當可以推出現代社會仍是契約社會，但僅僅立約者的同意並不能保證契約是正當的，還必須考慮立約的前提，即它必須符合正義原則。這一切在實踐上表現爲政府對市場分配的干預，並用宏觀調節來克服市場機制的局限，建立福利制度以保證人的基本生存條件等等。

雖然，從一九三〇年代起已經開始用宏觀調控克服經濟危機，用福利國家避免個人權利的不可欲，在西方形成了三種不同的福利資本主義體制，[219]但是這些實踐並沒有在理論上解決如何確立現代社會制度的正當性根據問題。對這一問題的理論回答，是在社會主義和資本主義競爭的冷戰時期完成的。它反映在政治哲學上，就是把正確（right）和權利（rights）進行區分。社會制度正當性應建立在right而非rights之上，這就是二十世紀新自由主義。

我們知道，當把個人權利作爲正當性基礎的時候，就無條件地肯定了私有產權和市場分配的正當性，而對自願達成的契約進行任何干預和審定都是不正當的；這是古典權利自由主義的基本精神。現在，契約既然建立在個人自主性而不是個人權利之上，經濟自由主義就被政治自由主義取代。普遍的契約論變成有條件的契約論。如必須假定無知之幕的存在（**人在立約時對自己能力和後天條件一無所知**），從而使得社會契約不能越出正義的框架等等。這就是羅爾斯（John Rawls 1921—2002）的巨著《正義論》要解決的理論問題，它通過有條件的契約論得到差異原則，即經濟不平等的增大只有當對市場中最弱勢群體有利時才是正當的。其實，除了新自由主義外，正義原則仍處於重鑄之中。在當代種種被廣泛接受的新價值原則中，都包含著對短二十世紀經驗教訓的總結和第一次全球化弊病的反思。

總的說來，冷戰結束後，隨著人類重新肯定工具理性、個人權利和民族認同這三大現代價值，第二次全球化的進程開始了。由於短二十世紀對現代社會的結構及其價值系統的局限性進行了修正，第二次全球化的進程比第一次更加宏大和迅速。事實上，正因為第二次全球化有了比第一次全球化更加牢固的基礎，今天我們正處於經濟無限度地超增長和新科技全面改變人類生活面貌的太平盛世。表面上看來，自從現代性誕生、現代社會形成以來，其雙層次結構和價值系統從未如今日那麼自洽，繁榮和進步似乎可以無限制地延續下去，人類好像沒有什麼值得憂慮的事情了。但我認為在這「晴朗」的天空中遠遠出現兩朵烏雲，值得引起注意。第一朵烏雲是全球生態環境的惡化。另一朵烏雲是表現為「文明衝突」的伊斯蘭教對西方的抵抗。這兩朵烏雲之所以不能忽視，乃因為其原因根植於推動第二次全球化的現代社會結構和基本價值的深處。

第一朵烏雲基本上是消費社會造成的。為了克服市場社會有效需求不足的問題，除了用政府干預市場製造需求外，另一個措施是建立消費社會。消費社會用遠遠脫離人實際需求的消費欲望來拉動有效需求，以克服市場社會貧富差距導致有效需求不足。形象一點講，為了使市場社會中窮人有飯吃，不斷將蛋糕做大，使得最小份額亦能滿足弱勢群體需求。另一方面通過廣告和各種手段使人盡可能地擴大消費，但完全不理會蛋糕無限增大對資源和環境的壓力。在這種機制中，只要蛋糕不再增大，往往會發生嚴重的社會危機。西方在一九六〇年代進入消費社會，隨著冷戰結束消費社會擴張到全球。消費社會的來臨導致第一次全球化過程中周期性經濟危機和生產過剩不再發生（即使出現後果亦不是那麼可怕），但正因為無止境的增長成為維繫市場經濟正常運作的前提，必定會帶來環境破壞和生態負擔一天比一天嚴重。[220]

事實上，環境危機背後還存在更深刻的挑戰，這就是現代社會結構的長程合理性問題。在一九八〇年代出版的《西方社會結構的演變》一書中，我們把人類社會結構表達爲由經濟、政治和文化三個子系統耦合組成的整體，並指出一切關係固定的耦合結構（**類似於有機體的組織系統**）對經濟（**生產力**）的發展都有一定的容量。㉑人類前現代的歷史證明了這一點。但是，現代社會找到了人的社會組織不斷隨生產力增長而改變自己固有形態的方法（**如社會不再是關係固定的有機體而是契約組織**），以及發明了推動其運行的全新價值系統，從此生產力超增長不再受到限制。然而，我們不要忘記，社會結構是建立在地球生態系統中的。生態組織作爲類似於有機體的耦合系統，對於它能包含的組織之成長有一固定的容量。㉒今日的環境危機正是生產力超增長已快達到該容量極限的信號。人類能夠利用科學技術不斷改變生態組織的結構（**或者使得生產力超增長不影響生態組織**），以永遠保持超增長嗎？如果不能，從長程的歷史眼光來看，現代社會結構真的是合理的嗎？

如果說第一朵烏雲只是第一次全球化帶來弊病的變種和深化，人類必須意識到自己將面對現代社會結構長程合理性問題，那麼第二朵烏雲則是現代價值面臨全新的挑戰。它首先表現爲被美國稱之爲恐怖主義的伊斯蘭教和西方之間的「文明衝突」。關於「文明衝突」，大家或許會想到亨廷頓在二十世紀九十年代的著名文章。他預言伊斯蘭文明將與儒教文明結盟共同反對西方。㉓十幾年來，亨廷頓的判斷被證明是有問題的，將伊斯蘭文明和西方的衝突歸爲全球恐怖主義更是錯誤的。在今天看來，與其說這是文明的衝突，還不如說它源於伊斯蘭教對工具理性的抵抗。

如前所述，伊斯蘭社會較難通過民族主義實現現代轉型，社會主義曾是伊斯蘭社會實現民族解放的有效途徑。當大規模的社會主義實踐在全球失敗時，利用民族主義建立現代民族國家成為順應全球化衝擊的唯一選擇。但當一部分伊斯蘭社會很難做到這一點，於是所謂「文明衝突」凸顯出來了。換言之，「文明衝突」的原因是某些伊斯蘭社會很難做到讓終極關懷退出政治和經濟領域，其背後更深刻的理由是伊斯蘭教難以形成工具理性所要求的終極關懷與理性二元分裂的結構。為甚麼會這樣？伊斯蘭教在希伯來超越突破之上實現了第二次突破，並發生入世轉向後，是不可能出現類似西方新教那樣的宗教改革的。一方面，穆罕默德作為最後的使者，向人類宣讀古蘭經，是神和人最後一次對話。另一方面，伊斯蘭教義主張建立公正的社群，聖訓規定它不能政教分離，也不能將信仰變成私領域的生活。因此，我認為，在某種意義上講，原教旨主義的興起包括伊斯蘭和西方的文明衝突意味著超越視野對工具理性的反抗。或者說，第二朵烏雲實際上就是工具理性這一價值開始發生問題了。

現代社會建立在工具理性、個人權利和民族認同三大支柱之上的，後面兩個價值發生了問題導致了第一次全球化的危機，而第一個價值似乎從來沒有出現問題過。這是不是意味著作為現代性第一大支柱的工具理性在運行中發生了自我異化，也會蘊育出某種深刻的危機呢？當然，現在下結論為時尚早。但有一種大趨勢是十分清楚的，這就是在第二次全球化中，終極關懷愈來愈退出公共領域，正在變成私領域的價值。因私人的價值追求是多元的，而且可能是不可通約甚至很難溝通，這樣當終極關懷變成私領域多元文化的一部分的時候，它開始被多元文化淹沒甚至消滅了。其突出表現是新世紀生活在消費社會的人類對思想的冷漠。

當前，已經有愈來愈多的人感到思想退出社會公共領域帶來的困境。宏大思想理論被社會輕視，思想家開始進入隱密的歷史黑暗中，這是從軸心時代以來從未發生過的事情。一切自由中，最重要的是思想的自由，一旦人類失去了思想的興趣，自由雖然重要，但已經不存在雄辯的力量。而且這時對自由崇高的追求和個人貪欲無窮的滿足之間也失去了明確界線。沒有思想，求知作爲終極關懷退化爲雞零狗碎的考據，如同一部不斷擴大數據的電腦，找不到方向。一個由愈來愈細專業構成的沒有思想的知識體系，和由一個個孤立的只有欲望（和實現欲望的權利）沒有靈魂人組成的社會是同構的。當大寫的人消失時，溝通的理性只是肉體欲望互相投射的幻像。

現代性起源於人的解放，知識掙脫信仰和道德至上束縛的牢籠，個人從社會有機體中獨立出來以申訴追求真理和創造的權利，但思想的死亡也是虛無對現代人的勝利。從此，一個個必定死亡的個體在孤獨的黑暗裡發問：生命的意義何在？同類的回聲即使震耳欲聾，但也無助於克服死亡的恐懼。這將是人類心靈面臨的真正的黑暗時代。

我們不要忘記，人類對思想的注重與思考終極意義及進行宏大價值追求是直接相聯的。故思想受到輕視和終極關懷退到私領域甚至消失，本是同步的現象。從軸心時代開始人類的道德、核心價值以及大文化傳統，都是基於終極關懷之上的。第一次全球化危機發生的時候，終極關懷並沒有完全退到私領域。二十世紀對第一次全球化危機的回應和新價值的出現，大多來自於終極關懷層面的創造。正因爲如此，從十七世紀現代性誕生以來到二十世紀均是思想的世紀。令人擔憂的是，二十世紀末開始新一輪科技革命以來，似乎新科技和不斷擴展的市場正在解決一切病痛苦難，人類生活普遍的富足和似乎永久的太平盛世已經可望可及；在這種被已故思想史家史華慈稱之爲「太陽底下的新鮮事」的精神狀態中，[224]大多數人已經習慣了思想和公共價值退出我們的視野，每個人只需關心自己的專業和私生活。終極關懷不斷向私領域退卻，最後消亡，意味著思想文化被消滅或人類的心靈回到軸心時代之前。這時，如果生態環境崩潰和史前的洪水再次來臨，人類或許將喪失應付危機的精神力量。

或許有人會說，終極關懷退到私領域並不等於它不存在。正如世俗化並不是宗教的死亡，而是信仰地位的改變。例如上帝從一種不容置疑的信仰，降格爲一個普通的觀點，人們將其和其他各種個人意見混雜在一起加以考量。終極關懷作爲私領域的價值一樣能起到它的作用，特別是當全球化把人類變成一個不同信仰的人共同生活的地球村時，終極關懷退到私領域有利於克服不同信仰之間的衝突。這種觀點不無道理，但是我們必須看到，當終極關懷變作一種純私人的價值時，它能長久保持自己的穩定嗎？正如泰勒在討論當今世俗化傾向時所描繪的：「我們生活在一個我們自己懷疑自己信仰的狀態中。」[225]如果該趨勢進一步發展，終極關懷也許難逃消亡的命運，自軸心時代人類建立起來的超越視野將隨之消失。它必然對當今的文明造成不能忽視的影響。

首先是道德的淪喪，這在當今世界處處可見。原因很簡單，無論是中國，還是西方以及印度，道德均是建立在終極關懷之上的；甚至服從契約的精神力量亦與終極關懷有關。終極關懷這一現代性萌發的基礎一旦瓦解，法制和契約精神還能保持今日的狀態嗎？更重要的，現代自我認同存在著終極關懷層面，如前所說，西方現代個人觀念的起源於唯名論斬斷終極關懷層面自我與共同體層面自我之間的聯繫，並沒有取消終極關懷。當終極關懷消失了，人還會具有終極關懷層面的自我意識嗎？因此，終極關懷的消失所帶來的長遠影響必定會衝擊現代個人觀念。這是比法律取代道德更為重大的變化。因為個人觀念是整個現代價值系統的基礎，當基礎崩潰了又不能找到新的基石，只能導致現代價值的死亡和變異。本篇展開現代性起源及其演化討論，都證明一個基本觀點，現代性和現代社會結構是植根於軸心文明之中的。現在，超越視野的隱退無疑意味著人類開始走出軸心文明了，這是人類三千年來未有之巨變。

在結束本篇之際，我不得不向那個孕育了我青春的二十世紀思想告別。我意識到這不僅僅是告別過去的百年迎來新世紀而已，實際上人類可能要告別的是自軸心時代以來的那個不死的精神世界，那個使生命不朽、人生充滿著宗教和道德追求的三個千年。在這一意義上講，歷史確實是終結了。但是在漫漫的思想黑暗中，人類完全陌生的歷史篇章終於掀開。

我們必須創造，除對終極意義外，還要重構個人觀念和自由觀念的基礎，用新的理性精神去駕馭失去控制的工具理性。作爲一個來自中國文明的思索者，還應該用科學精神去突破常識理性。所有這一切，除了依靠大無畏的創造精神外，別無選擇。今日孤獨而失去理想的個人在走向茫茫的黑夜之時，同時可以做的也是首先應去做的，是把對過去的認識轉化爲一種超級的歷史意識。這就是軸心文明的大歷史觀。全球化的現代文明唯有在此巨鏡中才能照射出自己存在的意義和方向。

英國音樂家曼紐因（Yehudi Menuhin）曾說過：「如果一定要我用一句話爲二十世紀作總結，我會說，它爲人類興起了所能想像的最大希望，但是同時卻也摧毀了所有的幻望與理想。」㉖我們必須承認，二十世紀曾被理想的太陽照耀過，而正在這種意義上講，現在人類正面臨前所未有的思想黑夜。對於我們這一些殘存的理想主義者，雖然可以沉浸在思想和歷史研究中不忘記正在消失的理想，但這些理想只是過去世紀落日的餘暉，後繼無人是不可避免的。我們所能做的只能是在暮色中匆匆地趕路，去回應那個我們雖不能渡過但卻必須面對的新世紀。

後記

二〇〇八年二月十日，我完成《探索現代社會的起源》的初稿，既無往日做完一件重要工作時的如釋重負，亦無即將開始新研究的喜悅。

差不多快二十年了，我沒有寫過這樣宏觀的作品。在宏大歷史消失、專業愈分愈細的時代，我已經習慣了寫只有幾十個讀者的論文。著作也愈來愈專門，文章則在匿名審稿期刊上發表，其全部意義或許僅僅在於學術考核上多一個記錄，當然還有寫作時那種用知識填充生命空虛帶來的充實感。

三年前，我與老朋友嚴搏非商量我們一九八〇年代寫的書在國內再版時，就開始著手構思《探索現代社會的起源》。二〇〇七年六月動筆寫作，作爲《西方社會結構的演變》一書再版的導讀。我最大的困惑是爲何寫作？爲誰寫作？當心目中沒有讀者只是自言自語時，寫作無非是把二十年前困惑自己的問題作一番清理。本來，這些思想或許是沒有必要表達的，既然要將其寫出來，每天必須硬著頭皮寫下去。因沒有捲入情感，有時感到自己在解數學題，離開了「因爲」

「所以」就沒法繼續往下走。語言太枯燥，始終覺得是在擠一個已榨乾的檸檬。這十幾萬字的導讀斷斷續續，從構思到完成差不多用了幾年時間。

摶非是第一個讀者，他表示充分的肯定。青峰用十天讀完全文，提出詳細和重要的修改意見。故本文的定稿是根據博非和青峰的意見刪改而成。青峰和摶非的意見大致相同，其中最關鍵的建議是把討論中國社會現代轉型部分刪去，專門寫成另一本書。本來，本文的視野完全立足於中國傳統社會現代轉型的歷史經驗，這樣才能突破西方中心論的局限來看西方歷史。中國的歷史是如此特殊，已超出當今所有西方社會理論的解釋。本篇中我對中國社會現代轉型所做的概括，是基於我和劉青峰這二十年的研究之上的，這些著作和論文全部在海外發表，國內讀者幾乎沒法看到，因此把中國部分寫成本文的姐妹篇是一個好主意。正因爲如此，本文簡化了，也比較好讀。但爲了防止簡化有可能帶來的誤解，建議讀者把本文和其有關中國歷史的姐妹篇一起翻閱。

秋天，正在本書蘊釀出版之際，世界金融海嘯發生。摶非認爲，面對今天這個危機重重卻又思想消退的時代，本書提出的典範或許對尋找當代問題邏輯原點，以實現「思想再出發」有意義。他建議在書正式出版前，先印三百本徵求意見。在江南資助下，二〇〇八年十二月十九日近五十名學者來到浙江南潯歸來書院，對本書作了一天半的討論。會議結束後，我根據聽到的意見對全書的表述作了修訂。

這次聚會加深了我對形勢的判斷，雖然我們力圖通過這種討論爲思想的存在找到某種載體，但事實上對該嘗試表示同情的大多是我的同齡人，而青年一代則在具體的細節問題上和我爭論。今天，思想正在被專業吞沒，我們這一代人也許是最後的思想者。

出版《探索現代社會的起源》是我從專業研究中走出來，再次關注大歷史的標誌。我深知不會有多少人對此有興趣。思想在當今世界無論在時間上還是空間上都處於絕對孤獨狀態。我要感謝搏非和青峰在精神上和學術上的支持以及同輩學者的各種意見。也許今日，對於嚴肅的思想者和出版者，只有六個字才能使其存在下去。這就是：爲堅持而堅持。

金觀濤
二〇〇八年十二月於香港馬鞍山

注　釋：

①詳見本書附錄第一章第二節。

②湯普遜：《中世紀經濟社會史》上冊，（北京：商務印書館，一九六一），頁三。

③布羅代爾（Fernand Braudel）：《十五至十八世紀的物質文明、經濟和資本主義》第三卷，（北京：三聯書店，一九九三），頁八十五。

④博蘭尼（Karl Polany）：《巨變：當代政治、經濟的起源》，黃樹民譯，（臺北：遠流出版事業股份有限公司，一九八九），頁九九至一二七。

⑤弗里德利希·馮·哈耶克（F.A.Hayek）：《法律、立法與自由》（第一卷），（北京：中國大百科全書出版社，二〇〇〇）。

⑥布羅代爾：《十五至十八世紀的物質文明、經濟和資本主義》第三卷。

⑦馬克思和恩格斯曾這樣寫道：「不斷擴大產品銷路的需要，驅使資產階級奔走於全球各地。它必須到處落戶，到處創業，到處建立聯繫。……由於開拓了世界市場，使一切國家的生產和消費都成為世界性的了。……資產階級在它的不到一百年的階級統治中所創造的生產力，比過去一切世代創造的全部生產力還要多，還要大。自然力的征服，機器的採用，化學在工業和農業中的應用，輪船的行駛，鐵路的通行，電報的使用，整個整個大陸的開墾，河川的通航，彷彿用

法術從地下呼喚出來的大量人口，——過去哪一個世紀能夠料想到有這樣的生產力潛伏在社會勞動裡呢？」（馬克思和恩格斯：〈共產黨宣言〉《馬克思恩格斯選集》第一卷，北京：人民出版社，一九七二，頁二五四至二五六。）

⑧馬克思典範的方法論特徵為經濟決定論，我們把力圖從市場經濟的性質來界定現代性的各學派稱為擴大了的馬克思典範。請注意，屬於擴大了的馬克思典範的學說，是可以反對馬克思主義或表面上不同意經濟決定論的。

⑨我們可以用布羅代爾對資本主義的定義為例說明這一點。他為了將現代資本主義和全球性遠程貿易相聯繫，曾系統討論過遠程貿易和資本主義的關係，發現荷蘭在十六世紀已成為世界遠程貿易的中心，隨著英國社會現代轉型的完成，倫敦取代了阿莫斯特丹的地位。布羅代爾的研究提出了一個尖銳的問題：以最早現代國家為中心的全球貿易網雖然在十七世紀已形成，為甚麼工業革命卻要等一個世紀後才發動呢？博蘭尼也對此極為困惑，他曾這樣寫道：「在歷史上最偉大之工業革命的前夕，沒有出現任何徵象預兆。資本主義沒有預告就來了。」（博蘭尼：《巨變：當代政治、經濟的起源》，頁一七三。）

哈耶克從自由秩序原理來說明現代社會，本質上該說法和市場秩序是等價的。當然，從知識論探討該秩序是二十世紀的貢獻，亦是在某種意義上對為何市場社會可導致生產力超增長的回答，但只要不能回答為何這種社會最早起源於西方，都可以說是忽略了超增長的基本機制。

⑩我們把從價值系統和用思想來界定現代性的學說稱為廣義的韋伯典範。

⑪基托（H.D.F.Kitto）：《希臘人》，徐衛翔等譯，（上海：上海人民出版社，一九九八），頁二一二至二一三。

⑫眾所周知，論述現代化和工具理性擴張之間關係的是韋伯命題。在科學革命起源上，與之相對應的是默頓命題。默頓（Robert King Merton）在一九三〇年代當研究生的時候，就對為甚麼以牛頓力學為代表的科學革命產生在十七世紀的英國這個問題感興趣。他發現當時科學家大多是清教徒，因此想起韋伯關於新教倫理的論述。莫頓把有關研究運用到科學史，建立了科學社會學這門新學科。近年來，科學史家對莫頓命題是否正確作了系統考察，發現促使科學革命的是新教徒，而非一定是清教徒。即只要實現理性和信仰二元分裂，就能促進科學的發展。

（本—大衛Joseph Ben-David：〈清教與現代科學〉《科學與文化評論》第四卷第五期，北京：二〇〇七。）

⑬我們必須意識到，工具理性用幾何公理般的思考方式去安排行為的計劃和目標是科學的，然工具理性的擴張卻不等同於科學主義。科學主義雖然與工具理性同樣把科學作為社會制度、社會行動、政治法律背後的基礎，但它與終極關懷的關係與工具理性不同。科學主義即使自認為可以沒有終極關懷，沒有上帝的信仰，但它卻把科學作為道德和信仰的基礎。它是一元論，而不是

工具理性基於終極關懷（道德）與ratio的二元分裂狀態。西方近現代思想的主流一直是二元論。

⑭麥尼爾（William H.Mcneill）：《競逐富強——西方軍事的現代化歷程》，倪大昕等譯（上海：學林出版社，一九九六），頁一三四至一四六。

⑮必須注意，契約論的基礎是立約雙方（或立約人）對契約內容的同意。當立約雙方是群體或社會等級時，相應的契約關係並不屬於現代性範疇。如西方封建等級之間的權利和義務均由契約規定，在此意義上封建社會亦屬於契約社會。但當時沒有個人觀念。這些規定封建關係的契約不是個人之間的契約。故現代社會組織原則是把社會視為獨立個人之間的契約，而非一般契約。

⑯契約論的社會組織藍圖最典型的例子是市場組織，因此有些社會學家把現代社會稱為市場社會。近二十年來由於對市場社會中個人政治參與意識薄弱的反思，公共空間理論興起。公共空間強調私人通過公開的理性討論形成公共意見，以使得政治和社會領域形成的契約不等同於市場契約，但社會組織原則仍然是契約。其實，不僅哈貝馬斯的公共空間還是羅爾斯的正義論中所涉及的社會組織藍圖屬於契約論，霍布斯的巨靈、盧梭的公共意志建立之政治社會亦屬於契約論範疇。

⑰Immanuel Kant,The Philosophy of Law, Part I, no.24（ed .W.Hastie, pp.110.）

⑱有一個笑話，美國有個少年居然問父母：你沒有經過我的同意，為甚麼要把我生下來？我們看來這或許有點荒謬，但只要把一切組織和人際關係都基於契約時，這種思想方法不難理

解。例如康德曾這樣論證：「一個未經他本人同意，而把一個人帶進了這個人間世界的過程，而且通過別人負有責任的自由意志把他安排在人間。因此，這種行為加給父母一項責任—盡他們力所能及—要滿足他們子女應有的需要。」（Immanuel Kant, The Philosophy of Law, Part I, no.25 ed.W.Hastie, pp.114f.）

⑲因國家和公司等個人為達到某種目的建立的契約組織明顯不同，在政治哲學中不是所有學者都同意國家亦是契約的產物。

⑳路易・杜蒙（Louis Dumont）曾這樣形容西方現代契約論：「一六〇〇年之後的過渡情形至少需要有兩個連在一起的契約論。第一個是『社會』契約論，這是一種具有平等或同夥（Genossenschaft）關係特色的契約論，另一個是政治契約論，引進了服從及某一統治者或統治機構（Herrschaft）之事。而哲學家們則把繁多的契約論化簡為一：霍布斯（Hobbes）把服從的契約變成一般社會生活的出發點。洛克則把第二種契約以託付（Trust）論來取而代之，而盧梭則把統治者完全加以壓制」。（《個人主義論集》，臺北：聯經，二〇〇三，頁一一四）。

㉑這時，世界變成類似於由各個國家組成的聯邦那樣的系統。該觀念最早由康德提出，他指出：根據社會契約觀念，建立一個各民族的聯邦是必要的（邁克爾・萊斯諾夫（Michael Lessnoff）等著：《社會契約論》，南京：江蘇人民出版社，二〇〇五，頁一二九）。

㉒Dictionary of Western Philosophy. 雷蒙・威廉士（Raymond Williams）：《關鍵詞：文化

與社會的詞彙》劉建基譯（臺北：巨流圖書公司，二〇〇三），頁一八二至一八六。

㉓亞里士多德：〈政治學〉，《亞里士多德全集》IX，苗力田主編，（北京：中國人民大學出版社，一九九四），頁三至四。

㉔亞里士多德：〈政治學〉，頁七十三。

㉕亞里士多德：〈政治學〉，頁七十三至七十四。

㉖基托：《希臘人》，頁一五三至一五四，二九五。

㉗菲特烈・華特金斯（Frederick Watkins）著，李豐斌譯：《西方政治傳統》，（臺北：聯經出版社，一九九九），頁十七。

㉘阿倫特（Hannah Arendt）著，劉鋒譯：〈公共領域和私人領域〉，《文化與公共性》，（北京：三聯書店，一九九八）。

㉙Maxwell Macmillan, Encyclopedia of Sociology,pp.901.

㉚不僅西方如此，對於在西方衝擊下實行現代轉型的社會亦如此。中國傳統社會不存在個人觀念和相應指涉自我的詞彙。具今日意義的「個人」一詞是十九世紀末出現的，二十世紀初用於翻譯individual。中國人接受西方個人觀念是西方衝擊下文化現代轉型的結果，亦意味著現代認同的確立。（金觀濤、劉青峰：〈中國個人觀念起源、演變及其形態初探〉，《二十一世紀》總八十四期，香港：中文大學中國文化研究所，二〇〇四・八，頁五二至六六。）

㉛歷史學家早就發現一個發人深省的現象：這就是工業革命即經濟的超增長是和法國大革命差不多同時開始的，兩者都發源於一七八〇年代左右。霍布斯邦（Hobsbawn,E.J.）稱之為歐洲的雙元革命，所謂雙元，一個是指從英國起步的工業革命，另一個是自法國大革命開始席捲歐洲摧毀舊制度的社會革命。我們將在第四節指出，雙元革命證明了現代社會結構的建立和生產力超增長的內在聯繫。事實上，正是法國大革命的衝擊波，導致基督教世界向民族國家的轉化，一方面是現代價值在大革命中傳播，另一方面是歐洲抵抗拿破崙入侵民族主義的突顯，在法國大革命帶動下，不僅是歐洲甚致是拉丁美洲都爆發民族獨立運動。原基督教世界終於變成一由民族國家組成的國際社會。正是在這個過程中，現代市場經濟推廣到整個歐洲，並在國際法之下把全世界都包含進來，故現代化一定是全球化。

㉜艾瑞克．霍布斯邦（Hobsbawn,E.J.）：《革命的年代》，（臺北：麥田出版，一九九七），頁四十三。

㉝哈羅德．詹姆斯（Harold James）：《經濟全球化》，（臺北：麥田出版，二〇〇〇），頁十三。

㉞霍布斯邦（Hobsbawn,E.J.）：《資本的年代》，（臺北：麥田出版，一九九七），頁四十三，七十二。

㉟宮崎正勝：《圖解世界近現代史》，（臺北：易博士文化出版，二〇〇七），頁一〇八。

㊱宮崎正勝：《圖解世界近現代史》，頁三十一。

㊲一八四五年，英國鐵路總長度為三二七七公里，一八五五年增至一三四一一公里。一八五〇年代，法國形成以巴黎為中心的鐵路網。一八六九年歐洲鐵路為十萬六千公里，一九〇〇年則增至二十七萬五千公里，全世界鐵路達九十六萬公里（宮崎正勝：《圖解世界近現代史》，頁三十至三十一）。

㊳霍布斯邦：《資本的年代》，頁七十五至七十七，五十四。

㊴阿倫特（Hannah Arendt）：〈私人領域和公共領域〉，旺渾、陳燕谷編，《文化與公共性》，頁七十四。

㊵Habermas Jurgen（1989）, The Structural Transformation of the Public Sphere, MA: MIT Press.（German original 1962）.

㊶一講到公共空間，人們就會想到它同傳統國家的矛盾；現代公共空間的興起同時是傳統國家控制的衰落，這無疑是正確的。但必須注意，現代公共空間必須生活在法律架構中，沒有法治公共空間是不穩定的。而法治必須由現代民族國家提供，故公共空間和國家之矛盾，實為社會現代轉型中的現象。

㊷博蘭尼：《巨變：當代政治、經濟的起源》，頁一五七至一六八。

㊸在此，現代社會的雙層次結構對經濟超增長（全球化）極為關鍵。正因為現代社會結構

存在著第二個層面，而且這兩個層面是互相影響的，現代社會的系統觀不可能化約為馬克思典範和韋伯典範。顯然，無論是馬克思典範還是韋伯典範都碰到一個無法解決的困難，這就是第一個現代社會的建立和工業革命的出現存在著一個多世紀的時間差。早在十七世紀荷蘭和英國已建立現代社會，根據馬克思典範或韋伯典範，生產力將源源不斷地解放出來，但工業革命卻要等到一七八〇年才開始。工業革命的發生意味著生產力超增長。所謂生產力的超增長實際上是現代市場經濟要有能力超出荷蘭或英倫三島範圍不斷擴張，它需要一個由現代民族國家組成的國際社會。而這正是現代社會雙層次結構對社會現代轉型的定義！故現代社會形成必須包括兩個方面：在民族國家內部現代價值和社會制度耦合和民族國家的普遍建立。荷蘭城市現代國家和英國的清教革命只實現了前者，而沒有後者。這樣生產力的發展將受到本國資源、勞動力的限制。當資金、資源和勞動力不能在市場機制支配下超越國界自由流動，經濟超增長是不可能的。事實上，只有等到十八世紀下半葉後現代性系統觀要求的兩個前提才實現。這就是民族國家在基督教世界普遍的建立。換言之，只有把馬克思和韋伯這兩種典範結合起來，得到現代社會的系統觀，才能解釋經濟超增長的機制。

㊹根據現代社會的系統觀，傳統社會的現代轉型本質上是社會有機體向兩個方向轉化。一方面民族認同把一個個擁有自然權利的個人用契約組成社會和國家，使得工具理性和個人權利成為政治經濟組織和社會行動正當性基礎。另一方面民族主義為國家主權提供正當性。民族國家建

立的同時，也是自然法轉化為國際法的過程，從此一個個主權獨立的民族國家根據國際法組成一國際社會。這裡需特別強調的，是新教和國際法的關係。當社會有機體在觀念上普遍解體之時，與自然法對應的權利一方面在個人身上轉化為不可剝奪的人權，另一方面在規範層面形成了超越立法者之上的法律。這樣，一旦民族認同把個人組織成國家，超越立法者之上的法律即變成國際法。西歐的基督教世界也就變成了一個由民族國家組成的國際社會。關於研究該過程必須運用系統演化論，我們將在第五章和第七章展開討論。

㊺Etienne Gilson, Heloise et Abelard,（Paris:1938）, pp217—24.

㊻弗里德里希．希爾（Friedrick Heer）：《歐洲思想史》，趙復三譯，（香港：中文大學出版社，二〇〇三），頁四〇七。

㊼西方法制傳統是中世紀確立的，並非來自古羅馬法律傳統。韋伯早就意識到這一點，他這樣論述：「許許多多現代特有的資本主義的法律制度，是起源於中世紀，而非羅馬——儘管從邏輯的觀點而言，羅馬法比中世紀的法律要來得理性化得多」。（韋伯：《法律社會學》，臺北：遠流出版事業股份有限公司，二〇〇三，頁七十六。）但韋伯並沒有指出原因。

㊽雖然，在中世紀契約已是法律的一部份。正如韋伯指出：「十三世紀以來，英國的律師實務和王室法庭的判決即已在愈來愈多的契約事務上，宣告不履行契約為不法侵害（trespass），並且以此而對契約作出法律的保護（特別是透過損害賠償之訴，writ of assumpsit）」（《法律

社會學》，臺北：遠流出版事業股份有限公司，二〇〇三，頁六十三）。但當時契約和法律的關係和十七世紀以後是不同的，契約受法律保護，作為私法有法律的約束力，但法律並不是來自契約。泰格（Michael E.Tigar）和利維（Madeleine L.Levy）指出，資本主義世界今日的法律體系之形成，是商人階級（資產階級）對古羅馬法和中世紀法一系列造反顛覆之結果。泰格和利維所指的對中世紀教會法之造反，實際上只是破除封建社會權利義務不平等的等級身分制法律內容，即顛覆的是人為法和習慣法，特別其中不平等的內容，而不是法律的精神。（泰格、利維〔Michael E Tigar and Madeleine L Levy〕著，紀琨譯：《法律與資本主義的興起》，上海：學林出版社，一九九六。）其實，資產階級對法理之造反還有另一更重要的方面——即所謂改變法理基礎，則是將契約視為法律的基礎。這方面典型的例子是洛克。正如海因里希所說：「在洛克看來，自然狀態和自然法觀念作用則是論證個人的權利乃是不可剝奪的。……生命、自由和財產的權利造就了法律，而不是法律造就了那些權利……傳統的自然法觀念把自然法視為人類事物的某種秩序，視為在其創造就作為上帝意志被啟示於人理性中的宇宙的形而上學秩序的某種道德反映，洛克則用另一種自然法概念取代了它，在他那裡，自然法毋寧是一類或一束個人權利的一種唯名論的象徵，這些權利源出於個人的自利。」（海因里希．羅門：《自然法的觀念史和哲學》，上海：上海三聯書店，二〇〇七．五，頁八一至八二。）

㊾根據伯爾曼概括，西方法律精神有如下十大特徵。第一，法律區別於習慣、道德和政治；

第二，法律是專業化的；第三，它是專家從事的事業；第四，存在著培訓法律專家和學術機構。上述四個特徵是羅馬法裏本來就有的。後面講的六個特徵則是教皇革命後才可能具備，它們分別為：法律被視為一個邏輯上統一的整體；法律具有可發展性——它必須被發現；法律的變化必須受規則的支配——即存在著法律之法律；法律高於政治權威，（這在十二世紀才出現的）；法律系統內部可以有多元競爭，即在統一憲法架構下可以存在多種世俗法；進而中世紀的法律傳統經過多次內在革命終於演變到今天形態。（伯爾曼：《法律與革命—西方法律傳統的形成》，頁九至十三。）

(50)伯爾曼（Harold J. Berman）：《法律與革命——西方法律傳統的形成》，（北京：中國大百科全書出版社，一九九三），頁四三九至四四一。

(51)Dennis Lloyd：《法律的理念》，張茂柏譯，（臺北：聯經，一九八四），頁七十。

(52)伯爾曼還指出，教皇革命導致歐洲思想如下幾個方面變化。首先，僧侶作為一個群體產生了極強的自我意識，第一次在僧侶和俗人之間產生了尖銳的對立。其次，教會（主要指僧侶）有責任改造世界（主要指saeculum俗界）觀念的出現；進一步還產生了一種有關歷史時代的新觀念，其中包括近代性和進步。（伯爾曼：《法律與革命—西方法律傳統的形成》，頁一一三。）

(53)Walter Ullmann, The Individual and Society in the Middle Age, Mathuen and Co Ltd., 1966, pp.21.

(54) Dennis Lloyd：《法律的理念》（臺北：聯經，一九九七），頁七一至七四。

(55) 韋伯：《社會宗教學》，頁二九八。

(56) Maxwell Macmillan, Encyclopedia of Sociology. pp.901.

(57) 海因里希・羅門這樣描述托瑪斯神學大全中自然法中個人擁有的權利：「聖托馬斯教導說，正義以某種雙重的方式『指導置身於與他人的關係中的人』：『首先是在與個體的關係中，其次是在與作為整體的他人的關係中，即一個人服務於一個共同體，服務於所有屬於這個共同體的那些人。』所有這些都可以用一句源遠流長的話來概括，『讓人各得其所』（suum cuique）。不過，對於一個人來說，被稱為該人自己的東西，必須被認為是從他的本質性理念的角度看是他應得的，確實是歸他的。」（海因里希・羅門：《自然法的觀念史和哲學》，上海：上海三聯書店，二〇〇七・五，頁一八六。）

(58) 路易・杜蒙這樣界定出世的個人：「從基督以及聖保羅（Saint Paul）的訓誨當中，我們得知基督徒在跟神的關係上乃為一個體。特勒爾屈說過，基督徒跟神的關係裡頭存在著一種『絕對的個人主義與普世主義』」，（路易・杜蒙（Louis Dumont）《個人主義論集》，臺北：聯經，二〇〇三，頁四十三。）

(59) Michael Allen Gillespie, "The Theological Origins of Modernity", Critical Review, Vol.13,No.1-2.

⑥⓪請注意，在普通法中，任何普遍的法律均由個案普遍化得到，這時法律所規定個別性（個人）的權利必定是真實的，且先於普遍共同體而存在。因此普通法在實行和推演過程中極類似於唯名論，這可以解釋為何在實行普通法的英國個人私有產權早在十二世紀已經確立。艾倫・麥克法蘭（Alan Mac farlane）曾根據這一點指出「佔有性的個人主義」在英格蘭早就存在，而不是如很多社會學家認為是近代的產物（艾倫・麥克法蘭：《英國個人主義的起源》，北京：商務印書館，二〇〇八）。艾倫・麥克法蘭的發現進一步證明把現代市場經濟簡單地等同於個人私有產權的觀點是錯誤的。因為僅僅有普通法，並不意味視社會有機體為虛妄，故英國十六世紀前個人產權之確立不等於現代個人觀念已形成，清教革命仍是英國進入現代社會的標誌。

⑥①Michael Allen Gillespie, "The Theological Origins of Modernity".

⑥②路易・杜蒙（Louis Dumont）：《個人主義論集》（臺北：聯經，二〇〇三），頁八九。

⑥③布洛克（Marc Bloch）：《封建社會》（Ⅰ）（臺北：桂冠，一九九五），頁一〇九。

⑥④布洛赫：《封建社會》（Ⅱ）（臺北：桂冠，一九九五），頁四五七至五〇六。

⑥⑤金觀濤：《系統的哲學》（北京：新星出版社，二〇〇五），頁二一七至二二三。

⑥⑥參見本書附錄第一章第三節。

⑥⑦詳見本書附錄第一章第五節。

⑥⑧詳見本書附錄第三章。

(69) 由於移民，聯合省諸城市人口從一五〇〇年的一百萬上升到一六五〇年的二百萬（其中一百萬在城市），移民中大多是新教徒，故荷蘭成為最早的現代社會。然而，正如一些學者所指出的，宗教改革者試圖把共和國改造成為日內瓦式的新教國家，但只取得有限的成功。事實上，聯合省議會沒有實權，即聯合省聯而不合，布羅代爾甚至懷疑它是不是一個真正的國家（布羅代爾：《十五至十八世紀的物質文明、經濟和資本主義》第三卷，頁一九六、一九八、二〇八）。正因為荷蘭在十六至十七世紀並沒有建立穩定的民族國家，它不可能存在英國和法國那樣的民族市場，而只能依存於遠洋貿易。這樣，當荷蘭的海上霸權被英國取代時，它迅速衰落。荷蘭建立穩定的民族國家是十八世紀以後的事。

(70) 路易・杜蒙（Louis Dumont）：《個人主義論集》，頁一四二。

(71) 美國現代社會的形成和新教信仰的堅定化的關係還可從如下統計中看出：自一七八〇年至一八六〇年美國人口增長了八倍，但禮拜堂卻增長了廿一倍。Karen Armstrong指出：「直到今天，想要在美國挑出一個完全不與宗教有關連的民間運動還真不容易」（凱倫・阿姆斯壯〔Karen Armstrong〕：《為神而戰—基本教義派的起源與發展》，臺北，究竟出版社，二〇〇三，頁一五〇）。

(72) 詳見本書附錄第四章第三節。

(73) 詳見本書附錄第四章第三節注十八。

⑭艾瑞克・伊凡斯：《英國的政黨》（臺北：麥田，二〇〇〇），頁廿八至廿九。

⑮詳見本書附錄第四章第四節。

⑯Ernst Cassirer：《啟蒙運動的哲學》（臺北：聯經，一九八四）。

⑰歐陸理性主義之所以和英美經驗主義不同，主要是因為它將現代價值與天主教和整個舊制度對立起來。當理性可以推翻舊終極關懷時，它必定也可以推出新信仰，這就是理神論。個人權利在和天主教義對立中轉化為自由、平等、博愛。反對舊專制的社會契約論必定注重公共意志，即是盧梭式而非洛克式的。除了法國啟蒙精神更注重顛覆舊制度的積極自由外，由於個人權利是通過和整個舊制度對立而表達出來的，故法國啟蒙精神比蘇格蘭啟蒙運動更注重平等和作為徹底變革「革命」的意義。這一點被社會主義和馬克思主義繼承。

⑱諾曼・韓普森（Norman Hampson）：《法國大革命》（臺北：麥田，二〇〇〇），頁二五九。

⑲因拿破崙一度成為法國民族國家的象徵，十九世紀，經過半個多世紀的君主立憲和共和之間的擺動，法國才建立穩定的共和制度。

⑳艾瑞克・霍布斯邦（Hobsbawm, E.J）：《革命的年代》，（臺北：麥田出版，一九九七），頁一六二至一六五。

㉑謝南（J.H.Shnan）將十八世紀末民族主義在歐洲出現歸為兩大原因。一是法國大革命的

衝擊，二是約瑟夫二世發動改革，力圖以一套共同法則，規範其哈布斯堡世襲轄內的諸多民族。結果適得其反，令各民族意識到其族裔、文化和歷史的獨特性（謝南《十八世紀的歐洲情勢》，臺北：麥田，二〇〇〇，頁一五四至一五五）。這裡第二個原因講的正是建立現代社會如何使得民族認同為不可缺少的。正因為如此，奧匈帝國為一多民族聯邦，認識到這一點，對我們在第十二章討論第一次世界大戰爆發原因甚為重要。

⑻ 詳見本書附錄第四章第五節。

⑻ 張灝：〈從世界文化史看樞軸時代〉《二十一世紀》總五十八期（香港：中文大學中國文化研究所，二〇〇〇．四），頁四至十六。

⑻ 什麼是價值？價值是人對對象的主觀評判，該判斷決定了人對評價對象的態度和行為模式，例如規定了人對有關對象注意還是輕視、接納還是拒絕等，即價值規定人和對象是否耦合和耦合的方式。正因為是通過價值系統把人與人耦合起來組成社會，在絕大多數情況下，人對他人行為（或評價對象）的評判標準（請注意：這就是價值）是來自於群體的，或者說是社會性的（即它是不能獨立於社會組織有機體而存在的）。只有社會解體，人被迫從社會中走出來去尋找價值時，被找到的評判標準（價值）才可能是不依賴於社會的（或者說是可以先於社會而存在的）。人追求價值的心靈狀態可以用意向性（意志）指向價值目標來刻劃。當這種價值目標是不依賴於社會組織的獨立存在時，就構成了超越突破。這一點在儒學如何實現中國式的「超越突

破」中看得很清楚。中國文化以道德為終極關懷，道德實踐是高度入世的，為什麼它亦能構成超越突破呢？通常人們講的道德，都是指現實世界中的行為規則，離開了人群和社會，道德往往是沒有意義的。但是在孔子那裡，對道德的看法完成了一個大轉化。善不僅僅是社群價值，道德亦不僅僅是行為規範，而是個人的人格追求；即使社群解體了，個人仍可以獨善其身。換言之，當社會解體時，人可以從社群中走出來，捫心自問什麼是最終的意義。在這種前提下發現的善，是可以獨立於社會存在的；它和捨離此世渴望救贖一樣構成超越視野，用該價值亦可以批判社會、創造新的價值。

⑧⑤超越突破的第一種類型是依靠外在神秘力量追求此世之外的目標，這就是通過對一神的皈依達到救贖的目的。它最早出現在希伯來宗教中，故亦可稱為希伯來型超越突破。猶太人把自己視為上帝的選民，猶太教為最早的救贖宗教。在猶太教中，對一神的皈依是跟猶太民族的特殊性連在一起的，它只是猶太人專利。基督教克服了這一限制，任何人只要相信耶穌，就可以達成救贖。故基督教實為救贖的普世化。基督教和猶太教的差別，除了普世外，還在於基督教比猶太教更出世。或者說，基督教基本上對此世是沒有興趣的。這一點很重要，正因為如此，才會發生中世紀神學對近代終極關懷的孕育。而伊斯蘭教在這個基礎上，又完成了第三次大轉化；這就是追求兩世吉慶，即不只是對一神的皈依，追求靈魂的得救，還要在此世建立公正的社群。在西方，猶太教、基督教、伊斯蘭教為不同型態的終極關懷，其終極關懷內容不同，但其超越視野一脈相

承，我們統稱之為希伯來的超越精神。這是超越突破的第一種基本型態。

第二種類型是依靠自己的力量達到離開此世的目標，它表現為尋求解脫的意志，亦稱捨離的意志。這種超越突破最早出現在印度文明中。婆羅門教把宇宙視為由不同的解脫等級組成，人通過此世的修行，可以在下一世相對解脫上升到更高的等級。本質上講，依靠自身的努力（而非外在力量）達到徹底的解脫，為印度宗教不同於西方救贖宗教的特點。印度宗教形形色色，差別僅在於對解脫的界定不同。例如對婆羅門教解脫等級的否定，就是佛教和耆那教，再次用等級和種姓制度對佛教的解脫目標和方法改造產生了印度教；它們都離不開依靠自身力量達到捨離此世的結構，即均屬於第二種類型。

第三種類型是依靠外部力量（標準）追求此世的價值目標。這就是以「正確」或「對」、「正義」（right）為生命的意義。請注意，一般在社會系統中判別「對」、「錯」或是否正義（人行為正確與否）的標準都是來自於社會的，現在要脫離社會尋找獨立於社會規範的此世正確或正義時，唯有把它視為追求包括自然知識在內的普遍知識的結果，也就是以求知作為生命的意義。自從柏拉圖把知識定義為必須經某種人以外的標準鑑別才能判斷的正確信念之後，古希臘哲人的探索就代表了超越突破的第三種類型。我們稱之為認知的意志。我們知道，古希臘哲人把追求知識作為終極的意義，其他價值（比如道德）都由求知推出。對於中國人來說，你能不能作個好人、實踐道德理想，主要是純化向善的意志問題。而柏拉圖、亞里士多德不是這樣看。他們認為關鍵在於人不知道什麼是善；一旦認識到什麼是善，當然可以做到善，即道德是從認知推出。也就是說，終極價值為追求知識；而且作為知識的「善」，其「對」、「錯」的基礎是「真」、「假」，是要透過外部規則（如是否符合理型）來檢測的，檢驗過後才能知道它是否屬於善的。這種思想方法中國人很陌生，但和西方今日科學的認知精神類似。它代表了超越突破的第三種基本類型。

第四種類型是依靠人自身（內在就具有的能力或標準）追求此世的「正確」或「正當性」。人依靠自身內心的感受就能判別的（行為）正當性只有是善。為什麼這樣講？善可以用「己所不欲，勿施於人」這一道德黃金律來定義。請注意，「己所不欲，勿施於人」，所講的正是每個人利用內心標準判斷何種行為「對」。它和用外在標準如神意或自然法則（包括法律）、知識去判斷何種行為為「對」（我們將其稱為「正義」）是不同的。故超越突破的第四種類型，可以用向善的意志或追求道德來代表，這就是中國儒家文化。從來，當應然僅僅作為習俗而存在時，雖然它亦規定了人應該如何行動（行為規範），但它是不能獨立於社會有機體而存在的。把善和社會行為規範相剝離變成人依靠自己內心感受就能判定的價值，並把它作為意志指向的目標，意味著應然活動具有雙層次的結構。第一個層次是人對應該如何行動的意識，它對應著社會的規範。第二個層次是把善從具體的行為規範中分離出來，成為自由意志（意向性）指向的終極目標（真實）。當應然只有第一個層次時，社會組織的解體往往伴隨著習俗解體；一旦應然具有雙層結構，在更高層次向善意志的控制下，習俗轉化為道德，成為不依賴眾人行為的內在追求，這時具有雙層結構的道德規範不會隨社會組織解體而喪失。即使原有道德規範不可欲，人可以將新的行為規範和善對應，即創造新道德。

㊱金觀濤、劉青峰：〈從中國文化看終極關懷理念形態〉《生死學研究》第六期，（臺灣：南華大學，二〇〇七．七），七至四十六頁。

㊲不同的超越視野中，對自我看法差別極大。古希臘超越突破將我等同於理性之載體，希伯來超越突破以信仰（皈依之意志）來理解人的靈魂，中國卻將自我視為道德主體。這都是終極關懷層面對「我是甚麼」的回答，規定了人和非人的區別。必須注意，對於任何一種超越視野，可以存在若干種終極關懷。如救贖就存在猶太教、基督教和伊斯蘭教三種形態，它們是不同的終極關懷。同樣，以道德為超越視野的終極關懷隨對道德定義不同而不同，儒家倫理、無和革命烏托邦均為其形態。和解脫對應的終極關懷有印度教和佛教等。每一種終極關懷對自我的界定都不盡相同。如印度教的自我與佛教自我就有如下差別：佛學反對將「我」等同於「我有」，企圖抽離有關我的種種客觀的和社會的屬性，構成了獨特的解脫式自我觀。

㊳實際上，自我認同一共有三個層面，比第一和第二個層面更為基本的是心理學上的自我意識。每個人都知道自我的存在，今日之我即昨天之我，它是意識和意向性之載體。為何今日之我就是昨日之我呢？我又是甚麼呢？這涉及自我心理學層面的研究，和社會文化關係不大。故我們

只討論兩個層面之間的關係。

[89]故在政治學中將繼古希臘之後近代之前的西方對政治秩序之理解稱之為「世界共同體的學說」時期。（賽班〔Geoge H. Sabine〕：《西方政治思想史》，李少軍等譯，臺北：桂冠，一九九一，頁一五八至三四八。）

[90]Embree, Ainslee T, Indian Civilization and Regional Cultures: The Two Realities. In Paul Wallace,ed., Region and Nation in India, pp19-39. New Delhi: Oxford University Press,1985.

[91]我們可以這樣概括自西方十六世紀宗教改革開始的認同危機和民族主義起源的邏輯關聯。韋伯曾把現代性起源歸於新教。宗教改革的一個重要功能是將蘊含在經院哲學批判思潮中的唯名論越出少數哲學家的圈子成為普遍思想。十六世紀的新教徒和十七世紀所有的自由主義哲學家均是唯名論者。一方面，唯名論解構了所有「種」和「族」的真實性，使個人屬於哪一類（如何組成政治共同體）也不好界定。另一方面，工具理性使理性與信仰分割為兩個不相干的領域，那麼終極關懷之自我究竟是信仰還是理性變得不好確定。這時必須創造新的認同符號以回答「我是誰」，新的認同規定了傳統社會不存在的對「我們」和「主權的擁有者」）之新定義——民族和民族國家。由於這一切緣於個人觀念對基督教自然法和人為法的解構，故民族國家觀念實際上是同國際法和個人權利觀念同時形成的。宗教改革後長達三十年的宗教戰爭使得國際法和主權國家觀念開始出現，它也是民族主義在西歐起源的前提。由此可以解決霍布斯邦提出的問題，即為

何全球性的民族主義潮流則要到美國獨立特別是法國大革命前後才出現。因為它是西方社會的現代化對世界衝擊的結果。（Eric J. Hobsbaum, Nations and Nationalism since 1780, p.3, New York: Cambridge University Press, 1990.）

(92) Elie Kedourie:《Nationalism》（Oxford: Blackwell, 1994）, p76.

(93) 無論是霍布斯以主權者「法定人格」（fictia persona）作為眾人（multitudes of men）代表，還是盧梭將主權看作全體人民的公共意志（general will），都離不開將國家主權視為全體人民權利通過立約之讓渡。

(94) 憲法（constitution）一詞在中世紀原意是世俗立法。現代國家形成時，該詞之所以被作為國家構成原則，這是因為在西方現代國家被等同於立法權（主權）。這樣建立國家必須闡明世俗立法權和組成國家的所有個人之間的關係。正因為如此，潘恩（Thomas Paine）這樣論證：「憲政不是政府的行為，而是人民建構政府的行為。」即「憲法是先於政府的，政府只是憲法的造物」。

(95) 當民族認同基於某種宗教文化，或主觀認同可能和共同的宗教有關時，憲法必須規定該宗教文化僅僅是民族認同符號而不能成為政治制度正當性根據，這表現在憲法構成上即政教分離原則。

(96) 蔡英文：〈古典共和公民社會與奧古斯丁的政治神學之解釋〉《臺灣哲學研究》，第二期

（一九九九）頁七十一至一〇七。

[97] 蔡英文：〈民族主義、人民主權與西方現代性〉，《政治與社會哲學評論》第三期，（臺北：二〇〇二年十二月）。

[98] Ernest Gellner：《國族與國族主義》，李金梅等譯，（臺北：聯經，二〇〇一），頁一至九。

[99] 為甚麼同一民族的人一定要成為一個獨立國家？西方政治哲學一般會這樣論證：根據個人自主為正當這一價值，以及國家主權來自共同體全體個人授權這兩個原則，一群人互相承認共同組成「我們」，即一個民族，固由同一民族組成一個主權的基本單元—國家具有正當性。但根據我們前面的分析，其前提是用主權定義國家，在第二種情況即主權被視為作為實體國家的屬性時，該結論不再成立。特別是民族可以用客觀屬性來界定，認同符號不是主觀的時，民族和國家可以不重合，即幾個民族可以共同授權建立同一主權擁有者，也可以出現同一民族建立幾個國家。一個民族建立一個國家的另一個理由是人們由於擔心國家權力會妨礙其民族認同，如果國家權力不妨礙民族認同，多民族亦可以生活在同一個國家之內。故民族自決理論是否成立必須視具體情景。

[100] 這一論斷包含兩個要點，第一主權共同體是想像的，第二美國的獨立為西方民族主義呈現之典範。這兩個要點十分清楚地揭示民族主義和現代社會建立的內在聯繫。首先，既然共同體是

想像的，共同體的大小由賦予這想像共同體的特徵（這正是民族的定義，我們稱之為認同符號）來決定。這一特徵亦規定了我們和他者的區別，即解決了政治共同體層面（第二層面）自我認同危機。其次，美國作為典型的新教徒用社會契約建立的國家，揭示了建立民族國家和現代社會形成實為同一事物之兩面。美國的獨立（民族主義之凸顯）實為立約制憲以顯示國家主權的邏輯延伸。（Anderson. Benedict, Imagined Communities, Verso：1991 revised.中譯本為安德森：《想像的共同體—民族主義的起源與散佈》，臺北：時報文化，一九九九）。

[101]該民族主義以英國和美國最為典型。英美民族主義之所以有這樣的性質，關鍵在於它們對自我認同和國家的瞭解完全是加爾文教式的。加爾文教主張唯名論，認為只有個體才是真實存在的，任何社群、甚至國家均由個人之間契約形成，而且視國家為個人交出部分權利之委託人。這樣民族認同本質上是一群人互相承認彼此屬於同一共同體，而不是由於某種客觀存在的屬性和社會有機聯繫造就了民族。

[102]A.Cobban, The Nation State and National Self-determination, p.107（London: Collins, 1969 Red.ed.）

[103]Gellner. Ernest, Nations and Nationalism, p.7（Oxford: Basil Blackwell, 1983.）

[104]由於持這種民族主義的人不會拒斥別的種族和歷史文化，可以接受文化和種族的多元性。而且既然唯有個人才是真實的客觀存在，人民是為了共同利益和公共秩序自願出讓部分權利給共

同體，國家主權得以成立。據此，民族國家的主權來自於人民自願出讓的那部分權力，即主權本質上是個人權利這一普世性價值在民族國家層面的投射，主權和人權不會發生衝突，我們稱其為自由主義的民族主義。自由主義式的民族主義往往是具有最大開放性的民族主義。

[105]歷史學家在世界範圍考察民族國家如何形成時，發現並不是所有民族主義都是自由主義的民族主義。斯奈德（Snyder, Louis）早就指出，自由主義的民族主義定義只適合於萊因河以西和西大西洋國家，簡言之，只有英美和法國的民族主義可以用自由主義的民族主義觀念來把握。德國和東歐的民族主義與此不同，它們的產生與確立人民的個人權利沒有必然聯繫，有時相反倒具有專制的和威權主義政治性格。斯奈德將其稱之為新民族主義。（Louis, L. Snyder: The New Nationalism, pp.5-8, 57-59New York: 1968）

[106]一般來說，民族認同符號的客觀性愈小，它的開放程度也就愈大。例如，文化民族主義可以主張學習他國的政治經濟制度，但不會認同學習他國文化。種族民族主義拒絕其他種族人成為該民族國家成員。而且當國家是至高無尚實體時，主權被視為這一實體的屬性，它可能和人權不相干甚至和個人權利相矛盾。因此，這一類民族主義如同一把雙面刃劍，其巨大的動員力量推動現代國家的建立，但民族認同符號亦可能造成新的封閉，妨害自由及限制個人權利。

[107]認同符號的主觀性對美國能成為「民族融爐」至關重要。從一八五〇年至一九一〇年間，歐洲四億人口中有一成移居美洲，其中四分之三流入美國，美國人口從二千三百萬增至九千二百

萬。如果民族認同不是主觀的，美國人在半個世紀中增長四倍是不可思議的。

(108) 事實上，「我是誰？」在很多時候並非一個人可以自主決定的。社群主義一直強調是認同構成主體（即對自我的定義取決於「我們」的屬性），而非主體自由選擇決定認同（個人不能自由選擇屬於哪一個政治共同體）。絕大多認同有著客觀的屬性和符號。事實上，只有加爾文教主張主體自由選擇決定認同。德國囿於路德教的雙重自由傳統，視國家視為高於個人的另一實體甚至是理性的實現。當國家之認同並非由個人主觀確認，主權可以看作某種認同符號定義的客觀實在的屬性，其正當性並不一定來自於個人權利之委託，這時民族主義便表現出和英美不同的形態。

(109) 郭少棠：《德國現代新論——權力與自由》，（香港：商務印書館，一九九二），頁四十一。

(110) 史壯柏格（Roland N Stromberg）著，蔡仲章譯：《近代西方思想史》，（臺北：桂冠，一九九三）頁三三二。

(111) Charles Taylor:〈The Politics of Recognition〉《Multiculturalism: Examining the politics of Recognition》 edited and introduced by Amy Gutmann p.31（Princeton, N.Y: Princeton University, Press, 1994.）

(112) 包默（F.L.Baumer）著，李日章譯：《西方近代思想史》，（臺北：聯經，一九八八），頁三四一。

⑬林恩．艾布垃姆（Lynn Abrams）：《俾斯麥與德意志帝國》（臺北：麥田，二〇〇〇），頁廿七。

⑭西方政治哲學認為在政治領域存在著兩種契約，一種是把政府視為被委託人，另一種則把政府看作高於每一個個人的主體，是個人服從的對象。人們在政治領域接受哪一種契約論，取決於其對個人自由（權利）內容的界定，這一點路德教和加爾文教是不同的。韋伯指出：「新教教義認為國家作為一種神賜的制度，暴力作為一種手段，是絕對正當的。新教尤其賦於權威主義國家以正當性。路德將個人從戰爭的道德責任中解脫出來，將這一責任交於政府。在信仰的事務之外服從政府，絕不構成犯罪。」（馬克斯．韋伯：《學術與政治》，北京：生活、讀書、新知三聯書店，頁一一二。）路德教對個人自由的推崇主要局限在文化精神領域，故信仰路德教的德國人不易接受視國家為被委託人。因此對政治契約論中國家的定位，德國和英美不同。我們認為，上述從不同於加爾文教的個人契約論來理解德國統一民族國家的建立，實際上這是很成問題的。因為不論那一種契約論，契約共同體的建立必須立足於立約人同意，當國家被認為是道德共同體或文化載體時，其確立並不需要人民個體同意。這時社會契約便論完全失效。因此，黑格爾堅決反對把國家視為契約的產物。事實上，如果一定要將德國的國家觀念理解為契約，便無法定德國的民族主義定位，亦不能理解黑格爾式的國家和盧梭公共意志的不同。

⑮馬克思和恩格斯：〈共產黨宣言〉，《馬克思恩格斯選集》，第一卷，頁二五五。

⑯在馬克思典範看來，非西方文明的現代化關鍵在於現代經濟的發展，對學習機制和起源機制的區別不那麼重要。經濟決定論或物質決定論者認為只要建立現代社會物質基礎（即使它是通過學習過程實現的），上層建築自然會變化。故馬克思典範大多看不到文化價值系統現代轉型的重要性。和馬克思典範不同，廣義韋伯學說將制度視為觀念之實現，因此一開始就強調以文化現代轉型來解釋現代化進程。但在廣義韋伯典範中，現代價值系統起源於西方。其他文明和國家學習現代化，無論制度層面還是價值層面均是學習過程，沒有必要將價值層面的學習與制度層面的學習區別開來。故廣義韋伯學說不能處理現代化過程中經濟社會制度變遷和價值系統複雜的互動。

⑰因北美的移民主要是新教徒，而征服南美的是信仰天主教的西班牙和葡萄牙，這使得南北美在社會現代轉型中的定位完全不同。美國屬現代性起源國家，南美則為由殖民而形成的傳統社會。因新教徒絕對的個人主義，他們互相認同建立政治共同體時是完全排斥本地土著的，故土著在美國認同形成中沒有任何地位。南美則完全不同。同樣作為殖民地，因天主教接受等級制度，故南美轉化為一個由土著和殖民者共同組成的等級社會。十八世紀南美社會的等級差別之大遠超過西班牙。但正因為如此，土著亦被融入天主教等級關係之中，造就了不同於西班牙的另一種新形態的傳統社會。一八一〇年，拿破崙軍隊占領西班牙，拉美各國獨立運動開始；到十九世紀中

葉共誕生了十八個共和國。換言之，十九世紀的民族解放運動意味著南美傳統社會的現代轉型。因其民族認同是包含著不同身分的人，這一點構成南美民族國家的獨特性。（關於南美的認同，可參閱艾森斯塔特S.N.Eisenstadt：《反思現代性》，生活・讀書・新知三聯書店，二〇〇六年，頁一二五、一二九）。

⑱正如卡爾（Raymond Carr）所概括的：「對於現代西班牙的大部分歷史，一般的解釋是，以先進的自由主義制度強加於一個經濟和社會相對落後的保守的社會，造成了社會的緊張關係。當普選權實行時，至少有百分之八十五的人口靠土地為生。在巴斯克諸省中擁有雄厚勢力的卡洛斯黨，曾兩次企圖通過內戰摧毀自由主義及其所做的一切工作，以恢復傳統的天主教社會」。（卡爾：《惶惑的旅程：西班牙的現代化歷程》，上海：學林出版社，一九九六，頁一）。

⑲由於傳統文化一方面需退出政治經濟制度正當性論證，另一方面又要成為民族認同符號，故在民族國家建立過程中，昔日統一帝國往往根據不同的文化轉化為不同的民族國家。印度在爭取民族獨立的過程中，不可避免地發生了甘地和真納的分道揚鑣，分裂為信奉印度教的印度和信奉伊斯蘭教的巴基斯坦。

⑳鄂圖曼帝國和現代西方文明持久地衝突存在著三個階段。第一個時期為鄂圖曼帝國軍事現代化，史學家稱其為西化的開端（一七八九至一八七八）。因無法找到引進西方軍事制度背後的合理性基礎，國防現代化不能成功。第二個階段力圖用鄂圖曼主義對抗西方衝擊時期，史學家稱

之為「從專制到革命」（一八七八至一九〇九），引進的西方理性精神與伊斯蘭教發生廣泛而激烈的衝突；所謂鄂圖曼主義根本無法立足。第三個階段為帝國解體，這就是所謂從帝制到共和的時期。在這個時期凱末爾和少數軍人利用土耳其民族主義建立了一個民族國家，但它根本不可能保留昔日鄂圖曼認同和文化。（戴維森Roderic H. Davison：《從瓦解到新生——土耳其的現代化歷程》，上海：學林出版社，一九九六。）因此，對鄂圖曼帝國而言，土耳其獨立只是意味著建立在伊斯蘭教基礎上政治共同體的解體。

⑿二十世紀二、三十年代凱末爾雖用土耳其的民族主義作為凝聚點，通過全盤反傳統的西化才建立了土耳其共和國。但作為昔日之大帝國，已蕩然無存。（侯賽因．那可爾Seyyed Hossein Nasar：《伊斯蘭》，臺北：麥田，二〇〇二，頁四十六。）廣大地區淪為西方託管國和殖民地。波斯和阿富汗社會轉型過程和鄂圖曼帝國有別，但在建立現代民族國家道路上步履維艱卻一模一樣。一九二一年，軍人禮薩汗率領二千五百名士兵發動政變，在波斯建立巴勒維王朝，效法土耳其推動現代化，並將國號改為伊朗。但因伊斯蘭教無法退出政治經濟領域，一九七九年，西化的巴勒維王朝被霍梅尼領導的激進伊斯蘭革命推翻。阿富汗趁波斯力量的衰落在十八世紀中葉建國，但因無法建立有效的現代民族國家，一直掙扎在北方俄國和南方英國（英屬印度）控制之下。

⑿凱倫．阿姆斯壯（Karen Armstrong）這樣寫道：「在我們所談論到的穆斯林國家裡，現

代化過程都十分的歧異、艱難。它在西方標誌著獨立與創新；但在埃及和伊朗，卻是伴隨著依賴及模仿而來。穆斯林改革者和意識形態家們，對此都敏銳地有所知覺。」（凱倫．阿姆斯壯（Karen Armstrong）：《為神而戰—基本教義派的起源與發展》，頁五一三。）

(123)早在二十世紀五十年代，社會學家就發現不能用韋伯學說解釋日本和四小龍經濟奇蹟。其實遠在韋伯典範出現之前，日本十九世紀的現代化進程也不能用馬克思典範和其他理論加以解釋。

(124)丸山真男：《日本政治思想史研究》，王中江譯（北京：生活．讀書．新知三聯書店，二○○○），頁四四至四九。

(125)安德魯．戈登（Andrew Gordon）：《二十世紀日本》（香港：中文大學出版社，二○○六），頁一○五至一○六。

(126)安德魯．戈登：《二十世紀日本》，頁一一○。

(127)因唯名論視一切社會有機體為虛妄，自然法一方面形成個人權利為正當理念，另一方面來源於上帝的法律則變成國際法。因國家非實體而用立法權界定，主權是人權合成的；國際秩序為遵循國際法的由民族國家組成的契約共同體。

(128)這方面典型例子是一八九六年威廉二世在德意志帝國建立二十五周年時提出「德國將成為世界帝國」。從一八七○年至一九一四年間，德國人口從四千一百萬增至六千四百萬，經濟增加了四倍，鋼鐵生產量占世界的五分之一；國力足以挑戰英國霸權（宮崎正勝：《圖解世界近現代史》，二〇〇七，頁一五〇、七三）。

⑫⑨「社會」和「個人」這兩個詞彙同時成為最廣泛流傳的政治術語，經濟學從家政學中分離出來成為獨立科學，這一切都可以看作現代社會組織原則在啟蒙思潮中傳播並不斷擴大影響之標誌。

⑬⓪如果我們要為當時普遍觀念的這一特徵尋找關鍵詞的證據，就是隨著「資本主義」這一個新詞在全世界的使用，（J. Dubois, Le Vocabulaire politique et social en France de 1869 a 1872, Paris：1963.）「社會主義」一詞亦開始流行。

⑬①恩格斯：〈社會主義從空想到科學的發展〉，《馬克思恩格斯選集》第三卷，（上海：人民出版社，一九七二），頁四〇四至四二四。

⑬②必須注意，與工具理性相關的哲學為建立在心物二分之上的各種二元論。什麼叫心物二分？「心」指人的理性、信仰以及與此有關的道德情感等等；「物」指理性研究或面對之對象，它包括自然界、人的身體、甚至是社會。心物二分是指心靈（包括信仰、感情和道德）和自然界（從天體到動物，包括人的身體及個人組成之社會組織）無關，自然界只是機器，它們符合幾何定理，可以用幾何方法進行研究，即是理性化的對象。心物二分理性主義注重用理性來規定人的本質，而貶低感情。而所謂理性就是幾何般的清晰的思考。分析笛卡爾（Rene Descartes, 1596—

1650）的名言：「我思故我在」，即可看到：我可以對世界是否存在產生懷疑，但「我在想」或「我在懷疑」這一點卻是無法懷疑的，於是「我在想」就構成了我存在的前提。這裏「我在想」就是用理性來界定「我」最典型的例子。自從十七世紀到現在心物二分的理性主義一直是西方現代哲學的主流，它實為西方大傳統對科學革命的回應。它有兩種形態。一是歐陸理性主義，笛卡爾哲學即為早期形態。心物二分二元論的另一種形態，就是英美的經驗論。經驗主義認為理論來自於經驗，道德信仰不能由理性推出，該原則保證了終標關懷和理性的二元分裂，是工具理性得以成立之基礎。英美經驗主義以洛克（John Locke 1632—1704）、貝克萊（George Berkeley 1685—1753）和休謨（David Hume, 1711—1776）為代表，它和懷疑論的成長緊密相聯。而在歐陸理性主義中，只要主張信仰、道德可以從理性推出，工具理性即開始破壞；從笛卡爾哲學走向啟蒙時代的理神論就是例子。故在某種意義上講，十八世紀康德（Immanuel Kant, 1724—1804）哲學對啟蒙思想的再表述，可以看作在心物二分二元論之上肯定工具理性。康德哲學力圖對經驗論和歐陸理性主義作綜合，對理性和信仰的二元分裂作了觀念論的證明。

[133] 如前所述，康德對個人權利和社會契約論是完全支持的，並以它們為基礎勾劃現代社會組織藍圖。從本質上講康德哲學認為理性是工具性的，即信仰、道德與理性呈二元分裂狀態。正如克隆納（Richard Jacob Kroner）所說：「在康德的世界觀裏，道德律則實在取代了上帝的地位。……根據他的看法，除了對道德律則的服從以外，根本沒有別的對上帝的侍奉，也再沒有別

一種榮耀上帝的途徑了。許多時候，康德被人稱為一新教哲學家；」（Richard Kroner著：《論康德與黑格爾》關子尹譯，臺北：聯經出版事業公司，一九八五，頁七十九。）

(134)只要認為理性並不構成現代心靈之本質，就會主張對人的意志、情感和理性作一元論的把握，它構成西方浪漫主義的主調。浪漫主義訴諸於個人情感和直覺，洛夫喬伊（Lovejoy Arthur O Arthur Oncken, 1873—1962）指出：浪漫主義是對進步信仰的反動，主張回到「自然主義的人文主義」，以對抗理性主義和機械唯物論。浪漫主義在一八一〇年到一八三〇年達到高潮。它在英國的代表人物是雪萊（Percy Bysshe Shelley, 1792—1822）、拜倫（George Gordon Noel, Lord Byron. 1788—1824）和濟慈（John Keats, 1795—1821）。必須注意，浪漫主義在德國和在英法的情況形態是不同的，德國自狂飆運動開始，就認為個人情感必須以文化為載體，故它是和集體性認同符號（如民族認同等）相聯繫，這使得浪漫主義可以和文化民族主義結合，形成浪漫保守主義。二十世紀初保守的浪漫主義和唯意志論結合，為法西斯主義準備了前提。

(135)查爾斯．泰勒（Charles Taylor）這樣論述德國觀念論在黑格爾那裡達到的高峰：「這一類型的概念終於在黑格爾的千錘百煉之下降生。這就是黑格爾所謂『精神』（Geist）。黑格爾時常又將Geist稱為『上帝』（God），同時也宣稱企圖為基督教神學做正本清源的工作；但實際上Geist絕非傳統有神論中的『上帝』，因為這個上帝不是完全獨立於人類、儘管人類不存在他還是存在的一個『上帝』。亞伯拉罕、以撒及雅各等人的上帝，在創世以前就存在。黑格爾這個上帝是一個精神，但唯有經由人類，他才成為其精神而存在。他們是他的精神性存在的媒介，而且是不可或缺的媒介，他的精神性存在包含了意識、理性、意志等形式。不過同時，Geist也不可以化約為人；他並不等於人的精神，因為他也是作為宇宙整體之基礎的精神實在，而且，作為一精神的存有者，他是有目標要實現的，他實現有限精神（正因其為有限）無法實現、但必須促成的目的。」（Charles Taylor著：《黑格爾與現代社會》徐文瑞譯，臺北：聯經出版事業公司，一九九九，頁十八。）

⑬⑥ Charles Taylor著：《黑格爾與現代社會》徐文瑞譯，（臺北：聯經出版事業公司，一九九九），頁，六二至六三，廿七。

⑬⑦ 博蘭尼曾以一八二〇年代湯生（Townsend,William）的《濟貧法研究》一書的出版討論十九世紀初市場法則為自然規律如何成為當時普遍接受的觀念。該書講了一個關於山羊與狗的故事。西班牙人偶然在大西洋的一個小島上留下了一隻公山羊和一隻母山羊。由於在島上沒有羊的天敵，羊開始無限繁殖。這些羊成為海盜的食糧，從而海盜猖厥。為了打擊海盜，西班牙人便在島上放了一隻公狗和一隻母狗，狗以羊為食物，狗的繁殖遏制了山羊數量，從而控制了海盜的數目。這個故事把本屬經濟社會的法則的事物歸於自然法則，即「商業的法則實際上就是自然的法則，因而也是上帝的法則」。根據這種邏輯，一個自由社會就可以視為由兩種不同的人組成：有產者和勞動者。後者的數目受到食物供應之多寡的限制。現代社會只要保證私有財產，饑餓就

會驅使勞動者去工作，並不需要甚麼保安官。這使得經濟社會獨立於政治國家之外。（博蘭尼：《巨變：當代政治、經濟的起源》，頁二〇五至二〇九。）

⑱ 博蘭尼：《巨變：當代政治、經濟的起源》，頁二三三。

⑲ 馬克思和恩格斯十分明確地意識到，現代社會是一個契約社會。現代性的確立意味著社會有機體被契約關係取代。他們曾這樣寫道：「資產階級在它已經取得了統治的地方把一切封建的、宗法的和田園詩般的關係都破壞了。它無情地斬斷了把人們束縛於天然首長的形形色色的封建羈絆，它使人和人之間除了赤裸裸的利害關係，除了冷酷無情的「現金交易」，就再也沒有任何別的聯繫了。它把宗教的虔誠、騎士的熱忱、小市民的傷感這些情感的神聖激發，淹沒在利己主義打算的冰水之中。它把人的尊嚴變成了交換價值，用一種沒有良心的貿易自由代替了無數特許的和自力掙得的自由。……資產階級抹去了一切向來受人尊崇和令人敬畏的職業的靈光。它把醫生、律師、教士、詩人和學者變成了它出錢招雇的雇佣勞動者。」（馬克思和恩格斯：〈共產黨宣言〉《馬克思恩格斯選集》第一卷。）如果我們從上面的描述中抽走價值判斷，這裏講的只是一件事情，這就是現代社會組織原則和傳統社會的差別。現代社會把契約關係凌駕在一切其他關係之上，而市場中的買賣關係只是契約關係中最典型普遍的形態而已。《共產黨宣言》一方面描述資產階級社會的契約特徵，另一方面對人與人之間的關係變成契約關係和金錢交易嗤之以鼻，表明馬克思主義對另一種非契約性現代社會的嚮往。

⑭⓪馬克思和恩格斯：〈共產黨宣言〉，《馬克思恩格斯選集》第一卷，頁二七三至二八四。

⑭①反對馬克思主義的民族認同會導致另一種畸型種族主義的產生。它緣於是浪漫的保守主義和社會達爾文主義結合。西方原有白種的負擔的思想變成雅利安人為最優秀的種族之觀念，反猶主義意識形態出現，詳見第十三章。

⑭②在軸心文明中，對某一種超越視野的批判和否定同樣也是這一軸心文明文化的一部分。如道家學說對儒家的否定，古希臘哲學中懷疑論對柏拉圖理型的否定，印度佛教對婆羅門教的否定都是例子。這一點對現代價值系統亦成立。因此，如果我們把現代價值系統視為軸心文明的新階段，那麼馬克思主義在現代社會扮演重要角色，可視為現代價值系統的補系統。

⑭③伊賽．伯林（Isaiah Berlin）：《馬克思傳》（臺北：時報文化出版企業有限公司，一九九〇），頁廿七至廿八。

⑭④伊賽．伯林：《馬克思傳》，頁三十一。

⑭⑤一四八〇年，莫斯科大公國從蒙古人長達兩百年統治中獨立時，領土只有八萬平方公里，但到十六世紀前葉，已經擴大為四三五萬平方公里（宮崎正勝：《圖解世界近現代史》，頁七十八）。

⑭⑥布羅代爾：《十五至十八世紀的物質文明、經濟和資本主義》第三卷，頁六。

⑭⑦金觀濤、劉青峰：《開放中的變遷——再論中國社會超穩定結構》，頁廿七至三十八。

⑱米爾這個詞在俄文裏有三層意思：第一是農村公社，第二是和平，第三是世界。它體現了俄國人的世界觀。俄國人生活在農村公社裏，享受著天然的和平，公社也就是他們的世界。如果撇開意識形態，米爾組成方式與中國的人民公社頗為類似。

⑲蘇文：〈傳統、改革與革命：一九一七年俄國革命再認識〉，《二十一世紀》（香港：中文大學中國文化研究所，一九九七年十月），總第四十三期。

⑳東正教和天主教的最大不同是在信仰中排除理性以及沒有實現政教分離。我們在第五節指出，教皇革命導致救贖和理性的結合，即教會利用羅馬法為根據使得其組織完全擺脫世俗政治權力的控制。由於羅馬法背後是理性，教皇革命為亞里士多德學說全面納入基督教準備了條件。正因為天主教是救贖和古希臘超越精神的結合，西歐才能形成政治組織分裂而教會組織統一這種全人類軸心文明獨一無二的現象。否則，教會必附屬於政治權力，理性被納入救贖宗教是不可能的，東正教就是如此。

㉑赫克（Julius F.Hecker）把俄羅斯東正教的精神歸為虔誠和憐憫，我們將其視為希伯來超越突破的特殊形態。俄羅斯東正教和猶太教的區別在於不那麼重視作為人和上帝的契約（道德戒律），而接受了斯拉夫村社傳統的習慣法和道德。它在對救贖的渴望方面和天主教類似，但排除理性在接近上帝過程中的意義。俄羅斯東正教有所謂「聖愚」，即把理性和信仰對立起來。對於俄羅斯宗教來說，由於真理已經被揭示，而且只能通過虔誠和苦行來接近，故西方經院哲學是沒

有意義的。正如赫克所說：「因為無需再發現新的真理，自然不再需要改變。……俄羅斯教會不像西方教會，它沒有發展任何世俗學問的研究機構。在俄國沒有教會學院和教會大學，甚至早先保持相當學術水準的神學院和研究院亦已停辦」（赫克：《俄羅斯的宗教》，香港：道風山基督教叢林，一九九四，頁五十一。）

(152)俄國宗教不僅沒有納入古希臘理性精神，而且是反理性的。有一個俄國著名的詩人這樣講過：「理智不足以洞悉俄國，一般的尺度不適於她，她所具有的奇特性格，你只能用信仰來接觸」。俄羅斯的東正教和拜占庭宗教不同的另一個特點是：它堅持人在對上帝的信仰和冥想中可以得救。弗蘭克指出：「俄羅斯宗教意識從來不會追問人是怎樣走向拯救的：通過內在思想和信仰，還是通過外在行為。這兩者在它看來都是以人與上帝之間的完全外在的關係和人與上帝的不應有的分離為前提的。無論是人的某些行為，都不足以確立人與上帝的外在聯繫；只有上帝本身，上帝一個，當人深入其中，上帝完全掌握了人之時，才能拯救人。」他以杜思妥也夫斯基（Dostoyevsky Fyodor, 1821～1881）為例來說明這一點：「對杜思妥也夫斯基來說，人的靈魂不是一個特殊的微小的和派生的領域，它具有無限深度，根垣於存在的無底深淵，與上帝本身或魔鬼本身直接相聯，而在對真理的強烈激情的瞬間被存在本身的一般形而上學力量所淹沒」（弗蘭克：《俄國知識人與精神偶像》，上海：學林出版社，一九九九，頁十五。）正因為如此，理性和信仰的二元分裂在俄國很難實現。

⑬當然，黑格爾主義是理性的，俄羅斯精神則是冥想的信仰主義。但和接受工具理性相比，俄羅斯精神認同為黑格爾主義相對容易。黑格爾在生前已在俄國有不少信徒。俄國思想家中，赫爾岑（Herzen Aleksandr, 1812—1870）是左翼黑格爾主義者，他曾滿腔熱情的投身於一八四八年的革命，當他從這種迷醉狀態中清醒之後，產生了一種完整的文化哲學世界觀。作為一個社會主義者，他憎恨西歐的資產階級社會，嚮往一種類似斯拉夫主義的理想，即認為俄國以農民公社為基礎，沒有個體經濟關係，因此對社會主義來說，較之西歐可能更加成熟得多。別林斯基（Belinsky, Vissarion Grigoryevich, 1811—1848）則是一個右翼黑格爾主義者，他在法國作家聖西門（Claude Henri De Rouvroy Saint- Simon, 1760—1825）、傅立葉（Francois M.C.Fourier, 1792—1837）、皮埃爾及勒魯的影響下也成為社會主義者。

⑭必須指出的是，東正教和儒學不同，並不能算真正意義上的意識形態。我們知道觀念系統為政治制度提供支持的方式有兩種，一種是隱性的（即通過隱功能），另一種是顯性的（顯功能）。隱功能的概念是默頓提出的，即某一社會系統雖有一功能，這種功能並不為這一社會系統所意識或明文規定。儒家意識形態明文規定了忠君和家長制，它有意識的提供了政治制度的合法性，這屬於顯功能。假定有一個觀念系統，它本身並不講政治應該如何，但實際上卻有維持政治系統的功能，例如天主教，除了強調法制外，它的教會組織方式對農村的社會結構是構成影響的，但這只是隱功能，這時觀念系統不能被視為意識形態。東正教就對沙皇的支持這一點事來

說，不如天主教那樣純屬隱功能，但畢竟其終極關懷是救贖，對現實政治社會制度的論證不多。因此，它對社會整合的功能在顯功能和隱功能之間，不是一個完全的意識形態。

⑮金觀濤、劉青峰：《開放中的變遷——再論中國社會超穩定結構》，頁八二至八六。

⑯眾所周知，彼得大帝（Peter The Great, 1689—1725）一六九四年親政時就到西方考察，受到很大震撼，因此決定進行改革。「西化」這個詞就是彼得大帝最先用的。彼得大帝的西化，在性質上和中國的洋務運動相似，即在不破壞原有社會整合結構的前提下學習西方各種現代器物文化和制度。傳統文化現代轉型的前提是工具理性和終極關懷的二元分裂，彼得大帝曾想在俄國推行這樣的轉化，這就是一七二〇年俄國宗教的變革，即廢除傳統的牧首制，模仿新教國家的教會設立神聖會議，但這一轉型是不成功的，沙皇的權威仍來源於東正教。官僚機構的統治權威來自於沙皇，而不能建立在理性之上。除非強調民族主義，俄國現代理性主義和知識分子的成長始終是作為瓦解原有社會結構的因素而存在的。換言之，由於俄國的西化過程中，社會結構沒有實現現代轉型，彼得大帝的西化是保持原有社會整合結構前提下的現代化。但由於俄國離西方近，國家汲取能力強，接受西方現代科技比中國早，俄國現代化取得比中國洋務運動更大的成就。一七二五年，彼得大帝在他去世之前創辦了科學院。帝俄的科學發展與西方幾乎是同步的。

⑰正如一位學者所指出的，在保持原有社會結構的西化過程中，「一個有素養的知識上層開始循著現代歐洲文學、音樂、藝術與思想而形成。從長遠來看，這也許是彼得大帝最重、最有意

義的成就」。（拉伊夫：《獨裁下的嬗變與危機》，上海，學林出版社，一九九六，頁廿八。）

158 正如霍布斯邦所描繪的，這場戰爭是十九世紀下半葉一系列政治事件的催化劑。它包括義大利和德意志的統一，拿破崙第二帝國的解體和巴黎公社的出現。它對俄國的衝擊是一八六一年亞歷山大二世（1855—1881在位）推行改革，作出解放農奴的嘗試。（霍布斯邦：《資本的年代》，臺北：麥田出版，一九九七，頁一一〇。）

159 Hugh Seton-Watson, Nation and State,（London: 1977）, p85.

160 亞蘭．伍德（Alan Wood）：《俄國革命的源起》（臺北：麥田出版，二〇〇一），頁六一至六二。

161 我們在前面講過，俄國知識分子來自貴族階層。知識分子這個字源自於拉丁文中的intelligentia，它由Boboykin創造。在一八六一年改革後隨著知識分子階層之成長，這個詞開始得到廣泛運用。由於俄國知識分子是從反思俄國社會弊病，特別是人人反專制和批判農奴制中產生，故它一開始就代表了一個特殊的可以接受新意識形態以實現社會整合之階層。別爾嘉耶夫〔Nikolai Berdiaev〕指出：「西方知識分子是指從事腦力勞動與創造的人……我們俄國知識分子是一種思想體系上而非職業和經濟上的群體。它來自社會各種階級：起初大多是貴族中比較有文化的那部份人，後來有了神父、助祭的子弟，也有的出身小官吏、及至解放了的農民。這就是完全被思想並且是社會性思想聯合起來的平民知識分子。」

⑯為甚麼俄國知識分子會接受馬克思主義？除了社會結構的原因外，另一個重要因素是東正教，東正教和工具理性始終存在著某種對立。在思想史上首先表現為知識分子對二元論不感興趣。由於俄國貴族對平等的追求，就自然地傾向於社會主義。而且，由於俄國知識分子的思想方式是冥想式的信仰，在不信東正教時，一方面可以接受反理性的浪漫主義。另一方面接受黑格爾主義。眾所周知，俄國的著名知識分子都是文學家，知識分子的成長史也就是俄國的文學史。黑格爾主義加上浪漫主義，使得俄國知識分子天然傾向於對西方現代思想批判和否定的思潮。而辯證唯物論和馬列主義正是否定西方二元論的集大成者。

⑯金觀濤、劉青峰：《開放中的變遷》，頁一一七至二〇九。

⑯一九〇五年一月俄國因缺糧導致騷亂，軍隊向前往冬宮請願的十四萬工人開槍，兩千多人死傷，觸發全國性大罷工。

⑯Robert O.Paxton，王曾才、李孝悌等譯：《二十世紀歐洲史》（臺北：黎明文化事業股份有限公司，一九八九），頁一六六。

⑯在某種意義上講，列寧主義可以說是俄國傳統社會整合危機之產物。它亦代表了俄國近現代知識分子擺脫東正教後，從民粹主義走向虛無主義再接受馬克思主義的最終階段。從一八四〇年至一九一七年，俄國知識分子階層可以分成四代。一八四〇年代為第一代，代表人物是赫爾岑，他們本身為貴族。這一代人反對沙皇而傾向於民眾，鼓吹農村公社的優越性。他們

相信米爾社會主義和黑格爾主義。一八六〇年代為第二代，代表人物為車爾尼雪夫斯基（N. G. Chernyshevsky, 1828—1889），他們中很多來自於大學、文藝界，他們相信民粹主義，並開始走向虛無主義。表面上看虛無主義和馬克思主義相去甚遠，但正如弗蘭克所說：「（一九一〇年代俄國知識分子極強的道德主義）只是其虛無主義的表現和反映。當然依照嚴格的邏輯，從虛無主義中只能推導出道德領域的虛無主義，即反道德主義……但是，如果在這點上作一次邏輯飛躍，如果設法在心理上從利己主義達到利他主義，從關心個人的自我達到關心大家或者多數人的基本生活資料……那麼只有道德主義才能成為這種信仰。」弗蘭克進一步指出：「虛無主義的道德主義是俄國知識分子精神面貌的最基本最深刻的特點：從對客觀價值的否定發出對他們（「人民」）主觀利益的神聖化……因此人應當做的只是把自己的全部力量獻給大多數人的命運之改善，拒絕這一點的一切人與事都是惡，都應當無情地消滅——這就是俄國知識分子的一切行為和評價所遵循的古怪的推理鏈條，它在邏輯上缺乏根據，但在心理上卻是緊緊銜接的。」他這樣論證：「對此最適當的表徵是民粹主義。『民粹主義』概念會將上述精神氣質的三個基本特徵聯為一體，即虛無主義的功利主義，……反文化傾向，企圖把所有人都變成『工人』，為了在實現道德要求中的普遍平等和團結而把最高需要壓縮到最小極限。俄國知識分子就其倫理本質而言，從大約七十年代至今都是頑固不化的民粹主義者：他們的唯一目的是多數人的幸福，他們的道德是為這一目的服務，伴以禁欲主義的自制和對自己價值精神需要的憎惡和鄙視。」（弗蘭克：《俄國知識人與精神偶像》，上海：學林出版社，一九九九，頁五十至五六。）他們把虛無主義付諸行動，具有民粹主義傾向，典型的代表是列寧的哥哥。列寧的父親是一個小貴族，他的哥哥則對社會滿腔憤怒，在大學中參加了暗殺沙皇的計劃。本來在計劃中他並不重要，但在法庭上他把所有的責任都攬在身上，結果被判絞刑。事實上，一八八〇年代的第三代俄國知識分子已開始從虛無主義轉化到接受馬克思主義。一九〇〇年為第四代，這就是發動十月革命，建立蘇維埃政權的一代。一八九八年，俄國的社會民主黨成立，這不僅意味著信仰辯證唯物主義和馬克思主義成為知識分子的主流，而且還為列寧主義政黨組織模式誕生創造了前提。

167 帝國主義説並非列寧原創，它由霍布森（J.A.Hobson）提出。一九〇二年霍布森《帝國主義研究》出版，提出帝國主義起源生產過剩，工業國家為了到國外尋找消費市場，就產生了對外軍事擴張。列寧將該觀點和馬克思剩餘價值説結合起來，提出帝國主義是資本主義的最高階段。

168 卞悟：〈列寧主義：俄國社會民主主義的民粹主義化〉，《二十一世紀》，總第四十三期。

169 一九〇三年，俄國的社會民主黨出現了布爾什維克和孟爾什維克兩派，孟爾什維克主張搞黨內民主，提議西方的議會政黨模式，而布爾什維克則強調黨的紀律和基層組織。布爾什維克壓倒孟爾什維克説明民粹主義對俄國知識分子的影響。

170 蘇文：〈傳統、改革與革命：一九一七年俄國革命再認識〉，《二十一世紀》（香港：中文大學中國文化研究所，一九九七年十月），總第四十三期。

(171) 一九二一年，列寧曾用新經濟政策應付戰時危機，俄國近一億農民形成二千五百萬個家庭農場。這時，村社是建立在家庭農場之上的，但並不一定受蘇維埃控制。在一九二〇年代末的經濟危機中，蘇聯農業受到巨大打擊。蘇聯在一九三〇年代實行農業集體化，打擊富農，將家庭農場組成的村社轉變為國家控制下的集體農莊。

(172) 霍布斯邦：《帝國的年代》（臺北：麥田出版，一九九八），頁四四六至四四七。

(173) 這一點甚至表現在「帝國主義」這個詞意義的形成過程中。「帝國主義」（Imperialism）一詞源於拉丁文imperium，原意為（羅馬帝國）至高的權力（supreme power）。一八七〇年代後用於指動用軍事力量來控制殖民地，十九世紀末「帝國主義」進一步被等同於現代文明與教化使命（civilizing mission）。（雷蒙・威廉士Raymond Williams：《關鍵詞》，劉建基譯，臺北：巨流圖書公司，頁一七八。）

(174) 漢娜・鄂蘭（Hannah Arendt）：《極權主義的起源》（臺北：時報文化出版企業有限公司，1995），頁三三三至三七四。

(175) 亞蘭・伍德（Alan Wood）：《俄國革命的源起》（臺北：麥田出版，二〇〇一），頁八七至八八。

(176) 露絲・海尼格（Ruth Henig）：《凡爾賽和約》（臺北：麥田出版，二〇〇一）。

⑰Arno J. Mayer: The Politics and Diplomacy of Peacemaking, Containment and Counter revolution at Versailles, 1918-19（New York: 1968）.

⑱博蘭尼將其稱之為十九世紀現象，並指出相當多社會思想家都被這一悖論所困惑，對該問題之回答是促使經濟自由主義成熟之動力。（博蘭尼：《巨變：當代政治、經濟的起源》，黃樹民等譯，頁一六九至二〇一。）

⑲John Burnett, Plenty and Want: Social History of Diet in England from 1815 to the Present（London: 1966.）

⑳Wesley Clair Mitchell, The Business Cycle（New York: 1913）.

㉑Rudiger Dornbusch and Stanley Fischer：《宏觀經濟學》（北京：中國人民大學出版社，1997），頁三七五。

㉒宮崎正勝：《圖解世界近現代史》，頁二三一。

㉓關於週期性經濟危機的原因，存在著熊彼得的創新說、哈耶克的貨幣說、霍布遜的消費不足說和薩謬爾遜的乘數—加速原理交互作用說。本文之所以採用凱恩斯的解釋和貨幣主義對其修正，是因為該解釋一九三〇年代被普遍接受後迅速轉化為克服蕭條的社會行動，形成了根據凱恩斯主義的國家宏觀調控。

㉔Robert O. Paxton著，王曾才、李孝悌等譯：《二十世紀歐洲史》，頁十九。

⑱⑤John K. Galbraith著，杜念中譯：《不確定的年代》，（香港：田園書屋，一九八六），頁四四。

⑱⑥霍布斯邦：《帝國的年代》，頁三十四。

⑱⑦Robert O.Paxton著，王曾才、李孝悌等譯：《二十世紀歐洲史》，頁四一二至四一四。

⑱⑧宮崎正勝：《圖解世界近現代史》，頁二二三。

⑱⑨大多數學者認為，在西方意識形態是現代事物，它起源於法國大革命及以後。意識形態統治始於二十世紀。何為意識形態？如果我們將意識形態定義為政治和社會制度的正當性根據，它是用某種觀念系統對政治社會制度正當性之論證，並公開用基於其正當性最終根據的價值（或價值系統）為某一種政治制度（社會組織藍圖）辯護。在這個意義上講，意識形態只能出現在軸心文明之中，在此之前，由於不存在社會組織藍圖，故神權帝國之古代宗教不是意識形態。而在西方，由於基督教對此也不感興趣，它不存在明確的社會組織藍圖。雖然它亦存在社會組織功能，如教區組織以及要人們接受世俗統治權力等，但該功能大多是隱性的，如並不明文規定何種世俗制度為正當，故基督教在大多情況不是意識形態。只有到十七世紀，傳統統治類型發生危機，產生了對政治制度重新論證的要求，形形色色的意識形態才隨之出現。雖然在中國儒家是最早的意識形態，儒家以德治國是最早的意識形態統治；但西方政治學理論並不瞭解這一點。故在西方理論中，意識形態統治（凌駕在法律之上）被認為是二十世紀的事。

⑲正如Frank E. Manuel所說：「馬克思誕生在一個瀕臨世界末日大毀滅的社會中，根據傳統的宗教模式，隨之而來的將是一個黃金時代的遠景，在那裡沒有基督徒或猶太人之分，也沒有無產階級和資本主義的剝削者之別。在馬克思的靈魂深處有一個救世主的希望，這個希望深植在以色列眾先知的律法解說者心中，代代相傳一直到馬克思父母的猶太牧師先人中」。（Frank E. Manuel：《馬克思安魂曲——思想巨人的光與影》，臺北：究竟出版社，二〇〇〇，頁四十八。）

⑲金觀濤、劉青峰：《中國現代思想的起源》，頁二七五至三三七。

⑲漢娜．鄂蘭（Hannah Arendt）：《極權主義的起源》，頁四六一。

⑲霍布斯邦這樣形容西歐如何在不到一個世紀的全球化過程中和世界拉開距離：「在一七五〇年到一八〇〇年間，我們今日所謂已開發國家的每人平均國民生產毛額，與今日所謂的第三世界大致是一樣的……到一八八〇年，已開發世界的每人平均收入，大約為第三世界的兩倍。到一九一三年，更高達三倍以上。」（霍布斯邦：《帝國的年代》，頁廿二。）

⑲霍布斯邦：《帝國的年代》，頁四四。

⑲漢娜．鄂蘭（Hannah Arendt）：《極權主義的起源》，頁五五至七九。

⑲霍布斯邦：《帝國的年代》，頁二二七。

⑲Raul Hilberg, The Destruction of the European Jews（Yale University Press, 2003, originally published in 1961).

198 約斯特・迪爾弗耳（Jost Dulffer）：《二次大戰與兩極世界的形成》（臺北：麥田出版，二〇〇〇），頁九三至九四。

199 漢娜・鄂蘭（Hannah Arendt）著，林驤華譯：《極權主義的起源》，頁六〇〇。

200 Hannah Arendt, Between past and future: eight exercises in political thought (New York: Viking Press, 1968).

201 鄂蘭指出，極權主義運動曾被稱為「光天化日之下建立的秘密社會」。（漢娜・鄂蘭：《極權主義的起源》，頁五一六。）

202 羅馬帝國時用紅色帶子將斧頭的柄和榆木或樺木包成一束，斧刃部分露面，構成具有執行「斬首」之權力的「權斧」。

203 轉引自謝小九：〈法西斯主義如何起源於義大利〉《世界史研究動態》（北京：一九九三）。

204 Carl J.Friedrich and Zlbigniew K.Brzezinki, Totalitarian Dictatorship and Autocracy (Cambridge, Mass: Harvard University Press, 1965) ,p.22.

205 如果抽取意識形態內容，僅僅從意識形態（而非法律）整合社會來討論極權主義，只能得到空泛的結論。例如由於並非所有一黨專政國家都實行計劃經濟，對人民自由的控制便有鬆有緊，故政治學者修正極權主義觀念，將一黨專政不那麼全面之制度稱為威權主義。威權主義雖然也是一黨專政，但不一定滿足上述六條之全部，在某些方面（如對經濟的控制或官僚機構上）它沒有極權主義那麼強而有力。不少學者認為，極權主義漸漸失靈時，會發生向威權主義演化。實際上，僅僅從組織方式定義極權主義只是羅列現象。它無法解釋為甚麼會有極權主義和威權主義之差別，也不能理解兩者在何種條件下會互相轉化。例如一九五六年前，中國共產黨實行新民主主義，新民主主義中不僅保有私有制，市場經濟占相當成分，照上述定義應該是威權主義，但一九五六年後，中國進入社會主義，變成極權主義社會。這裏威權主義並非極權主義退化、逐步失效之結果。其實，脫離意識形態及其它和社會互動，極權主義是無法搞清楚的。

(206)鄂蘭的理論大多是從納粹德國概括出來的，最大的問題是混淆了法西斯主義和馬列主義。因此對於蘇聯，它只有部分成立，而對於五四以後的中國，鄂蘭的論斷大多不對。例如在中國歷史上意識形態高於法律，用意識形態整合社會恰恰是中國傳統社會的基本結構，把它說成史無前例顯然不妥。它帶來五四後中國文化斷裂也只是假象。固然，新意識形態整合社會時，必須依靠列寧主義政黨，出現黨國、黨軍、黨天下，這在中國傳統社會是沒有的。但這只是新意識形態整合社會依賴的工具而已。就意識形態整合社會而言，五四以後的中國同傳統社會同構。

(207)鄂蘭曾將極權主義的政治文化比作洋蔥，它具有外強中乾內部完全空心的結構。由於極權主義意識形態的信仰者分為群眾和黨員兩部分，群眾和政黨黨員雖然信仰同一意識形態，但兩者的行為模式是不一樣的。鄂蘭將群眾稱為前衛組織，他們比黨員要理性。他們如一道牆那樣把黨和外部世界隔離，使黨看不到外部真實世界，從而使黨員的行動能在極權主義教條的虛幻世界中運行不息。這種關係在蘇聯和中國都不存在。因為僅僅對於畸型種族主義，群眾才成為前衛組織看不到真實世界的屏障，對於馬列主義就不是這樣。而且在中國，新意識形態核心價值為道德，黨員是對這種道德信仰最堅定的人，實際上黨員和支持黨的群眾的關係與空心洋蔥的比喻相反。當道德意識形態有說服力時，黨是價值的源泉，是社會改造的原動力。知識分子和群眾是團結在黨周圍的，黨的意識形態文化並不是把知識分子的道德文化作為一道牆，而是對群眾進行改造。所以黨作為道德精英，黨的意識形態處於強勢時，群眾是受教育的對象。反過來，當群眾掌握新的意識形態時，群眾可以摧毀黨的意識形態。這裏出現的是文化主體和權力主體特殊的互相作用。更重要的是，中國新意識形態本身就是一種新道德。因此，意識形態運動並不是人的道德人格被摧毀，而是一種全民做聖人的群體修身運動的發明，個人利益在這種以革命為名義的群體道德運動中受到壓抑。

⑳⑧伊賽．伯林：《馬克思傳》，頁二四三。

⑳⑨Anthony Sampson,The Anatomy Europe（New York: 1968）p.358.

⑳⑩哈耶克：《致命的自負》馮克利、胡晉華等譯（北京：中國社會科學出版社，二〇〇〇）。

⑪當然，由於伊斯蘭教義對政治經濟制度規定的含混性以及教派的分裂主義，不同的伊斯蘭國家在現代化過程中可以慢慢形成主觀認同，成為伊斯蘭民族國家（如巴基斯坦、印度尼西亞和馬來西亞等）的基礎；但伊斯蘭教本身的超越民族國家的性質，使得伊斯蘭教國家之間的關係不同於一般民族國家的關係。

⑫赫爾穆特・麥切爾（Helmut Mejcher）：《近東與中東危機》（臺北：麥田出版，二〇〇〇），頁三二至五一。

⑬因以色列的存在，建立大阿拉伯聯邦嚴重受挫。一九六七年的六月戰爭以色列以寡敵眾，擊敗以埃及為首的阿拉伯諸國聯軍。繼埃及之後，伊拉克亦想統一阿拉伯諸國實現泛阿拉伯主義；但由於伊斯蘭內部的宗派主義，二十世紀重建鄂圖曼帝國那樣的伊斯蘭國家是不可能的。隨著社會主義失去吸引力，泛阿拉伯主義衰落，其後果是背後的伊斯蘭教認同進一步凸顯，泛伊斯蘭主義取而代之成為抵抗西方建立統一政治組織的力量。泛伊斯蘭教發源於一八六〇至七〇年代，主張伊斯蘭社會建立統一政治共同體，對抗基督教帝國。（柏納・路易士Bernard Lewis《中東》下，臺北：麥田出版，一九九八，頁四八〇）它是伊斯蘭社會在西方現代衝擊下前「民族主義」思想。一九七〇年前，阿拉伯世界一度把解放巴勒斯坦定位作民族解放運動，當泛阿拉伯主義被泛伊斯蘭主義取代後，動員口號迅速轉化為聖戰。

⑭金觀濤、劉青峰：〈從「格物致知」到「科學」、「生產力」：知識體系和文化關係的思

想史研究〉《中央研究院近代史研究所集刊》第四十六期。

⑮中國改革開放是所有現有的理論不能解釋的。首先中國共產黨擁抱市場經濟沒有導致其統治正當性喪失，發生蘇聯那樣的黨國解體。第二，中國一反世界上所有國家經濟市場化的先例，經濟的發展並沒有導致政治的民主化。這兩點均可從毛澤東思想解構的結果來說明。毛澤東思想的境界層面是基於科學常識之上的馬列主義，共產主義理想的不可欲不會改變唯物主義和科學主義，在此之上的經濟決定論是唯生產力論。而唯生產力論恰恰是可從為黨國官僚統治提供正當性的。只要國家把經濟發展效到首位，並把一切政策都看作從科學推出的，經濟的超增長就為黨國統治提供了合法性。毛澤東思想解體的另一個結果是現代人之常情突破無產階級立場的桎梏，常識個人主義膨脹為市場經濟提供正當性和價值動力。所謂常識的個人主義是建立在現代常識之上的個人主義。它包含兩重意義。第一，社會是由個人組成的，個人的利益必須得到尊重的，因為它是從人之常情推出。第二，個人並不是西方自我代表的個人，即肯定個人並非認同個人權利是正當性最終標準。五四以後，凡是講民主、講市場經濟正當性的，從來不是從個人權利對其作論證。民主被賦予道德的含義，而市場經濟的正當，是因為它能不斷提高生產力。因此，建立在現代常識理性之上的常識個人主義是一種關係的個人主義。它表現在經濟的組織方面，不是建立一個唯權的契約社會，而是關係社會。中國的家族公司，把社會看成是私人關係網的不斷擴大都是例子。所以，從以上就可以解釋中國一九九〇年代後的特殊現象：政治改革的停滯和經濟的起

飛。

[216]這樣概括馬克思列寧主義建立不同於資本主義現代社會的實踐是簡單化的，因為它還包含了東正教社會和儒學整合社會的歷史經驗等等。社會主義的實踐雖然失敗了，但它有效地推動了現代資本主義的自我改進、民族解放運動（如啟動伊斯蘭傳統社會的現代轉型）和不完全等同於起源西方天主教文明的現代價值的另一些現代價值的凸顯，它們的長遠意義現在尚不能確定。

[217] Joseph R.Schechtman, Postwar Population Transfers in Europe, 1944—45（Philadelphia: 1962）p.363.

[218]讀者或許會問，當組成政治共同體的「我們」是全人類，這時政治共同體規模不再是民族國家；主權觀念不再有意義。民族主義也將過時，它不再是普遍有效的現代思想。二十一世紀全球化的潮流確實使人類碰到這種新問題。自由主義將自我歸約為個體理性的自由意志，「我們」不需要任何外在認同符號來規定，但社群主義認為這是不可能的。這一爭論的本質正在於超越一切社群、民族國家之上最普遍的包涵全人類政治共同體是否真的可能。我們認為，即使自由主義對自我的看法是正確的，它必須建立在人是理性的這一前提之上，而且理性對不同的文明不一定相同，因此即使在網絡時代全人類是否可以消滅民族國家、建立一個統一的政治共同體是大可懷疑的。因此，我們堅持今後民族主義仍是現代性核心價值。

[219] Gosta Esping-Andersen：《福利資本主義的三個世界》（臺北：巨流圖書公司，

一九九九）。

(220)消費社會是靠政府干預市場的宏觀調節達成，宏觀調節長期實行必定導致市場經濟發生結構性變化。對西方各國，政府的宏觀調節主要表現為貨幣供給和金融政策，它給經濟結構帶來何種長期影響？如放棄金本位是否使得資本市場和商品市場日益脫節？虛擬經濟的擴張和金融創新是不是導致資本市場不穩定的原因？換言之，宏觀調控雖克服了商品市場的週期性動盪，但其後果是否是原有的經濟危機被週期性金融震盪所取代？全球化市場經濟正在產生何種新問題，至今尚不能判斷。但宏觀調控一定會改變市場的基本結構。在本書中我們只列出生態問題。

(221)詳見本書附錄第五章。

(222)金觀濤：《系統的哲學》，頁二七〇至二九五。

(223)亨廷頓（Samuel P.Huntington）：〈文明的衝突〉《二十一世紀》總十九號（香港：中文大學中國文化研究所，一九九三・十），頁五至廿一。

(224)史華慈、林毓生：〈中國與當今千禧年主義——太陽底下的一樁新鮮事〉，《九州學林》一卷二期，（香港：城市大學中國文化中心，二〇〇三・冬季），頁二五八至二六三。

(225)Charles Taylor,A Secular Age（Harvard University Press,2007）.

(226)艾瑞克・霍布斯邦（Eric Hobsbawm）：《極端的年代》上冊，鄭明萱譯，（臺北：麥田出版，一九九六），頁五。

附錄

西方社會結構的演變：從古羅馬到英國資產階級革命

金觀濤、唐若昕 著

說　明

《西方社會結構的演變：從古羅馬到英國資產階級革命》運用系統演化理論分析了羅馬共和國向羅馬帝國的演變以及西歐封建社會的形成與資本主義社會確立的過程。該書一九八〇年代曾發表在《走向未來叢書》之中，因提出系統論史觀，產生了相當大的影響和爭議。今收入作爲本書附錄，爲了盡可能保持其出版時的原貌，除了作少量刪節外，文字和注釋都沒有改動。

時間是人類自身發展的空間。

——馬克思

在一個人短暫的一生裏，某一個歷史學家的個人貢獻對於知識的巨大而不斷增長的洪流來說，只不過是小小的一杯水。但是，如果他能鼓舞——或挑動——其他學者也來把他們的那幾杯水也倒進去，那麼他就會感覺到真正完成了他的任務。

——湯恩比

第一章　從古羅馬看社會組織的秘密

在一個民族的一生中，除了做夢，它很少有時間問自己：我想在哪一種社會裏生活呢？我覺得，我們是接近這種時刻了。我們可以著手建設一個新社會，一個繁榮、朝氣蓬勃、慷慨和解放的社會。

——沙邦

一・一　羅馬帝國奇特的商品經濟

公元二世紀，世界的東方和西方分別屹立著兩個龐大的帝國，一個是漢王朝時代的中華帝國，另一個是地中海沿岸的羅馬帝國。當時，羅馬皇帝圖拉真（公元九十八年至一一七年）完成了帝國史上最後一次遠征，使帝國的疆土幾乎同今天的美國一樣遼闊，人口達到一億以上。這時，中國的漢朝也正值鼎盛時期，人口超過五千萬。但是，這兩個龐大的帝國無論在社會形態、社會結構和組織方式上都是如此的不同，以致於歷史學家在剖析古代社會時，可以把它們作爲兩個不同的範例來運用。現在，我們從這兩個不同的範例出發，來闡述系統論史觀的核心思想——社會結構調節原理。根據這個原理，我們可以討論出社會結構演化的模式，以解決為什麼第一個資本主義社會出現在西歐的歷史難題。

羅馬帝國在歷史上留下了數不清的秘密，其中最使歷史學家感興趣的是它那極其特殊的經濟結構。眾所周知，在古代農業社會中，人類各個文明的經濟結構大多是自給自足或半自給自足的。而羅馬這個奴隸制大國卻是一種典型的非自給自足的奴隸制商品經濟。一些人把羅馬帝國僅僅看作是只知窮兵黷武的國家，彷彿它的存在就是征戰、掠奪和奴役戰敗國家的人民。其實，自從公元二世紀「羅馬和平」降臨時起，羅馬就以工程技術和商品經濟大國的形象出現在歷史舞臺上了。

首先，羅馬城市之多、之大，是世界古代文明中罕見的。只要翻開古代地圖，就可以看到整個帝國的版圖上數以千計的城市星羅棋布。僅就西班牙一省來說，重要的城市就有四百座，次要的城市也有二百九十三座。①一般說來，當時的中小城市都有幾萬人口，大城市人口可達幾十萬或近百萬。地中海幾乎是帝國的一個內陸湖泊，沿地中海各行省形成了相當專業化的社會分工，稠密的海陸商業貿易網維繫著帝國的經濟生活。有人統計，作為羅馬中心地區的意大利幾乎所有的產品都不是在產地消費的。②

就拿經濟生活中最主要的糧食來說，當時羅馬本土的糧食消費主要靠外部地區供應。羅馬城居民一年的口糧中竟有四個月的糧食來自埃及。據記載，埃及每年都要供給羅馬本土四千萬加侖麥子。③有些人認爲，大量的物資從行省流向本土反映了羅馬帝國的殖民掠奪性。然而在古羅馬帝國鼎盛之際，這種掠奪並不是僅僅依靠武力來實現的。羅馬帝國對行省的剝削主要是靠各種稅收，其主要形式是交納貨幣。而物資流動則大多是由市場商品經濟及自由貿易機制維繫。甚至帝國政府控制最緊的糧食，也通過和私人公司簽定合同的方式來管理。對商人來說，販運糧食是一項有利可圖的事業。四世紀時，一條從亞歷山大開往羅馬的運糧船可以獲得百分之四的利潤。一條從非洲開往羅馬的運糧船則可獲得百分之一的利潤。「愛色斯」號是經常穿梭往返於埃及與羅馬之間的運糧船，它一次可以載貨一五七五噸，平均價值達一萬五千美元。④

羅馬帝國商品經濟的發達和地區經濟非自給自足的特點，是公認的事實，也是使歷史學家們長期困惑不解的問題之一。一般說來，在古代，商品經濟僅僅限於城市或城郊，爲什麼在羅馬帝國出現了如此奇特的經濟結構，成爲歷史上少有的例外呢?

我們知道，在傳統社會裏，商品經濟的增長往往有一個極限。我們且不談政治上、文化上會出現的限制商品經濟發展的因素，僅就經濟發展本身而言，就存在幾個無法克服的天然屏障。首先是交通和通訊工具的缺乏。打破自給自足的狀態需要使交換成爲一種連續不斷的大規模的日常活動，其貿易量必須大到足以支持其居民基本生活資料需求的程度。這麼多的糧食、貨物運輸要有相當發達的交通和通訊作爲基礎。然而對古代社會來說，做到這一點往往十分困難。因爲僅僅依靠經濟本身的力量並不能把人們組織起來去修築商品經濟所必需的諸如四通八達的公路等大規模的公共工程。所以，在古代，商品經濟發達的城市往往僅限於沿海港口或大河流域。在這些地方，大自然爲它們提供了水路運輸條件。而要把商品經濟發展到廣大內陸地區，就要建立縱橫交錯的商業交通網。這依靠古代商品經濟本身的力量是很難做到的。

第二個障礙是交換媒介的不足。要維繫巨大的交易量，就要有大批的貴金屬源源不斷地投入市場，去充當通貨。否則流通就不暢達。在古代社會，依靠經濟自身的力量同樣不能大規模地組織採掘貴金屬，鑄造貨幣。只有通過超經濟的力量干預，才能把大量的交換媒介提供給社會，以打破自給自足的生產狀態。

第三個障礙是缺乏契約和商業法的保證。商品經濟必須建立在穩定的社會秩序上；交換的雙方必須遵守契約，即社會經濟團體所確立的某種共同規範；一旦發生爭執，要有權威性的制裁機關來處理。這同樣不能依靠古代商品經濟自身來保證。它需要強有力的政府存在，以及相應的文化背景。在古代，任何一個分散的鄉村社會都很難同時克服這三大障礙。因此，商品經濟的發展往往有一個限度，在這些困難面前，要麼放慢速度，要麼停滯下來。

這些障礙在羅馬帝國同樣存在。考察羅馬帝國克服這三大障礙所採用的手段，可以使我們解開羅馬帝國商品經濟發達的秘密，從而爲分析羅馬帝國社會結構中各個子系統的相互作用打開一個突破口。

眾所周知，地中海交通在羅馬商品經濟中占有十分重要的地位。在公元八世紀伊斯蘭國家封鎖地中海以前，它一直是歐洲最重要的商業運輸通道。然而，假如羅馬帝國僅僅依靠地中海這一天然交通要道，充其量在地中海沿岸發展起商品經濟。就像古希臘城邦的繁榮那樣。商品經濟仍不可能深入到縱深地區，建立一個貿易普遍發達的經濟大國。歷史學家們發現，羅馬帝國商品經濟的普遍繁榮，在很大程度上要歸功於它的陸路交通發達，歸功於帝國版圖上巨大的公路網和河流航運系統。這個系統之巨大，是今天的人們很難想像的。據統計，羅馬帝國在高盧一省的公路就長達一萬三千哩，⑤即使在偏遠地區的不列顛，也有長達五千里的公路。⑥就拿薩丁尼亞一個小島來說，居然也修了一千哩的公路。⑦無數的商隊晝夜不停地跋涉在大大小小的公路上，維繫著整個帝國商業的繁榮和經濟運轉。即使在近代技術條件下，要修建和維護這些公路系統，也不是一件輕而易舉的事情。可以想見，羅馬帝國修建和維護這些公路，克服了多麼巨大的困難。

值得注意的是，羅馬帝國修建這些公路，並不是為了商品經濟的目的，而是出於政治統治的需要。公路首先是為了軍事目的而修建的。它經由羅馬軍團年復一年的修築和維護。我們知道，羅馬帝國的本土意大利只有八百萬左右的人口，而要統治一億以上的臣民。⑧管理那麼大的地區，鎮壓隨時都可能出現的奴隸起義和蠻族入侵，就要求羅馬軍團有很高的機動性。例如，羅馬帝國在北非只駐有一個兵團的衛戍部隊，卻要保證整個北非的穩定和安全。由此可見抵禦內陸掠奪部落的侵擾，不得不依靠四通八達的公路系統，使部隊得以迅速調動，軍事情報得以高速傳遞。如果羅馬帝國沒有高度發達的公路系統，使羅馬的野戰軍團在短時間內到達它所要去的地方，僅僅依靠邊防要塞和地方治安，整個羅馬的政治統治幾乎是無法維持的。然而，這個用於軍事目的的公路系統，卻爲商品經濟的發展帶來了便利。使伽太基的經濟與整個地中海地區及大西洋、撒哈拉沙漠地區聯繫起來，形成了商品經濟必需的通道。

羅馬的公路非常典型地反映了社會經濟結構和政治結構彼此之間的依賴關係。本來，它是政治結構的產物，是維持政治統治的物化手段，卻同時造就了與這種政治結構相對應的經濟形態。我們知道，早在羅馬共和國晚期，羅馬的奴隸總數就達到了九十萬人，自由民只有七十一萬人。⑨由於分工及農業生產的專業化，帝國各地都布滿了奴隸制大田莊，大量的奴隸被集中在一起，強迫在田間生產。而大多數田莊主人卻住在城裏，過著城市生活。他們從奴隸中挑選一些能幹的人當管家，管理田莊上的事務。顯然，高度集中的奴隸很容易團結起來，發動起義。因此羅馬帝國必須有一支高度機動的強大軍團存在，這不僅是爲了消滅海盜和邊遠地區的蠻族進犯，也是爲了自身內陸的安全。所以，羅馬帝國總是像保護眼珠一樣保護自己的公路系統。歷史上總可以看到這樣的記載，每逢羅馬帝國征服一個地方，奴隸主就在這裏建立起大田莊，羅馬軍隊就開始修築蜘蛛網般的公路系統。而後，這些公路又爲商品交通提供了條件，使商品經濟發展起來。按照這個典型的模式，這個地區就被編入了羅馬帝國政治、經濟統治的大網，牢固地置於帝國的統治之下。所以，我們可以說，公路系統是羅馬帝國政治統治的基礎，又爲羅馬帝國獨特的經濟結構提供了條件。

影響羅馬帝國商品經濟發展的另外兩個障礙，也是帝國政府依靠行政手段來消除的。羅馬帝國歷來十分重視組織對金銀礦的開採，始終把鑄幣的權力牢牢掌握在帝國政府及各級市政府手中。西班牙是羅馬帝國最主要的金銀產地，數以萬計的奴隸和囚犯在一個個的礦山中夜以繼日地開掘，他們甚至一連幾天都見不到太陽。在礦井旁邊，帝國建立起龐大的冶煉工業。⑩據說，帝國在新伽太基的一個白銀礦就雇傭了四萬名礦工，每天出產價值二萬五千便士的白銀。⑪一些歷史學家在談及羅馬帝國衰亡的原因時，非常重視帝國後期金銀礦的枯竭。因爲羅馬帝國是一個高消費的奢侈國家，它要花費大量的金銀貨幣向東方購買奢侈品和糧食。帝國政府必須用行政手段去幫助組織金銀礦開採，否則商品經濟無法維持。帝國後期色雷斯和西班牙金銀礦產量迅速遞減，又沒有新礦投入生產，從而造成貨幣極度缺乏。商品經濟患了不可救藥的貧血症。當然，把羅馬帝國衰亡的原因僅僅歸結於此無疑是荒謬的，但從這一現象中可以看到，開採金銀礦是維繫整個帝國商品經濟的重要手段。

著名的希臘傳記作家普魯塔什曾指出過羅馬政府的重要職能。他說過，應當給予人民兩項福祉：自由與和平。對商業發展來說，和平是一種社會秩序，而自由又和契約相連。羅馬法中關於貿易和所有權部分的法律是極爲詳細的。它對近代西方法典的形成有很大的影響。沒有它，商品經濟的廣泛開展幾乎是不可能的。普魯塔什在世之日，正是羅馬帝國的全盛之際，他遊歷了帝國後指出：「有關和平，因為所有的戰爭都已結束，現在可沒有占領我們的需要了。有關自由，我們有了政府（羅馬）所留給我們的。」⑫確實，羅馬和平雖然是建立在民族征服的基礎上，是以武力維持的和平，但卻把不同的地區、不同語言的民族納入了一個共同的經濟市場。羅馬的《萬民法》實質上是一種商業社會的法律，儘管它在堅持奴隸制，強調奴隸是奴隸主財產的一部分，但它在古代社會中締造了一個人們可以共同遵守的法律秩序，甚至包括契約生效的辦法。只有在羅馬法規的保護下，古代超越民族的商品社會所需的契約觀念才能在人們心目中建立起來，不同民族、不同地方間的商品貿易才可能迅速發展。正如湯普遜所說：「帝國開始的幾世紀，對有些地方來說，是它歷史上最繁榮的時期。這對敘利亞、高盧、非洲和埃及來說，尤為確當。埃及的人口有著顯著的增加，『羅馬和平』的利益，不僅在道德方面，而且也在物質方面；它在陸地上和海面上撲滅了搶劫和海盜行為，給生命和財產以保障，給旅行以便利。」⑬

我們無意把公元二世紀後的羅馬帝國描繪為「太平盛世」，但從歷史事實出發，去追溯羅馬帝國之所以建立起非自給自足的商品經濟結構，除了經濟本身的力量外，發現了一些極為重要的條件，都是政治結構提供的。有些還同古希臘羅馬社會的心理、傳統有關。如貨物流通的生命線——公路系統，是因軍事目的建立並由軍隊維護的；商品交換的媒介——大批量通貨，是由帝國政府幫助組織開採並提供的；商品交換的原則和秩序——契約和法律，是基於古希臘羅馬文化、心理傳統，由政府制定並頒布的；政府在經濟糾紛中充當仲裁人的角色，如此等等。這些特殊的職能都源於經濟生活之外，又與經濟生活緊密相關。

到公元五世紀的時候，羅馬帝國崩潰了，它的軍團衰落不堪，道路破壞無人問津，政府的職能喪失，沒有人維持秩序，金銀礦枯竭，社會通貨奇缺，商品經濟全面破壞，戰亂紛起。羅馬帝國就像患了老年性綜合症，各個器官都衰竭了。此後數百年，西歐社會從商品經濟回復到自然經濟，恰恰從反面給我們提供了一個例證：商品經濟發展並不是一個自然上升的連續過程，它需要政治結構和文化系統提供一系列的條件。沒有社會結構中經濟結構、政治結構和文化結構間特殊的組合方式及調節機制，商品經濟不可能成爲占主導地位的經濟形態。

一．二　城市生活和羅馬帝國的政治與意識形態

在上節分析中我們指出，羅馬帝國的奴隸制商品經濟結構之所以能確立起來，在很大程度上是依賴於政治結構爲它提供的條件。那麼，人們會問，羅馬帝國政治結構的確立又依賴於什麼樣的條件呢？羅馬帝國政治結構的特殊性同樣也是歷史學家一直感興趣的問題。如果不能闡明這個問題，經濟結構的特殊性也還不能透徹地給予說明。

羅馬帝國的政治大廈是依靠三根巨大的支柱支撐起來的。第一根支柱是它的軍事制度。它的強大軍團不僅維護著帝國的統一和安全，而且還常常決定羅馬皇帝的人選。奧古斯都曾經大規模

地削減軍隊和軍費，但是保留下來的常備軍仍達三十多萬人。⑭因此有人稱羅馬帝國是一部龐大的軍事機器。第二根支柱是羅馬帝國的元首和政府。

元首（後來是羅馬皇帝）是最高統治者，掌握著立法、司法和執法大權，並有權任命各行省的總督，以此控制著帝國各個行省。他手下的顧問會議控制著財政部和司法部，秘書廳負責內務、外交和軍政。第三根支柱是各個城市的自治制度。公元二世紀時，羅馬帝國中央政府的官員不過一百五十人，僅靠這麼少的人無力承擔管理龐大國家的任務，必須實行城市自治，並通過城市組織把稅收和攤派等項事務擔負起來。因此，意大利大多數自治區各有自己的元老院，城市有自己的議事會。它根據帝國統一的法律擬定各種具體政令。城市中還有一個人民大會，選舉出執政官，負責處理各種行政事務。我們要理解羅馬的政治大廈，就要分析這三根支柱得以確立的基礎。

羅馬軍團的強大、機動性、組織性以及士兵的驍勇善戰在歷史上非常有名，這些軍團是怎麼組織起來的呢？從公元前二世紀末馬利烏斯軍事改革把民兵制變爲募兵制以後，大批城市的無業遊民加入了軍隊，後來成爲帝國鼎盛時期的主要兵源。馬利烏斯大幅度提高了士兵的軍餉，又延長了服役的期限，此後，士兵的軍餉一直有增無減。帝國建立以後，職業軍隊合法化，變成正式的常備軍。相當多的無業遊民成了軍隊的骨幹，這些人爲了錢和土地來當兵。所以，要組織起龐大的軍團，羅馬皇帝就不得不把國庫和財政來源的大部分用於軍餉，並許諾士兵退伍後可以得到一塊土地。由此，羅馬的軍事組織便直接和國家的貨幣收入聯繫在一起了。羅馬軍團的強大，依賴著國家資金的富有。西賽羅擔任督察官後曾經說過，各省交納的稅款，僅夠支付行政和國防的費用。⑮可見軍費早已是國家財政支出中的大頭。

公元一九三年，一些平民和士兵因爲沒有得到獎金，勾結皇帝的侍衛隊殺死了當時的皇帝。侍衛隊的頭腦曾宣稱，誰出價最高，就賜給誰王位。朱立安那斯爲了攝取王位，曾提出發給每個士兵五千希臘幣（約合現在的三千元美金），而士兵們仍然嫌少。皇帝侍衛隊的辦事員到一個個百萬富翁面前去鼓勵他們抬高價格。當朱立安那斯宣布給每個士兵六二五〇希臘幣時，侍衛隊就宣布他爲皇帝。

朱立安那斯的登基引起了羅馬公民的不滿，不列顛、敘利亞和班諾尼亞的羅馬軍團相繼前來討伐，各自擁戴軍團長爲羅馬皇帝。班諾尼亞的軍團長塞佛留當眾宣稱，如果他登位，將給每個士兵一萬二千希臘幣。⑯正是這位塞佛留在把帝位傳給兒子時，講述了當皇帝的秘訣：「儘量想法使你的士兵富有，除此而外，什麼事都不用操心」。⑰這些事例非常形象的說明，羅馬軍團的存在必須依靠巨大的財力支持。當羅馬皇帝拿不出金錢時，他就會失去士兵的擁戴，爭奪皇位的戰亂就可能發生，國家貨幣收入是軍事的基礎。而用金錢贖買雇傭兵卻是羅馬軍事組織明顯區別於其他奴隸制國家的特點。

第二個特點是羅馬軍人大多來自各個城市。羅馬帝國規定奴隸不能服軍役，隸農從法律上說可以當兵，但必須徵得主人的同意。我們知道，隸農原先是自由民，只是因為債務而失去了自己的土地，不得不淪爲大土地所有者的佃戶，這部分人在羅馬帝國鼎盛時期的農業生產者中占有不小的比例。根據帝國法律的規定，他們的全部財產都屬於主人，沒有自由遷移的權利。因此，隸農要徵得主人的同意去入伍是非常困難的。這就決定了羅馬軍團的兵源只能主要來自城市的自由民，特別是無業遊民，而不可能是鄉村的農民。

要理解這支主要來自城市的軍團的素質，瞭解羅馬軍人的驍勇善戰，就必須去剖析羅馬的城市生活。另一方面，羅馬軍團的高度組織性和士兵的勇敢善戰來自於羅馬公民的城邦愛國主義精神和神人同形的宗教信仰，這種意識形態只可能從古代希臘城邦形成的文化中繼承下來，並且在羅馬的城市生活中得到維繫和發展。同樣，它也直接依賴於城市的繁榮。

我們以龐貝古城爲例來剖析一下古羅馬人的城市生活，就可以對這一點得到明晰的認識。龐貝古城因公元七十九年維蘇威火山的爆發而被掩沒，十八世紀被重新發現，成爲現今人們研究古羅馬城市生活的完整標本，那些已經變成化石的古羅馬人的死屍，燒焦硬化的堅果、麵包和水果，牆壁上保留下來的各種佈告以及私人藏書等等，爲我們提供了一幅生動的古羅馬城市生活的畫面。龐貝城約有二萬人口，市中心有一個人們聚會的公共會堂，它是交易中心，舉辦各種競技和表演。人們還建立了許多廟宇來祭祀眾神。城中心的一邊是朱匹特天神，另一邊是阿波羅太陽神。還有龐貝的守護神——愛神維納斯。龐貝城中一共有三個公共浴堂，一座體育館，一座可容納二千五百人的小型劇場和一座可容納五千人的大型劇場，還有一座可容納二萬人欣賞角鬥的圓形技場。城市街頭的廣告竟達三千份之多。其中大多數是商業廣告和公共事務佈告，也有情書、春宮畫和尋失啓示。⑱

如果把羅馬城市和今天的城市作一比較，有一點非常奇怪，這就是，一座人口僅有二萬人的城市居然有如此衆多的公共設施，這在今天是不可思議的。實際上，古羅馬社會中的劇場、競技場和會場所起的作用遠比近代社會的電影院和體育館重要。因爲自由民的城邦愛國主義精神就是從這些公共社會活動中產生的。在這些公共設施中，他們選舉自己的執政官，進行各種政治綱領的辯論，從政府公布的公報中知道全國各地的新聞。城市的公共生活鑄造了羅馬精神，形成了自由民生活的精神支柱。據說，世界上最早的「報紙」就是羅馬人創造的。

公元前五十九年，羅馬政府曾經設立了一個機構，定期公布羅馬元老院和公民大會的決議及全國各地的新聞。這些東西都寫在一塊巨大的白板上，掛在街上供人們閱讀。在紙和印刷術還沒有發明的時候，只有在這種集中居住的城市生活中，人們通過聚會等各種方式獲得社會信息，才能形成集體意志，使其成爲支配社會生活的精神力量。應當指出，龐貝城在古羅馬數以千計的城市中只是一座默默無聞的小城市，它僅以蝦露、白菜和葬禮略有名氣，除此之外的一切，很少被人知曉。而整個古代羅馬帝國，正是基於數以千計的類似龐貝這樣的城市的繁榮，才能建立起龐大的軍事基礎。

以上的分析表明：無論是羅馬軍團的組織形式，還是軍人尚武精神的維繫，都直接取決於以商品經濟為背景的城市生活的繁榮。沒有奴隸制商品經濟，就不會有大量繁榮的城市，也不會有國家大宗的稅收。自由民不在城市裏吃商品糧，就不會維繫城邦的存在和產生與之相應的愛國主義精神，國家也不會創造出具有高度組織性、機動性的羅馬軍團。

實際上，羅馬帝國政治大廈的另外兩根支柱也是建立在奴隸制商品經濟上的。羅馬帝國的官員有兩個來源，一是貴族奴隸主，一是「騎士階層」。羅馬帝國的騎士階層實際上是日益壯大的商業奴隸主階層。湯恩比曾經指出，這個階層辦事效率高，能力強，在帝國時期幾乎完全取代了貴族階層，成為帝國官僚的中堅力量。他們管理城市、調查戶口、地產，徵收各種稅，整個帝國的行政機器實際上是由他們運轉的。羅馬帝國的官制和東方有很大的區別。官吏中有很大一部分實行無俸服務。他們之所以無俸，因為他們是有產階級。據史書記載，官員不但沒有薪金，而且當選後還要付「就職費」，從三千到三萬五千塞斯泰爾烏提斯不等，有的竟高達六十萬。⑲雖然就職金很高，但在帝國興盛時期，有錢有勢的公民爭先恐後地競爭市政官位，因為這對他們是一種巨大的榮譽。他們通常用自己的財產，支付行政官位所需的各種開支。如果他們管理的城市所徵收的稅額不足，有時，還要掏自己的腰包來補充，即使如此，元老和行政官的職位對商業奴隸主仍然有著強大的吸引力。

實際上，騎士階層不僅是官僚機構中的主要成員，而且是城市各項公共設施的主要投資者，是自由民各種社會活動所需經費的提供者。羅馬各大城市的圖書館、競技場等公共設施大多都不是國家投資，而是私人捐款建立的。據說，有些富豪爲了追求名譽，投資之多到了不顧自己破產的地步。許多古羅馬建築的碑文爲此提供了可靠的證明。一位百萬富翁爲威尼弟亞省興建浴堂捐贈了一百六十萬銀幣。一位富裕的老太婆爲建立廟宇和競技場捐出了全部財產。在人口稠密的奧斯地亞港，盧西裏體面地宴請全城居民，鋪了一條又寬又長的大道，修復了七幢廟宇，重建了浴堂，並捐給市庫三百萬銀幣。[20]在奧古斯都時代，有一個阿提那城的富人送給本城公民的財產，達一萬二千塞斯脫。一個馬賽城的公民，把他的全部財產都送給了城市。著名的小普尼林發財後，陸續獻給本城六十萬塞斯脫，相當於今天七五，〇〇〇多美元，其中六分之五的款子，作爲窮人的糧食基金，其餘作爲建造圖書館的經費。[21]這樣的例子，在帝國興盛時期是舉不勝舉的。這種風氣是古羅馬城市得以繁榮的重要機制。

可以說，整個羅馬帝國城市市政的基礎是商品經濟。只有存在著實力雄厚的奴隸主商人階級，城市管理、市政建設、城市生活才能正常運轉。所以，當羅馬帝國的奴隸制商品經濟趨於瓦解時，城市公共設施得不到修繕，市民活動的費用缺乏來源，甚至帝國的官員也沒有人能夠充當，各種職位不得不由國家強迫分擔下去，帝國的政治大廈就瀕臨崩潰了。

讀者或許已經發現，我們對羅馬帝國的分析陷入了奇特的因果循環：在我們尋找帝國非自給自足的商品經濟結構何以建立之時，發現政治結構爲它提供了最重要的條件，恰是軍團修建的羅馬大道，政府職能所保證的稅收、統一貨幣、法典權威保證了商品經濟的生存和發展。而在我們尋找羅馬帝國政治結構建立的原因時，又發現商品經濟結構爲它提供了最重要的條件，無論是羅馬軍人的來源，自由民城邦愛國主義精神或神人同形宗教信仰，城市市政的管理建設，羅馬帝國的官吏來源，都離不開以奴隸制商品經濟爲背景的城市生活。正像著名歷史學家麥唐納所說：「城市生活是在羅馬統治範圍內一切地方社會組織上的主要特徵。」㉒我們從追溯商品經濟存在原因開始的研究，繞了一個大圈子，又回到了原來的出發點。

如果是尋求終極原因的決定論者，一定會爲這個大圈子垂頭喪氣。但是，假如我們從這種直線式因果關係分析方法中跳出來，思想就會豁然開朗。它表明，當我們對任何一項複雜的事物進行整體研究時，尋求終極原因往往是沒有什麼意義的。對社

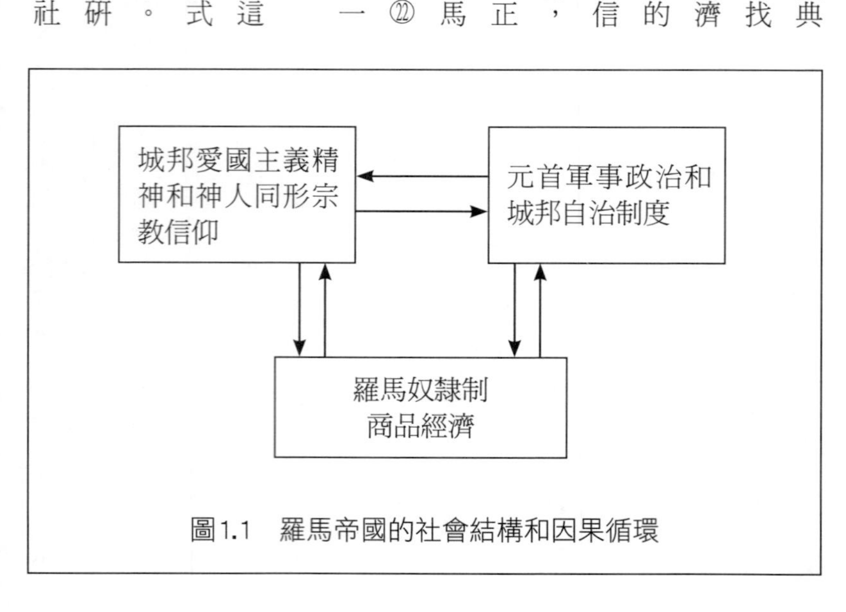

圖1.1　羅馬帝國的社會結構和因果循環

會這樣的大系統的每個具體環節，我們都能區別原因和結果，但把這些原因結果無限追溯下去，就會發現它們之間存在著循環。正是因爲存在這種循環，系統才表現出自我維持的能力。羅馬帝國奴隸制商品經濟結構，元首軍事和地方自治的政治結構，城邦愛國主義精神和神人同形宗教信仰的意識形態結構，任何一方都不能離開其他兩方的調節而獨立存在。沒有奴隸制商品經濟，就不會有發達的羅馬城市生活，因而就不會有羅馬帝國政體和羅馬軍團，羅馬精神也不可能存在。反之，假如沒有羅馬帝國政治結構和獨特的文化的存在，奴隸制商品經濟就不可能在羅馬帝國發展起來，它的繁榮依賴著交通、貨幣、商業法的保證。這些都要依靠政治結構和文化系統的調節才能發揮作用（見圖1.1）這種互爲因果的關係清晰地表達出社會結構各個組織之間深刻的相互依賴性。

一・三　羅馬、中國、印度——不同的社會結構

如果我們把對羅馬帝國社會結構的分析上升爲理論，就可以得到一個重要的結論：經濟結構雖然是政治結構和文化結構的基礎，但是如果沒有與經濟結構相適應的政治結構和文化結構對它進行維繫（或調節），爲它提供條件，單靠經濟結構本身並不能保持穩定。這三個子系統是互爲因果的，總體上構成一個封閉的循環圈。我們把它稱爲社會結構調節原理。

社會結構調節原理是否普遍成立呢？爲此，我們必須研究那些同羅馬帝國完全不同的文明，看它是否同樣得到印證。我們先來看看中國傳統社會。

中國傳統社會政治結構最大的特點是：自秦漢以後形成了官僚統治的大一統帝國。大一統官僚政治必須建立在地主經濟結構之上。因爲要維繫龐大的行政系統，需要數萬官僚和十幾萬吏員，必須有充足的稅收來支持巨大的行政開支。在農業社會中，稅收的來源主要依靠自耕農。沒有他們提供兵源和各種勞役、租稅，統一政府是很難建立起來的，我們知道，只有地主經濟的繁榮才可能存在大量自耕農和佃農，農民對地主的人身依附關係較弱，國家的勞役和稅收有著充分的保證。中國傳統社會的經濟結構恰恰是地主經濟。表1.1是十三世紀時英國和北宋王朝農村土地結構的比較。㉓從中可見，即使到英國領主莊園衰落的前夜，自由農民和佃農在整個農業經濟中的比例仍不高。而中國傳統社會中，自耕農和佃農占壓倒多數。一般說來，在一個王朝的中前期，它們大約占全國總戶數的百分之七十至百分之八十。它們是大一統官僚政治得以確立的基礎。而且，大一統官僚政治結構還必須依賴大城市的存在，這些城市是國家管理的中心，由它們組成巨大的統治網，把幅員遼闊的農業社會組織起來，它們像島嶼一樣分布在農村的汪洋大海，使其周圍的自耕農經濟中，出現相當程度的分工和商品交換，以保證官員流動和國家管理工作的運行。只有地主經濟才能包容這些郡縣城市，如果是在高度自給自足的莊園土壤上，大一統政權和郡縣城市便會迅速枯萎。

表1.1　十三世紀時英國和北宋王朝農村土地結構的比較

十三世紀英國土地結構

	領主自用地	農奴份地	自由農民租佃地
大莊園	26%	51%	23%
中級莊園	35%	39%	26%
小莊園	41%	32%	27%

北宋主戶的構成

戶等＼主戶	階級成份	占地情況	占全國總戶數比例	備註
一	大地主	3頃—100頃以上	10%	北宋的官戶、形勢戶加上主戶中的一、二等上戶，總共不超過10%
二	中、小地主	1—3頃或不滿1頃		
三				
四	自耕農	數十畝	50%	
五	半自耕農	佔少量土地但不能自給		

那麼，地主經濟結構是不是中國傳統社會形成大一統政治結構的終極原因呢？否！地主經濟僅僅依靠自身的力量是無法維持穩定的。小農經濟普遍存在農奴化傾向，表現爲農民對地主依附關係增強。地主不僅力圖霸占自耕農土地，還盡力把他們變爲自己的「私屬」，日久天長，自耕農有可能「農奴化」。查理曼帝國自耕農農奴化，日本大化革新後班田制的破壞都是實例。中國傳統社會保持地主經濟的穩定有兩個重要的前提。一是國家政府的調節作用。中國歷史上各個王朝總是制定各種法令，限制地主豪強把農民變成「私屬」；並依靠強大的官僚機構推行這些法令政策，對地主經濟的穩定性加以控制，從而把對農民的人身控制權奪到國家手中。從秦代開始，大一統政府就限制豪強貴族殺奴婢，行刑必須報官批准。漢代以後，政府取消了豪強貴族殺奴婢的權力，一律按國家法律處置，到了宋代，農民對地主的人身依附關係已微乎其微，按宋律規定，農民有退佃的自由。恰恰是政府的巨大調節力量，使中國克服了西歐封建社會和其他一些封建國家中普遍出現的自耕農農奴化傾向，保持了地主經濟的穩定。第二個條件看來似乎是純經濟的，即土地買賣防止地主和農民之間出現「硬化」的人身依附關係。使地主對土地的占有權和對農民的占有權分離開。但進一步分析就會發現，土地買賣這一現象本身也是和政治結構對經濟結構的調節相聯繫的。首先，土地買賣依賴於相對發達的商品經濟，商品經濟的發達要依靠國家政治結構的作用，要以大量城市的存在爲條件。如果國家不以超經濟力量建立眾多的郡縣城市，商品經濟的發展就會碰到障礙。而且，土地買賣時農民之所以能從土地轉讓中游離出來，也是以政治結構限制地主占有農民人身爲前提的。因此，中國傳統社會保持地主經濟的穩定離不開大一統官僚政治的調節作用。

中國傳統社會的意識形態對政治和經濟的穩定也發揮著重大的調節作用，我們知道，封建社會的官僚政治有日趨演化爲世襲貴族的傾向，他們和地方軍事勢力結合起來，就會造成封建割據。一旦如此，大一統官僚政治就必然解體。日本大化改革後的情況就是這樣。中國傳統社會控制這種解體趨勢的辦法是利用具有儒家信仰的知識分子充當國家官吏。這些人遵循統一的國家學說治國，自覺地執行國家法令和政策，與分裂割據勢力鬥

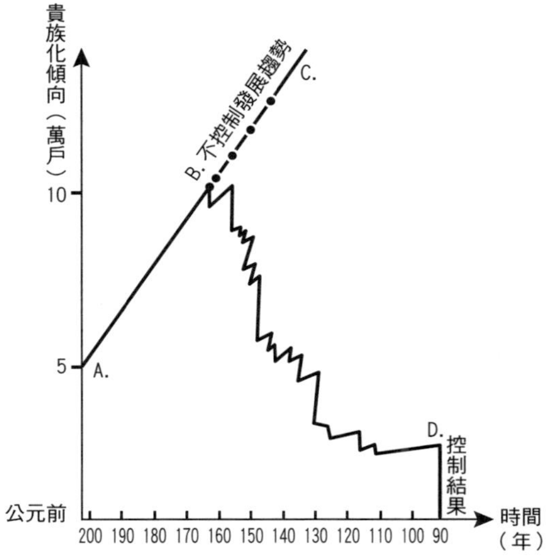

圖1.2　西漢王朝儒生官僚與貴族化傾向鬥爭的曲線圖

爭，維護國家的統一。他們自身處於王權的監督下，又不斷地流動調換。圖1.2是西漢王朝利用儒生官僚與貴族化傾向鬥爭的曲線圖，它清晰地表明依靠儒生的統一力量遏制貴族化分裂傾向，維護大一統帝國穩定的過程。㉔

中國歷史上，當政治結構和意識形態結構喪失調節能力時，地主經濟不可能獨立地保持穩定。魏晉南北朝莊園經濟的興起就是例證。東漢滅亡後，儒學衰落，魏晉玄學興起，中國傳統思想受到佛教的衝擊。政治上門閥貴族勢力強大起來，外部恰逢少數民族侵擾，意識形態和政治結構的調節作用大大削弱了。經濟結構受到東漢末年大動亂的破壞，出現了一系列的變化。首先是農民對貴族地主的人身依附關係強化，淪於近乎農奴的地位，部曲、私屬、奴婢的數量與日俱增。其次是國家稅源驟減；世襲門閥在政治上占

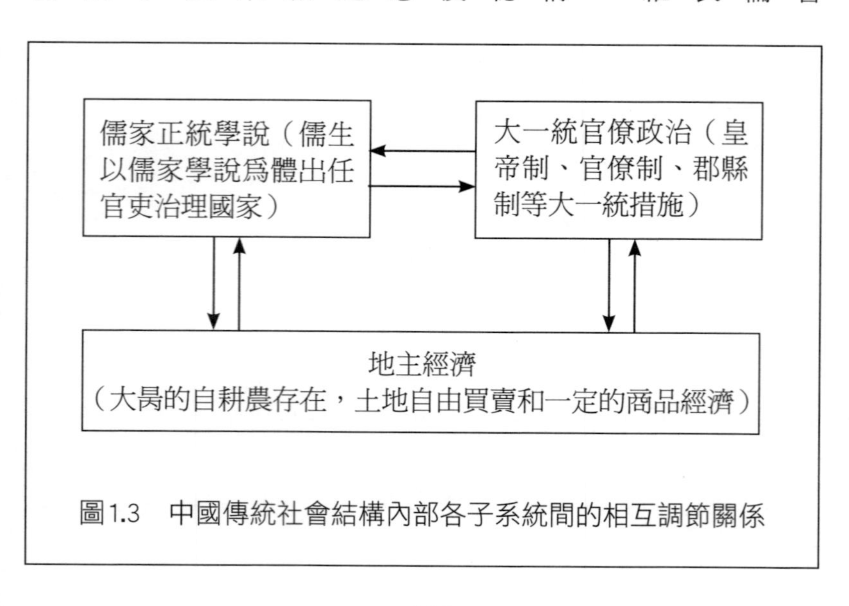

圖1.3　中國傳統社會結構內部各子系統間的相互調節關係

有主導地位。結果整個社會幾百年處於分裂割據的狀態，大一統政權長期建立不起來，經濟結構蛻化到類似於莊園經濟的狀態。有關這部分論述，讀者可見《興盛與危機》一書，該書進一步分析了魏晉南北朝時，舊的調節系統被削弱，中國傳統社會的政治、經濟和意識形態又重新構成一組調節關係，維持了幾百年的亞穩態結構。

這裏，我們又發現了一個和羅馬帝國類似的因果循環。社會的政治、經濟和意識形態子系統互爲條件，儘管中國傳統社會和羅馬帝國的子系統內容及調節方式完全不同，但同樣構成因果循環，通過循環保持穩定的特徵如出一轍。三個子系統處於不斷的相互調節中，共同維護了大系統的穩態，而子系統中的任何一個離開其他兩個的調節都不能穩定地存在。（見圖1.3）

我們再來看看印度傳統社會結構。從國家組織來看，印度不僅沒有出現類似中國傳統社會的大一統結構，它的政府組織反而比西歐更鬆散，更不穩定。在印度兩千年的歷史上，除了孔雀王朝等佛教帝國以及被其伊斯蘭教征服，接受外部強加的政治結構外，自己幾乎沒有形成統一局面。正如著名的印度史學家恩・克・辛哈和阿・克班納吉所說：「政治統一並不是印度古代史和中世紀史上的正常特徵。在各個時代中，這個廣闊的次大陸分成許多小王國。」㉕馬克思主義史學家認爲，古代印度史上這種長期政治分裂的局面是以其村社爲主的經濟結構所造成的。印度村社和西歐的莊園比較具有更大的分散性和封閉性。儘管村社內部也有一定程度的商品交換，對外卻幾乎是「老死不相往來」，形成了自我封閉體系。國家的大小和勢力都以統治村社的多少來衡量。因此國家組織十分脆弱。

確實，和中國相比，印度一直缺乏能爲大一統國家提供稅源和兵源的自耕農經濟。但是爲什麼印度能形成不同於中國和西方的村社經濟結構呢？表面上看，這似乎完全應歸於經濟上的自給自足，其實不然。我們知道，中國傳統社會中廣大農村很多時候也是自給自足的，但其政治上並不封閉。它們要爲大一統帝國提供稅收、勞役、兵源，可以被大一統政治結構組織起來。印度村社的封閉性和政治社會結構直接相關。眾所周知，印度社會結構最明顯的特點是種姓制度，每一個村社中都存在四個種姓。婆羅門是最高種姓，掌握著宗教事務。刹帝利是第二種姓，是武功階層，婆羅門和刹帝利不參加勞動，卻享有村社中大片土地的所有權。這兩個種姓完全主宰了村社的宗教、政治統治，而且是村社各種公共事務的管理者，是宗教規範的解釋者和執行者。他們擔負著協調各種職業、分工之間關係的職能。吠舍是第三種姓，包括耕種自己土地的自由農民和工匠、手藝人，他們是村社居民中的大部分；首陀羅是第四種姓，他們的身分、相當於奴隸，爲各種高級種姓耕種土地。工匠和手藝人製造各種工具和消費品，維持每個村社經濟的需要。顯然，正是種姓制度造成了村社的封閉狀態。每個村社中的管理者、生產者和職業都被種姓制度嚴格地規定了。一個村社內部的政治、經濟、宗教活動原則上不需要和外部發生聯繫。種姓制度必然使王權衰落，官僚機構無法成長起來。要想形成統一的國家，就必須剝奪婆羅門、刹帝利這些「地頭蛇」的權力。由此可見，統一國家和種姓制度是格格不入的。

同樣，印度村社組織和種姓制度的穩定也離不開其獨特的文化系統的調節功能。公元前一千年前就形成的婆羅門教，由它演變來的印度教是印度歷史上占主導地位的宗教。婆羅門教認爲人的一切痛苦和幸福都是前定的，四種種姓分別來自於普魯沙神的口、手、腿和腳，因而種姓劃分是命中注定，不可改變的。每個人爲了來世不遭受痛苦或進入較高的等級，就必須嚴格按照婆羅門教所規定的行爲規範做事。印度教發展了這些思想，爲不同等級之間禁止通婚、使種姓劃分更爲細化提供了宗教根據。它反過來又進一步加劇了村社組織的封閉性。印度經濟、政治、意識形態三個子系統同樣是互相維繫、互相依賴的（圖1.4）

印度歷史上也存在著富有說服力的例證，說明經濟結構的封閉性只有在種姓制度和婆羅門教的調節作用喪失時才能被打破。大一統的孔雀王朝就是

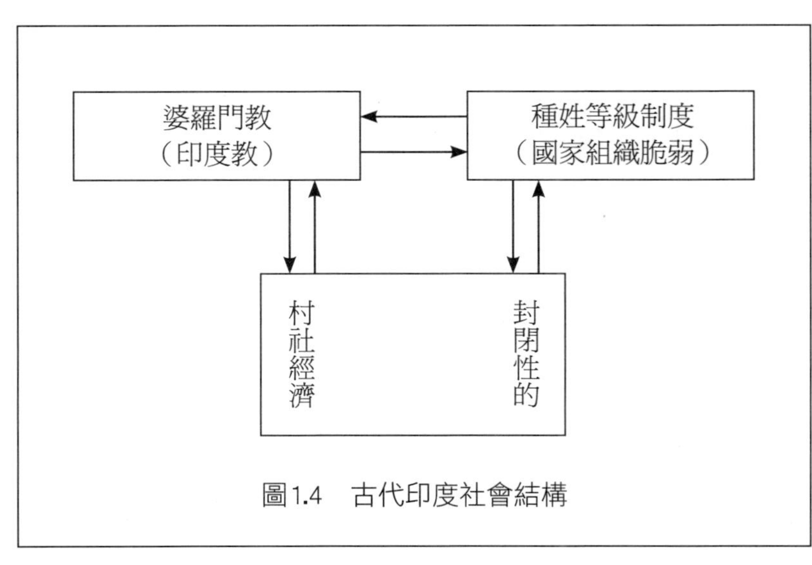

圖1.4　古代印度社會結構

一例。孔雀王朝時期，印度的政治結構一反常態，形成大一統的官僚結構。當時，出現了很多大城市，形成了全國性的公路網和驛站。官吏來源也取消了世襲制，由中央政府委派，甚至官員的錄用在一定程度上也不受出身和身分制的影響。當時，印度的經濟結構同樣是自給自足的農業經濟，但為什麼能建立大一統帝國呢？關鍵在於在孔雀王朝時期，婆羅門教衰落了，佛教成為占官方宗教。種姓制度也一度出現了鬆動。也就是說，造成村社政治上封閉性的種姓制度和宗教意識這兩個調節器開始呈現出瓦解和鬆動狀態。

那麼從邏輯上就自然可以得到一個結論：印度村社結構雖然在經濟上仍是自給自足的，它也可能像中國傳統社會自耕農那樣，成為一個統一帝國的基礎。儘管孔雀王朝的統一十分短暫，有如曇花一現，但它卻證明印度村社結構經濟上的自給自足並不是封閉性的根源。封閉性是以政治結構、文化結構的調節為條件的。當佛教衰落，印度教興起後，種姓制度又開始強化，並發展到新的形態。它們調節功能又得以恢復。這時印度的村社又重新變得高度封閉，整個社會又長期陷入缺乏統一組織的局面。在這裏，我們看到，印度社會和中國相反，在中國，占統治地位的意識形態衰落時，國家出現政治上的分裂；而在印度，占統治地位的宗教衰落則導致國家的統一。這種奇特的現象，社會結構調節原理給予了令人滿意的說明。

社會結構的調節原理不僅可以在一個文明和整體分析中得到證明，即使對於文明中的小社會也是適用的。我們知道，雅典的經濟結構是以對外貿易為主的奴隸制商品經濟。雅典每年都要從黑海、西西里和埃及進口大量的糧食，從馬其頓、色雷斯進口木材，從麥加拉、彼阿提亞進口蔬菜，從意大利半島進口金屬製品。有人認爲，雅典之所以形成殖民主義式的、以對外貿易爲主的商品經濟，純粹是由於地理上多山和土地瘠薄的原因。其實，雅典商品經濟結構的穩定，主要靠其政治和文化系統調節。它的以外貿爲主的商品經濟結構確立起來是在希波戰爭結束以後，當時雅典在希臘世界中擁有了最強大的海軍。海上霸權使它有能力把黑海和地中海的貿易集中在自己手裏，從而充分保證了內部經濟結構轉向工商業和對外貿易，使農民改種葡萄和橄欖等經濟作物，不再考慮口糧問題。此外，軍事力量強大還爲雅典提供了大量奴隸，保證了各個工業部門有足夠的勞動力，這也是工商業經濟發展必不可少的條件。雅典的海軍只是雅典國家政治結構的一小部分，這種政治結構的活力來自它的民主政體。據統計，當時雅典的四萬二千名男性公民中，每年參加政治和經濟工作的達二萬人之多。㉖

自從梭倫變法禁止雅典人變成奴隸起，賦予平民的政治權力愈來愈多，軍隊從自由民中吸收的人數一天天增加。特別是伯里克利改革以後，所有參加政治、軍事活動的人都有了薪俸，生產勞動是奴隸的事。雅典人從直接的生產勞動中擺脫出來，專門從事政治文化等活動。因此，儘管雅典城邦不大，人口也不算多，卻可以組織起一支龐大的海軍。如果自由民不從生產中擺脫出來，無論如何做不到這一點。同時，雅典人的神人同形宗教信仰對維護自由民的民主政治又是必不可少的。自由民經常要組織體育競技、詩歌音樂會及演說活動，推動公民文化和體育素養的提高，促使平等、自由和榮譽的增長，維繫雅典公民城邦主義的觀念。然而，政治體制和思想文化又都依賴於奴隸制對外貿易經濟的繁榮。顯然，雅典社會結構又爲我們展示了一個奇特的因果循環，（見圖1.5）經濟結構、政治結構和宗教文化結構在相互調節、互爲條件中保持整個社會的存在。

我們還可以舉出其他許多例子。但是一個個具體實例的分析並不等於證明。要證明社會結構調節原理的普遍有效性，我們必須研究它的理論基礎。

一・四　社會組織的結構功能分析

系統論對自然界各種組織進行研究後，得到一個普遍的結論：只有組成整體的各個部分形成一種互爲因果、互相維繫的耦合系統時，才能構成整體性的組織。也就是說，對任何一個有調節能力的組織進行解

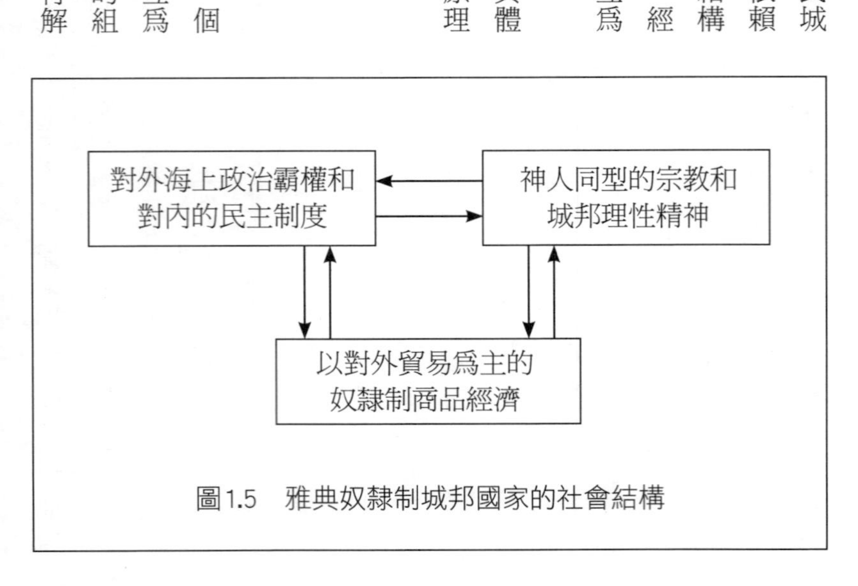

圖1.5　雅典奴隸制城邦國家的社會結構

剖，因果循環都必然出現。爲了說明這一點，我們先從生態組織談起。

有人曾把整個生態系統想像成如圖1.6所示的那樣一個直線式因果關係的系統。土壤是綠色植物存在的基礎，綠色植物又是食草動物生存的基礎……。毫無疑問，沒有綠色植物，就不能供養食草動物。但是如果整個生態系統的因果關係是這樣簡單，那麼，整個生態結構早就崩潰了。因爲自然界大多數系統的每一個組成部分，本身都處於經常流動之中，有著內在的變化趨勢。土壤時時刻刻爲流水所沖刷，存在著水土流失的可能。綠色植物的生長也可能出現各種不同結果，如在某種條件下，池塘中的水草繁殖過快，可能使水中因氧氣缺乏而導致生物死亡。如果整個生態系統僅僅是一個支持另一個，那麼過不了多久，任何一個子系統的內在變化趨勢就會破壞整個系統。水土流失會使森林缺乏土壤，池塘中綠色植物自我窒息使魚

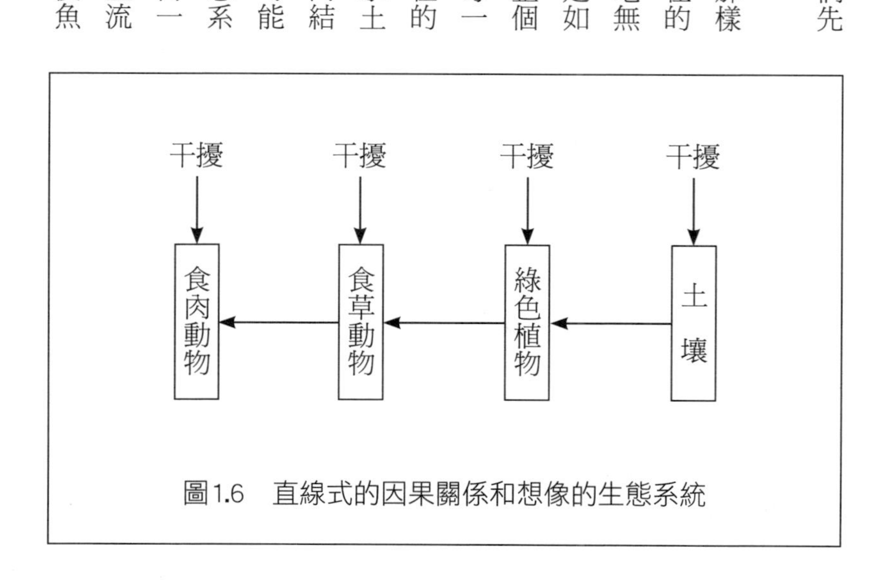

圖1.6 直線式的因果關係和想像的生態系統

兒失去食物……。但是，這種自我崩潰在一個穩定的生態系統中並沒有出現，其原因恰恰在於子系統在干擾作用下各種變化傾向都被其他子系統控制住了。表面上看來，在整個生態系統中，食肉動物處於大廈的最上層，這個系統的破壞對基礎毫無影響。實際上並不是這樣。人們都知道，在美國開巴高原，由於那裏的食肉動物被捕盡，致使鹿群迅速繁殖，在很短的時間內數量達到十幾萬隻，幾乎吃光了七十萬畝土地上所有的綠色植物。結果，綠色植物消耗殆盡又使鹿群大量的死亡。我們可以想像，如果這種狀態長期維持下去，開巴高原還會出現水土流失，變成一片不毛之地。可見，在這個系統中，土壤、綠色植物、食草動物、食肉動物都爲整個系統的存在做著貢獻，它們組成了一個互爲因果、相互調節的有機整體。任何一個子系統的存在都是大系統存在的條件，只有依靠相互調節，生態系統才能穩定。

社會是什麼?它也是一種組織，是由一個個人組成的巨大的關係網。經濟結構毫無疑問是一切社會活動得以進行的基礎，每個人只有解決了衣食問題之後，才能從事政治、文化活動。但是，只要我們承認萬物都處於變化和流動之中，就不能忽視經濟結構自身存在著的多變傾向。中國傳統社會地主經濟中自耕農有失去土地變爲大地主私屬的可能；在某些條件下，地主經濟可能變化爲莊園經濟。商品經濟既有不斷發展的可能，而在通貨、通訊、交通條件破壞時，也可能出現倒退，演變爲自給自足的經濟。古代的農村公社經濟既可以在大一統官僚政治的干預下演變爲有眾多自由農民的小農經濟，同樣可以像古代印度那樣由於種姓制度的作用，演變爲一個個自我封閉的組織。自然界沒有一成不變的東西。永恒的變化猶如一團內在的火，它時時刻刻在焚燒著那些看來似乎是固定不變的形態。

因此，當各個不斷變化的子系統組成大系統時，爲了保持整體的穩定，必須要求子系統相對穩定。這就要求子系統之間能夠相互調節，彼此控制那些破壞性的變化趨勢。否則，任何一個組織都會被子系統內部的變化之火所焚毀。這就是社會結構調節原理的哲學基礎。

社會結構調節原理是對馬克思典範經濟基礎和上層建築之間作用及反作用關係的發展和新表述。爲了從理論上對這一點獲得更深刻的理解，下面，我們用現代系統論的組織原理，從邏輯上把它推導出來。

社會結構是社會的組織方式，是占主導地位的組織形態，社會是靠人與人之間，人與物之間結成一定關係組織起來的。所謂社會關係，無非是四大類：經濟的、政治的、文化的和血緣的。我們在對社會結構進行宏觀分析時，往往把一類關係網看成是一個子系統。當社會組織規模超過家庭和部落時，純粹的血緣關係網是比經濟、政治和文化關係網低一層次的組織，它們往往被納入政治、經濟和文化組織才成爲社會結構的組成部分。這樣，我們在宏觀層次上考察社會結構時，可以把社會結構近似地看作由經濟結構、政治結構和文化結構三個子系統組成。經濟結構是指占主導地位的人與人之間的經濟關係網，是人類爲了維持自身生存的經濟組織。政治結構和文化結構同樣是指在社會中占主導地位的人與人之間的政治關係網和文化關係網，它們有著各自特殊的組織方式，具備自己獨特的功能。

這三個子系統在什麼樣的條件下可以組成一個穩定的社會呢？系統論和組織理論在研究小組織怎樣才能組成大組織時，廣泛應用了結構－功能分析。這種方法的要點是：先把形成大組織的每個子系統搞清楚，對其進行如下三方面的具體分析，第一，子系統的結構；第二，子系統結構存在需要的條件；第三，子系統的功能。也就是說，應該按照如圖1.7所示的輸入輸出框圖來分析每個子系統。輸入是保持這一子系統生存的條件，輸出代表這一子系統結構所具有的功能。圖1.8表示對羅馬帝國經濟、政治和意識形態結構這三個子系統分別進行結構－功能分析得到的結果。對每一個子系統進行結構－功能分析，基本上等同於尋找因果關係。因爲功能總是結構的必然產物，而某種結構總是依賴特定條件的。

一旦子系統的結構和功能搞清楚了，子系統組成社會結構的條件也就不難理解了。系統論指出，當不同的子系統的功能和條件（輸入和輸出）能完全耦合起來時，這些子系統就能組成一個穩定的大系統。比如有兩個子系統A和B，當A的功能恰恰等於B所需要的條件，而B的功能又與A所需要的條件相符，這時，A的條件爲B的功能所提供，B的條件爲A的功能所提供，兩個子系統就能在相互調節中保持各自的穩定，組成一個不可分割的大組織。無疑，三個或多個子系統組成的大組織也應是這樣（見圖1.9）。也就是說，只有各個子系統的功能和條件能夠形成一個耦合網時，小組織才能形成一個大組織。這就是所謂「功能耦合原則」。對於生態組織和生命組

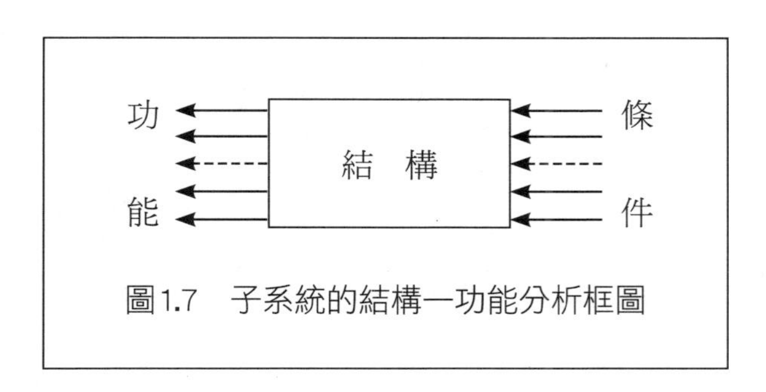

圖1.7　子系統的結構—功能分析框圖

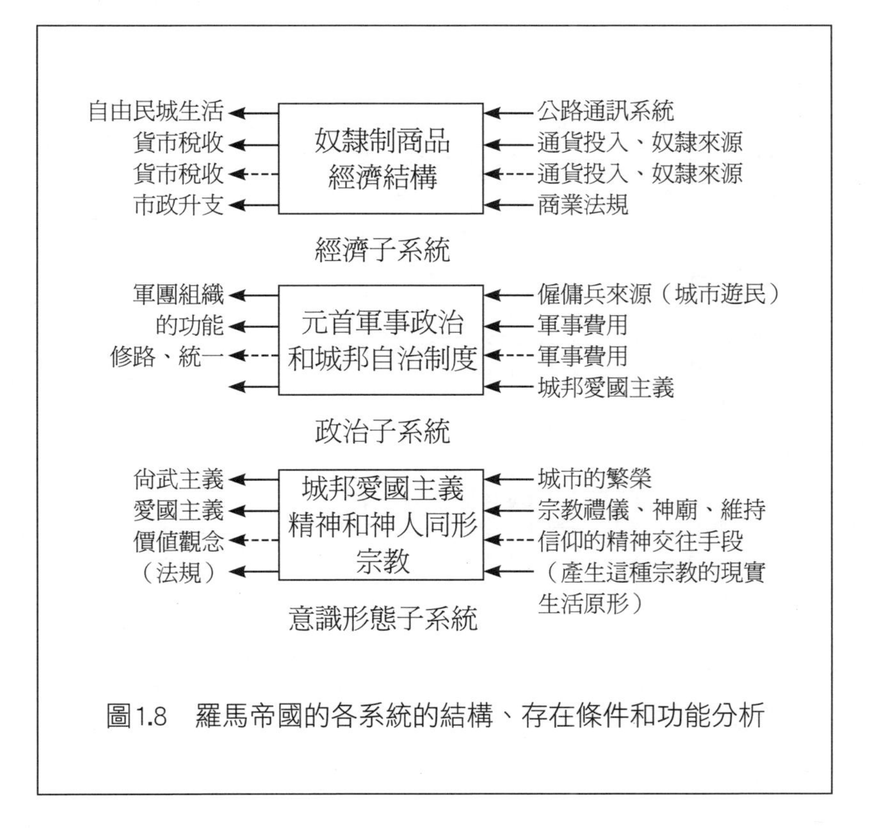

圖1.8　羅馬帝國的各系統的結構、存在條件和功能分析

織來說，「功能耦合原則」是早已眾所周知的。人體整個生命系統是由消化系統、神經系統、循環系統……等子系統組成的，這些子系統每一個都有自己的結構和功能，維持這種特定的功能需要嚴格的控制條件。人體中各個子系統的輸入和輸出耦合是非常嚴密的，使它們互相提供必不可少的條件。比如：消化系統執行著提供營養的功能，而消化系統的工作需要血液循環系統的功能，血液循環系統又需要呼吸系統和神經系統的功能，這些系統又都需要消化系統提供能源，它們互相耦合，形成了複雜的功能耦合網。假如其中任何一個子系統的功能和條件不能耦合起來，整個生命組織都要瓦解。任何子系統都不能獨立生存。

只要把「功能耦合原則」運用到社會結構的分析中，我們馬上得到了社會結構的調節原理。

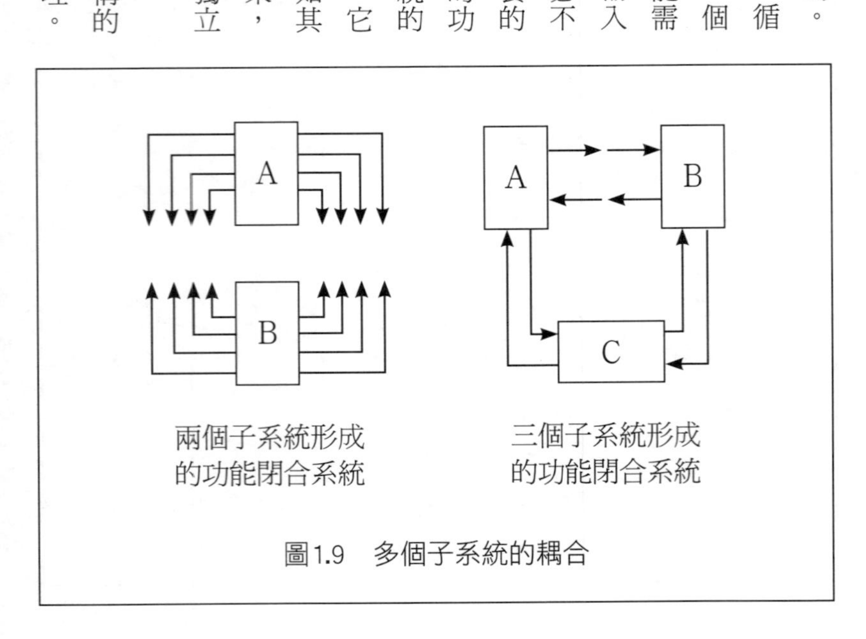

圖1.9　多個子系統的耦合

所謂一個社會的經濟結構、政治結構和文化結構，必須形成互為因果、互為調節的關係，這是指每個子系統的輸出剛好等於另一個子系統所規定的輸入。圖1.8中三個子系統的輸出和輸入聯繫起來，恰好能組成一個良好的耦合的網絡，這就是羅馬帝國鼎盛時期的社會結構。

必須指出，並不是任何時候經濟結構、政治結構和文化結構都能做到功能完全耦合的。羅馬帝國後期的歷史就證明了這一點。當時，基督教逐漸壯大，而基督教是不能和羅馬帝國的政治結構耦合的。吉本曾精闢地分析了為什麼基督教的興起會促使羅馬帝國的衰亡。著名的比較宗教史家詹姆．弗雷澤也講得很清楚：「希臘和羅馬社會，是以個人屈從國家的觀念作為基礎的；它把國家安全，做為行為的最高目的，放在個人安全之上，……東方宗教灌輸了靈魂和上帝間的感通的思想，而靈魂的永生作為唯一值得爭取的目的了；與此相比，國家的盛衰興亡都降到了微不足道的地位。……由於這項轉變而招致了重大損失。政治機體的總瓦解就出現了。」㉗所以，東羅馬帝國用信奉基督教的城市市民組織武裝力量而屢遭失敗，很多皇帝都為基督教徒不願當兵而苦惱。這樣一來，羅馬整個軍事、政治結構就失去了維持穩定的重要條件。

同樣，假如把羅馬帝國的經濟結構換成自由農民──奴隸經濟，（**即以自由農民為主，奴隸制僅僅是小農經濟的一種補充。羅馬共和國就是這種經濟結構。**）它也不能同羅馬元首軍事政治結構形成功能耦合網絡。小農經濟不具備為國家提供大量貨幣收入的功能，也不能為軍事政治結構提供大量城市無業遊民。它無法同其他兩個結構組成穩定的系統。

這就告訴我們，從功能耦合條件推導出社會結構調節原理並不是對社會的任何狀態都成立。它僅僅刻劃了社會各子系統互相維繫的狀態，或曰穩態。正如人體、生命和生態組織中，功能耦合僅僅刻劃了生態平穩、人體健康狀態一樣。當生命系統和人體組織出現功能不耦合時，毫無例外地會出現組織的瓦解和死亡。社會組織的子系統功能不耦合時，同樣將出現社會結構的不穩定。這就是系統論史觀最核心的思想：一個社會要穩定的存在，要繁榮昌盛，它的經濟結構、政治結構和文化結構必須互相維繫，一旦不能互相維繫，社會結構就面臨著變化。

一·五　羅馬共和國怎樣演變為羅馬帝國

「社會結構調節原理」是系統論史觀的核心概念，它是我們研究社會結構演化的出發點。首先，利用社會結構調節原理，可以證明互相維繫的狀態必然具有多樣性，從而為解決在古代技術水準大致相同的經濟基礎之上，爲什麼會出現如繁星般眾多的文明形態提供了依據。

根據社會結構調節原理，同樣是自給自足的小農經濟，只要有大一統官僚政治的干預和調節，可以成爲地主經濟結構；在貴族政治的條件下，農民對地主人身依附關係日益強化，就表現爲領主經濟結構。同樣是農村公社，在種姓制度調節下村社可以變成完全封閉的經濟結構，而在佛教的調節下卻能成爲大一統的組織單元。在古代埃及，在多神教和神人合一政治結構作用下，又可以呈現出「諾姆」這一特定的形態。不同的經濟結構、政治結構和文化系統進行功能耦合的方式更是豐富多采，只要三者組成一個功能耦合的調節系統，就都能保持一段時間的穩定，在歷史的洪流中占據一席之地。

這樣一來，社會形態的多樣性可以從一個社會經濟結構，政治結構和文化系統互相維繫的方式得到說明，從而避免了歷史哲學中那個令人迷惑的「最後原因的陷阱」。我們運用結構—功能分析，通過對社會功能耦合網的解剖，就可以指出羅馬社會、中國傳統社會、西歐封建社會、古代印度社會等一個個具體社會的各自結構特點，分析它們是如何組織起來的，用它們自身來說明它們存在的理由。

第二，既然經濟結構、政治結構、文化結構從來是作爲一個互相維繫的功能耦合整體存在的，那麼，要研究社會演變的模式，必須從在整體上把握結構開始，孤立地談經濟發展，或者孤立地分析政治文化的發展線索是找不到社會演化模式的。只有從一個個孤立的因素上升到結構分析，我們才能從歷

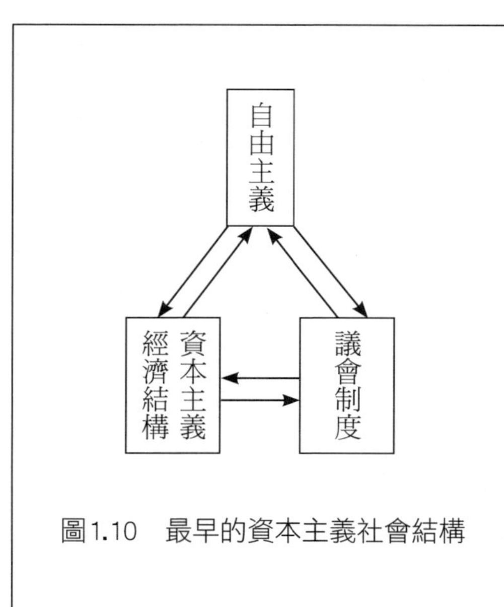

圖1.10　最早的資本主義社會結構

史展開的互爲因果大網中擺脫出來。就拿爲何英國最先進入資本主義這一問題來說，結構分析的方法告訴我們，絕不能單單追溯資本主義商品經濟發展的線索，也不能僅僅分析議會制度的起源和宗教改革。因爲，如果沒有三個子系統的互相維繫，它們中間每一個都不能穩定，都會在歷史的洪流中消失。因此，要真正理解英國確立資本主義社會的原因，必須去研究由資本主義市場經濟、議會制度、宗教改革後出現的自由主義這三個互相維繫的子系統構成的整體（圖1.10）是怎樣在封建社會結構中出現，並取代封建社會結構的。一句話，必須從整體上研究結構生長和演變的歷史。

社會結構調節原理能否用來分析新社會結構的誕生呢？表面上看來，幾乎很難。因爲社會結構調節原理中的功能耦合分析只能說明互相維繫的狀態，從它出發，得到的只是互爲因果的循環。一定經濟結構的存在必須要有相應的政治結構和文化結構建立爲前提，而政治結構和文化結構又不能脫離經濟結構而存在，至於問它們中間哪一個先產生，這無疑構成了一個雞生蛋還是蛋生雞的問題。也就是說，社會結構各個子系統互爲因果的解剖，充其量只是描述了社會結構各個子系統的互相依存性，它只能解釋存在，似乎很難說明結構是怎麼產生的。西方結構主義哲學家早就看到了這一點。於是，他們中一些人認爲發展是沒有意義的東西，即：歷史展開的模式不是在發展中，而是在結構各個方面的靜態依存中。確實，如果把社會結構調節原理僅僅理解爲整體中各個部分的相互依存，這並沒有超出結構主義所提出的思想。但是，基於系統演化論的史觀的基本原理和結構主義是不同的。社會結構調節原理所刻劃的社會子系統的互相維繫不僅可以理解其自身怎樣保持穩定的存在，還揭示了結構產生和演化的過程。

我們可以作這樣的考慮，如果由於某種變化破壞了功能耦合，那麼整個社會結構會出現什麼樣的情況呢?社會結構的三個子系統中每一個都是另一個存在的前提，同時又是別的子系統調節的結果。因此必然是牽一髮而動全身，出現連鎖反應。某一種結構的偏離，引起功能的變化，必然帶來以這種功能為輸入的其他子系統結構的變化。其他子系統的變化反過來又影響它的功能。結果造成功能耦合的破壞。整個社會結構因此動盪起來，除非找到新的功能耦合，實現新的穩態，否則動盪將不斷地持續下去。在這裏，「功能耦合」不僅能幫助我們把握社會結構的互相維繫的狀態，而且，是研究不能互相維繫狀態的鑰匙。在討論社會結構的演化問題時，這種方法有助於我們去理解一系列奇特而重要的歷史過程。為了更深入地理解這一點，讓我們來剖析公元前二世紀羅馬共和國演變為羅馬帝國這一頗有趣味的例子。

在羅馬共和國早期，羅馬是一個城邦國家。城邦公民各自都有一份土地。當時，商品經濟和奴隸制都不太發達，社會中有大量的自由農民存在。與這種經濟結構相適應，羅馬在政治上實行共和國制度。就拿它的徵兵制來說，當時只能實行義務兵制。國家既沒有經濟力量，也沒有必要去養活龐大的常備軍。而大多數自由農民的經濟條件完全可以自備武器裝備。當時的羅馬法規定，凡年齡在十七至四十五歲的男性公民，都有服役的義務。農民平時務農，戰時入伍。根據公民的經濟實力參加不同的兵種。最富有的一等公民是「騎士」，另一些一等公民和二、三、四等公民是「重裝步兵」，五等公民是「輕裝步兵」，赤貧者因沒有經濟能力亦不許在軍隊中服役。它表明經濟結構同政治軍事組織是基本適應的。但到公元前二世紀前後，情況發生了變化。圖1.11是從公元前二五一年到公元前二〇一年羅馬公民中有資格服役的人數和公元前四世紀到前二世紀羅馬軍團編制數。我們看到有資格服役的人數是一條驟減的曲線。公元前二五一年尚有二九八，〇〇〇人，到前二〇一年只剩下二一四，〇〇〇人。㉘

吉本曾經說過：「在不過幾代以後，羅馬人民可能已經完全消失了，如果不是經常有被釋放的奴隸和外來移民的補充的話。」㉙總之，到共和國末期，羅馬有獨立財產的人只剩下一小撮，據當時人估算不過二千人左右。㉚然而，當時羅馬在政治上需要不斷地擴大對外戰爭，隨著奴隸制的發展，也需要強化國家機器以鎮壓奴隸反抗。因此必須加強國家的軍事力量。圖1.11反映的正是這種情況。實際上，公元前二世紀的時候，羅馬軍隊經常在外作戰的人數在八萬以上，比註冊編制數要高得多。顯然，就軍隊來源這一條件來說，經濟結構和政治結構之間的「功能耦合」被破壞了。政治結構需要軍團繼續擴大，而經濟結構沒有力量再提供兵源。這時，不改變政治結構，整個系統的穩定就不能繼續維持。

當社會結構中某幾個環節出現明顯的功能不耦合時，往往會變成尖銳的社會問題提交到人民面前。於是，社會改革勢在必行。改革的最初目的必定是圍繞如何解決功能耦合問題。公元前二世紀末，在羅馬軍團節節失利的情況下，馬利烏斯進行了著名的軍事改革。他把公民兵制改爲募兵制，不再要求有財產的自由民入伍，而從城市的無爲遊民中吸取源源不斷的兵源。但是，軍事結構是政治結構中的一部分，它的變化勢必導致政治結構的變化，而結構的改變必然會影響到功能。因此，連鎖反應開始了（見圖1.12）。馬利烏斯改革後，羅馬共和國各式各樣的社會問題層出不窮。

首先，募兵制必須解決軍餉的來源。由於無業遊民是爲了得到經濟上的好處而參軍的，所以爲了維持戰鬥力，不得不經常提高士兵的軍餉。這就帶來了財政問題。國家必須有相當多的貨幣收入，否則募兵制就搞不下去。這勢必造成對商品經

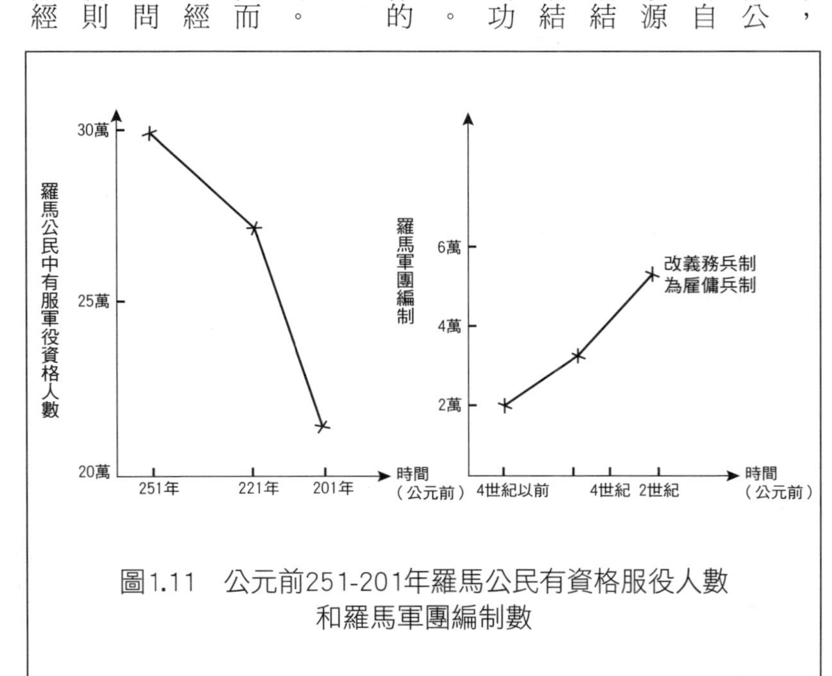

圖1.11　公元前251-201年羅馬公民有資格服役人數
和羅馬軍團編制數

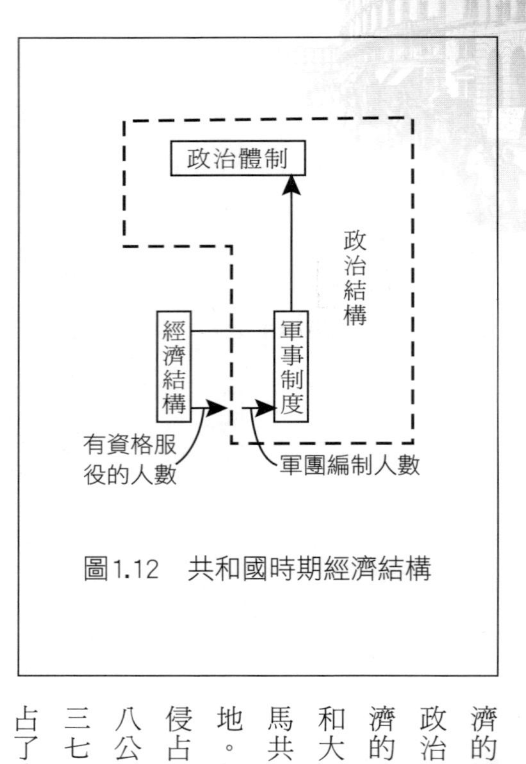

圖1.12　共和國時期經濟結構

濟的更大需求。軍事結構的變化立即從政治結構的功能上反映出來，影響對經濟的調節作用。它大大加速了土地兼併和大土地所有者的發展。我們知道，羅馬共和國早期的對外戰爭曾贏得大量土地。如公元前四一八年和前三八一年，侵占了拉比庫姆和圖斯庫普姆一〇七〇八公頃的土地；前三九六年，侵占維愛三七〇七二公頃土地；前三八六年，侵占了龐貝四萬公頃土地；前三五三年又侵占了卡勒三八六六〇公頃土地。這些土地大多數作爲羅馬的國有土地，除了小部分拍賣給個人外，大多數分給了自由農民耕種。這是羅馬共和國保證小農經濟存在的有力措施。

據T．弗蘭克統計，在公元前三世紀，約有四至五萬公民得到了約一百萬猶格的土地。但到了共和國末年，由於國家對貨幣需求的增加，逐步放棄了這一類調節措施。實行募兵制以後，羅馬共和國通過擴張得到的土地，不得不大量地拍賣給商人，以增加國家的貨幣收入，還有一部分則分給有軍功的士兵和將領，留給國家作爲分配給自由農民的土地則寥寥無幾。公元前一四六

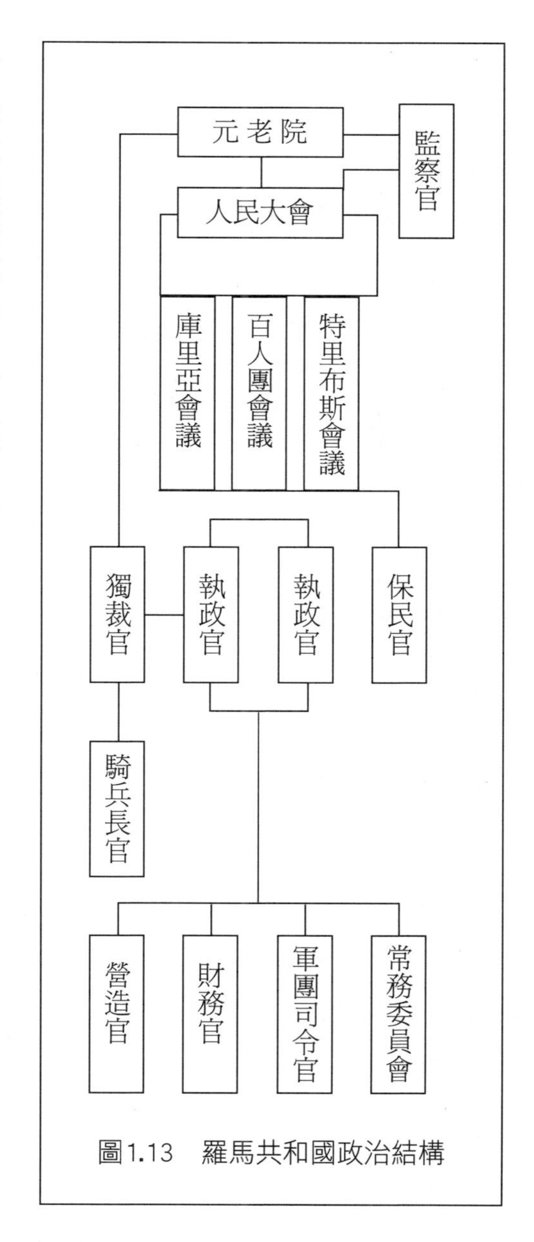

圖1.13　羅馬共和國政治結構

年，羅馬消滅伽太基後，對伽太基的土地進行了大拍賣。其中，只有三分之一留給國庫。結果在非洲興起了一個非常有錢有勢的業主階層，他們的大地產遍布全境。在尼祿時代，據老普林尼統計，約六個人占有非洲省全部可耕地的半數。㉛政治結構上的功能變化，促使共和國的自耕農經濟更快的瓦解，原有的耦合系統被徹底破壞了。

第二，軍事結構是和整個國家體制有機地結合在一起的，對羅馬這個崇尚武功的民族來說，軍事結構的變化必然導致整個政治體制的變化。羅馬共和國的政治結構如圖1.13所示。㉜軍團司令官起初是六位軍事保民官，由執政官任命，有時則由人民大會選舉。執政官是由百人團會議選出的。當時羅馬有一九三個軍事百人團，按財產分爲五個等級，一等級的九十八個百人團有優先表決權。軍權是掌握在百人團會議手中的。這同義務兵制是相適應的。因爲百人團會議本身就是以自由民的財產多少爲等級劃分標準的。義務兵僅僅在戰時集中起來，戰事一過就解散。因此百人團會議控制整個軍隊和軍團司令官。但是，改爲募兵制後，常備軍與共和體制格格不入。首先，常備軍中大多數是無業遊民，他們在政治上傾向於平民的觀點，而百人團會議則控制在財富富有的人們手中，所以常備軍和百人團會議經常在政治上不一致。這就爲軍事頭目利用軍隊同元老院鬥爭，進行個人獨裁創造了條件。實行募兵制後，雇傭兵一般服役二十年，因此武裝部隊就成爲在政治上經常起作用的獨立力量。無業遊民對貴族的財產等級觀念十分淡薄，往往只擁戴自己的統帥，百人團根本無法控制他們。軍隊自然走上干政的道路，軍權在政體中變得愈來愈重要，終於成爲軍事頭目進行上層鬥爭的政治工具。在這種情況下，貴族共和政體無法繼續維持自己的穩定。由於軍隊傾向平民的利益，而且日益成爲游離於政體之外的政治力量，平民反對貴族的鬥爭亦尖銳起來了。

雇傭兵制度建立以後，商品經濟必須加快發展，騎士階層即商業奴隸主階層在政治上的重要性也日益突出，這一情況影響到文化結構。羅馬的領土愈大，買賣做得愈廣，愈要考慮被征服地區臣民的特點和文化，這不僅要改變對征服地的政策，而且要改變僅僅局限於羅馬本土的狹隘的城邦主義思想。羅馬的泛城邦愛國主義精神從此發展起來，使文化結構也出現了某種變化。總之，我們從羅馬共和國末期看到了政治結構不穩定帶來的一系列錯綜複雜的局面。平民與貴族鬥爭的加劇，軍團統帥擴張自己的政治權利，奴隸起義和殖民地人民爭取羅馬公民權的鬥爭。這一切終於導致了羅馬內戰。直到羅馬帝國建立以後，才在宏觀上達到新的功能耦合。社會才重新穩定下來。

讀者可能會有一個錯覺，好像羅馬共和國的瓦解是徵兵制改革造成的。其實，兵源缺乏只是整個共和國大系統功能不耦合的一個方面，這種不耦合還從其他方面表現出來，如政治上平民與貴族鬥爭的加劇，經濟上商品經濟的擴大，文化宗教上各種思潮的興起等等。當社會結構功能不耦合時，變化的原因也是一個循環璉。對此，從哪一點出發進行分析都可以，因爲，從任何一點出發的分析，它們都是等價的。

歷史學家在分析社會演化時，常常抱怨分不清什麼是原因，什麼是結果。互爲因果大網使他們在尋找終極原因的道路上步履維艱。利用「功能耦合」的原理來研究這一問題，就能得到清晰的理解。

公元前二世紀羅馬共和國的社會結構出現功能不耦合的情況，儘管一系列變化的鎖鏈互爲因果地纏繞在一起，在宏觀方向上卻有明顯的規律。這就是：互爲因果的變化過程一方面連續不斷地破壞舊的功能耦合系統，隨著破壞程度的加深，在宏觀上卻愈來愈趨向一種新的功能耦合狀

態。社會從一個舊的耦合框架日益演化到一個新的結構框架上去，羅馬共和國變成了羅馬帝國。（見圖1.14）

這給我們一個重要的啓示，社會結構的演變實際上是這樣一個過程：舊的結構功能耦合被破壞，而且不能恢復了，人們便開始實行各種改革，新的功能耦合系統慢慢地形成，它標誌著新結構的建立，最終取代了舊結構。羅馬共和國向羅馬帝國的演化可以用這種方式把握，羅馬帝國向西歐封建社會結構的演化，西歐封建社會向資本主義社會結構的演化，也可以用這種方法進行整體研究。雖然在不同的結構轉化中，功能耦合的方式和性質是不同的，但是從整體上看，演變的鎖鏈之所以起動，源於舊有結構功能耦合系統的破壞，是舊結構內部出現不能互相維繫引起的。而新社會的出現必定意味著新的功能耦合系統的建立，它實際上就是在已經

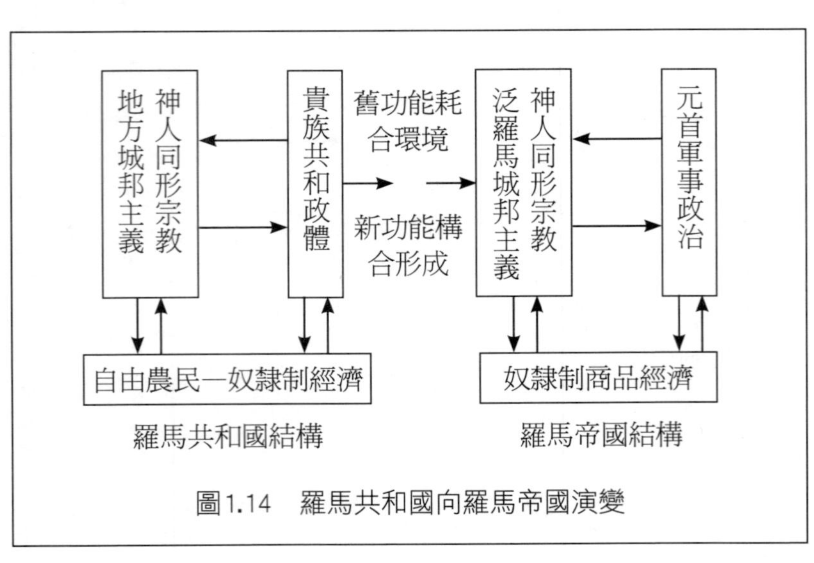

圖1.14　羅馬共和國向羅馬帝國演變

破壞了的功能耦合系統中建立新的功能耦合系統的過程。這樣一來，社會結構演化規律的探討就可以歸結爲舊有結構功能耦合的互相維繫的狀態是如何被破壞，以及新的相互調節功能是如何確立起來的這兩個問題，把它們搞清楚後，爲什麼近代資本主義社會能在西歐出現的問題就迎刃而解了。

第二章　古代社會的衰落

在一切損害之中，善良者的損害是最不幸的損害。

——尼采

規定即否定。

——斯賓諾莎

二·一　是什麼因素侵蝕了羅馬共和國的小農經濟

一個嚴峻的問題擺在我們面前：既然社會穩定時期的經濟結構、政治結構和意識形態結構是互相維繫的。那麼爲什麼又會出現功能不能耦合的狀態呢？這個問題不解決，研究社會結構的演化無異於一句空話。因爲功能耦合的互相維繫系統是自我保持系統，它具有強大的抗干擾能力。

舊的功能耦合只要不破壞，就會一直存在下去，談不上新結構的確立。但是，在人類歷史上，我們總是發現，社會結構即使沒有受到外部衝擊，互相維繫的狀態往往也只能保持一段時間，各子系統之間的不能互相維繫遲早要出現。不同社會結構的互相維繫的狀態的破壞是否存在共同的規律？這是研究社會結構演化規律首先需要解決的問題。

我們在上一章中分析了羅馬共和國向羅馬帝國演變的歷史過程。顯然，公元前二世紀以前，羅馬共和國也是一種功能適應系統。剖析公元前二世紀羅馬共和國功能耦合的破壞，會給我們的研究投之以光明。

歷史事實表明，羅馬共和國之所以出現兵源缺乏的現象，主要是經濟結構中自由農民急劇破產造成的，也就是說，經濟結構和政治結構功能耦合的破壞是小農經濟瓦解的後果。

一些歷史學家把公元前二世紀羅馬自由農民急劇減少歸爲它對外征戰的失利。我們在一・五節講過，羅馬共和國政治結構對經濟結構的一個重要調節措施，是把從對外征戰中獲得的土地分給或租給自由民，保持小農經濟的穩定。但在公元前二世紀羅馬共和國這一政策的實施碰到了困難。當時，羅馬在對外戰場上遭到一連串挫折。第二次布匿戰爭中，漢尼拔出兵羅馬，轉戰於意大利半島近十二年。羅馬在這場戰爭中損失慘重。公元前二一七年的特拉西米諾湖一戰，羅馬的四個軍團三萬餘人幾乎全部被殲。翌年坎尼再戰，又有七萬人被殲，一萬人被俘。㉝因此，羅馬共和國用戰爭獲得土地來保持小農經濟的調節辦法在這段時期內受到了干擾。無疑這是一個原因。但是，如果我們繼續深究，可以發現，它無非是一種外部原因。在整個羅馬擴張史上，並非沒有出現過失利的情況，爲什麼早期羅馬共和國對外戰爭的失利卻沒有導致小農經濟瓦解呢？

實際上，羅馬共和國中小農經濟在公元前二世紀的瓦解，是破壞因素長期積累的結果。無非是到了某一時刻，小農經濟內部已脆弱到這樣的程度：它再也經受不住戰敗的衝擊了。歷史證明，羅馬共和國小農經濟是被政治結構的功能慢慢破壞的。眾所周知，羅馬共和國的政治結構有一個重要功能，就是對外征服戰爭。自由農民要爲參戰準備各種物資，而且把大量勞動力抽出來組織公民兵，這必然會延誤農時，戰爭從來是自由農民不堪忍受的負擔。但奴隸是不能參加對外戰爭的，他們一年四季在田間爲主人勞動。因此，只要戰爭頻繁，在經濟結構中又有奴隸制並存，小農經濟將無法與奴隸制經濟競爭。如果戰爭打贏了，自由農民雖然得到了部分土地，但奴隸的來源也增加了，自由農民就面臨更強大的競爭對手。它至多是給不斷衰退的小農經濟打支強心劑。如果戰爭輸了，則自由農民破產更加迅速。總之，只要戰爭長期延續，成爲政治生活中的經常狀態，政治結構的這種功能從長期看必然一點點侵蝕與它適應的經濟結構。自由農民遲早要破產到無法對羅馬共和國提供足夠兵源的地步。除了長期戰爭破壞小農經濟外，商品經濟的發展也破壞小農經濟的穩定性。商品經濟一旦從小農經濟中萌發，競爭就開始了！土地兼併必然出現。但是，只要建立城市共和國，就必然會對商品經濟產生較大的需求。可以說，商品經濟在某種程度上也是政治結構對經濟結構調節的結果。

這裏似乎存在著二律背反。羅馬共和國的政治結構是以大量的自由農民的存在爲前提的；小農經濟的穩定，又要依靠政治結構的調節。這種調節，使羅馬共和國形成功能耦合系統。沒有對外戰爭的征服，沒有城市的建立和一定程度的商品經濟，談不上羅馬共和國的強大和擴張。但是，政治結構的必備功能，如戰爭以及對商品經濟的需求，卻慢慢地破壞著經濟結構。這不是同功能耦合的調節原理矛盾嗎？

如果我們把概念精確化，可以發現這裏不但不矛盾，而且爲我們理解社會結構調節性的破壞提供了一個十分基本的出發點。功能耦合、互相維繫是一種短期效應。無論從經濟結構爲政治結構提供兵源，提供商品糧，或是政治結構維護小農經濟的穩定，對其實行各種保護政策，都是在短時間內有效的。但像頻繁的戰爭、商品經濟導致土地兼併這些破壞性因素的增長卻是十分緩慢的。它往往需要近百年，甚至數百年的時間才表現出來，它只是政治結構功能在長期內所產生的副作用一點點積累起來的後果。羅馬共和國結構的各個子系統在短期內雖然是功能耦合的，但因爲政治結構的功能（如對外戰爭）長期作用卻在慢慢瓦解著小農經濟結構，使得功能耦合遲早有一天無法維持下去，舊社會結構一定會被新社會結構所取代。羅馬共和國在擴張中必然要演變爲羅馬帝國。

這種分析有無普遍意義呢？羅馬帝國建立並達到鼎盛之後，整個社會結構改變了，經濟結構中自由農民已不占主要地位，代之以奴隸制商品經濟；公元二世紀政治結構的對外征戰功能也基本消失了，出現了「羅馬和平」。一系列新的功能基本取代了舊功能，形成新的功能耦合系統。在新的系統中，是否同樣存在著結構因功能而釋放出來的毒素由積累而瓦解的現象呢？也就是說，羅馬共和國瓦解的原因在機制上是否具有普遍性呢？我們發現，這種導致功能耦合破壞的機制確實在羅馬帝國中存在，它可以幫助我們理解羅馬帝國滅亡的原因。通過對這兩個具體例子的深入剖析，我們將得到一個結論：任何一個社會結構都有自我破壞的傾向。它是社會結構不斷演化的內在動力。

二・二　羅馬帝國滅亡之謎

在世界古代史的研究中，似乎沒有別的問題比羅馬帝國滅亡的原因更令人困惑，更眾說紛紜了。一位著名的歷史學家曾列舉了羅馬帝國滅亡的十三個原因，它們是：窮兵黷武、行政腐敗、賦稅過重、農業衰落、奴隸制度、民眾貧困、地主貴族發財、資金減少，庇護制成長、公德喪失、血統混雜等等。他接著指出，把這些原因羅列起來是毫無意義的，因爲它們只是現象。如果我們思索一下，就可以知道上面提到的每一個原因本身，都是從其他的原因或條件得來的。人口減少，是原因還是結果？貧困，是原因還是結果？亨利・緬因勛爵說：「再也沒有比這種說法，即賦稅過重使羅馬帝國貧困化的說法，更加荒誕無稽。」農業衰落是因爲地力枯竭呢？還是因爲

農民階級的賦稅負擔過重和農業投資的遞減？是因爲地主貴族占奪土地使農民淪爲農奴地位呢？還是因爲鄉村不靖和盜賊橫行？㉞

有人把羅馬帝國衰亡的原因歸爲奴隸制度對生產力的束縛，歸爲奴隸對勞動毫無興趣，那麼爲什麼這些問題在羅馬帝國的鼎盛時期沒有形成社會危機呢？當時的奴隸制度同樣是十分殘酷的。至於庇護制的成長，它無非是整個商品經濟和帝國政治權力崩潰互爲因果演變鏈中的一環罷了。當經濟愈來愈近似於自給自足狀態時，用奴隸進行群體性、專門化的生產必然過時，而且帝國已不再擁有對奴隸起義的威懾力量，奴隸制莊園從管理方式上就要發生改變，農奴制勢在必行。

其實，真正的困難並不在於衰亡原因構成互爲因果的大網。我們在前一章中已經闡明，任何一個穩定的社會結構必然是功能耦合的因果循環系統，一旦功能耦合被破壞，變化的鎖鏈也是互爲因果的。「政治的混亂加速經濟的崩潰，經濟的衰微也促成政治的腐敗。」㉟問題的實質在於，爲什麼在羅馬帝國的鼎盛時期，它的政治、經濟和意識形態結構能夠形成功能耦合系統，但隨著時間的流逝，功能耦合被慢慢破壞，一系列的變化猶如滔滔的洪水，衝擊著帝國的結構，使其離功能耦合的狀態愈來愈遠。事實上，當我們追溯這股吞沒帝國的洪水源頭，發現它竟發源於帝國的巔峰時代，起初不過是涓涓細流，來自帝國結構的各個部分。這種腐蝕劑和羅馬共和國政治結構對經濟結構調節帶來的慢性破壞一樣，正是社會各個子系統之間相互調節的功能帶來的。

以羅馬帝國的經濟結構爲例，帝國後期對商品經濟的致命打擊莫過於通貨膨脹。巴勒斯坦在公元一到三世紀之間，物價上漲了十倍。在埃及，公元一世紀價值八個希臘幣的小麥，到公元三世紀末竟價值十二萬希臘幣。㊱毀滅性的通貨膨脹猶如一次次的地震，摧毀了商品經濟的大廈。通貨膨脹的直接原因是帝國貨幣的貶值。圖2.1是從尼祿王時代到公元二六〇年帝國貨幣含銀量的變化，它是一條急驟下降的曲線。不到二百年間，貨幣含銀量從百分之九十下降到百分之五以下。㊲

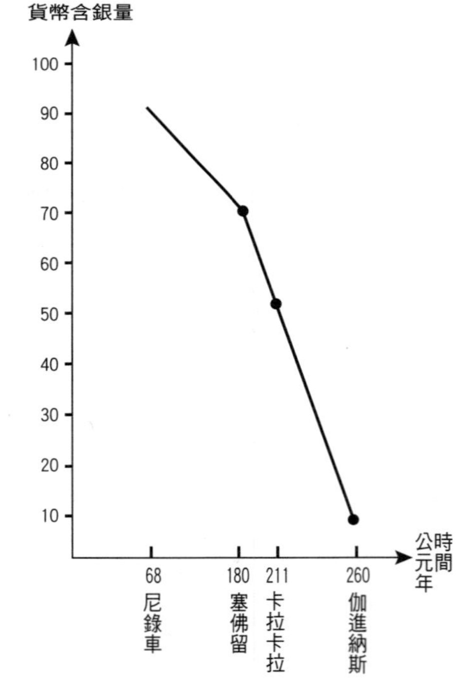

貨幣含銀量
100
90
80
70
60
50
40
30
20
10
時間 公元年
68 尼錄車
180 塞佛留
211 卡拉卡拉
260 伽進納斯

圖2.1　帝國貨幣含銀量

表面上看來，羅馬帝國進行一次次的貨幣貶值是對經濟規律的無知，有時是爲了皇帝奢侈的生活，有時是爲了搜刮更多的錢財去滿足貪得無厭的士兵。但是，羅馬帝國後期，也有懂得愛護商品經濟，節儉有爲的皇帝，如亞歷山大（公元二二二至二三五在位）。他即位後，出賣皇室的大部分珠寶以充實國庫，下令逮捕娼妓，放逐同性戀者，減輕賦稅，把錢借給窮人買地耕田。他的行爲引起了軍團的憤怒，他本人和他的新政一起倒在了叛亂士兵的刀劍下。一位橫徵暴斂的皇帝取代了他。㊳由此可見，羅馬帝國貨幣貶值的根本原因是帝國財政日益困難，稅收一天天減少。沒有足夠的稅收，軍事結構就會即刻瓦解。因此，貨幣貶值、橫徵暴斂只是在稅收不斷減少的情況下不得不採取的措施罷了。那麼爲什麼在帝國興盛之際，國家能夠從奴隸制商品經濟中得到足夠的稅收以供養軍事機器，而到公元二世紀以後，要想做到這一點就一天比一天困難呢？一個十分重要的原因是，商品經濟在漫長的運行中會產生一種積累性的變化，那就是土地兼併。財富愈來愈集中在少數人手中。

我們知道，競爭性的商品經濟自發地傾向壟斷資本。在古代奴隸制商品經濟中，土地是最重要的資本。奴隸制商品經濟自誕生之日起，就一直帶有無法消除的胎記——土地兼併，並且隨著商品經濟的發展，土地兼併必然愈演愈烈。我們在上一章分析了羅馬共和國時期奴隸制商品經濟的發展如何導致自由農民的破產，在帝國初期，土地集中的傾向已不可阻擋，小農經濟在整個經濟結構中已不占主導地位，到處盛行的是奴隸主經營的「維拉」型中小地產。這種地產一般有幾百猶格，每個莊園用幾十名奴隸。㊴它的盛行標誌著大批奴隸主中產階級的興起。

「這些地產的所有者屬於城鎮人口，屬於城鎮的中產階級或地方的勞動階級。根據著作家及銘文的一般記載，羅馬帝國的繁榮似乎主要是由於中小地產的耕作，至少公元後頭兩百年是如此。」㊵然而，「維拉」型地產的命運和自耕農經濟一樣，終究要被更大的莊園地產所取代。這就是「拉蒂芬丁」型地產。山南高盧維列依城發掘出來的銘文爲我們提供了從「維拉」型地產到「拉蒂芬丁」型地產的兼併過程的史料。「拉蒂芬丁」型地產一般有數千猶格，擁有幾千名奴隸，並建立起一個猶如政府般的龐大管理系統。

我們可以考察一下，當幾十個，乃至上百個「維拉」型地產合並成一個「拉蒂芬丁」型地產時，帝國的稅收會出現怎樣的變化。原則上，帝國的稅收不應有變化，因爲稅收是根據地產的大小來計算的，按生產量的比例徵收的。其實不然。大地產交付的稅收小於與它面積相同的眾多的「維拉」型地產。無論羅馬帝國政府實行包稅人制度，還是利用帝國稅吏，都有一個無法克服的弊病，那就是政治權力基本掌握在大奴隸主手中。各地的巨富無論從經濟力量上講，還是從政治力量上講，都在地方自治中占主導地位。這些大奴隸主總是千方百計地逃避或減少自己所應交付的稅收。他們常常作爲包稅人把稅收轉嫁到中小奴隸主身上，或者行私賄賂，趁人之危進行兼並。到公元二世紀末期，大量的文件反映了各省行政長官對富豪僭竊政權的訴苦。到帝國後期，政府不得不改革包稅人制度，而代之以稅吏，但大領主們請稅吏吃碗閉門羹，可謂是稅吏的家常便飯。

土地兼併帶來直接稅的減少，帝國不得不把部分損失轉嫁到間接稅上。在帝國鼎盛時期，間接稅主要是關稅、售貨稅、遺產稅等。關稅一般是百分之二，只有對少量的奢侈品才徵以百分之十二的重稅。到了公元四世紀，關稅普遍上升到百分之十二，使從事長途販運的中小商受到重大打擊！㊶商品經濟幾乎被沉重的關稅所窒息。帝國後期，一系列導致商品經濟瓦解的因果循環鏈啓動起來。

「拉蒂芬丁」型地產仍不是土地兼併這匹脫韁野馬的終點，隨著時間的流逝，它又被更大的奴隸主莊園所取代。「拉蒂芬丁」型地產變爲「薩爾圖斯」，一種更爲龐大的世襲領地。世襲領地不僅是一個經濟實體，由於雇傭人數和奴隸成千上萬，管理權的無限膨脹，它已經成爲一種政治實體。莊園儼然是國中之國。帝國後期很多公共行政權轉移到這些大奴隸主私人手中。按照狄奧西多法典，法官不得進入私人土地開庭審判。如果有犯人需要逮捕，執行逮捕的人，不能是國家官吏，而是大奴隸主的管家。國家不僅很難從大領地中得到稅收，而且幾乎失去了對大領地的支配權。㊷領地本身的經濟實力已強大到實行自給自足的程度。法國一些地區的地名至今還保存著這些龐大領地的歷史痕跡，它們往往是用奴隸主的名字來命名的。這些地區連成一片，甚至內部還出現市鎭。每個大世襲領地都有工場商店，在領地上生活的人們不需要到領地以外的城市去購買必需品。

當帝國的版圖日益被這些規模愈來愈大的世襲領地所覆蓋時，擁有地產的人卻愈來愈少了，稅源勢必枯竭，唯一的解救辦法是更徹底地榨取已經奄奄一息的城市。倒楣的又是那些商人、手工業者和中小奴隸主。帝國後期，政府甚至占取城市的公地，拍賣給周圍的大奴隸主。這顯然是殺雞取蛋之術。城市是商品經濟的基礎，皮之不存，毛之焉附？隨著中產階級商人的衰落，不僅城市平民、小商人、奴隸跑到大奴隸主莊園中請求庇護，甚至城市內的官員和公職人員也不得不逃亡。帝國後期不得不頒布法律，規定地產在廿五猶格以上的市民必須充當城市議員。然而無論誰當議員，即使傾家蕩產也不可能交齊帝國攤派的稅收，唯一的辦法就是逃亡。於是人們故意貶低自己的社會地位以免被選任公職，有的改業務農，有的出家為僧。最後君士坦丁不得不規定，凡能勝任市政職務的人，不准做聖職人員。政府像逮捕逃稅、逃兵役的人一樣，逮捕那些不願當官的人，強迫他們回城市去為政府做事。甚至還明文規定，議員的兒子必須再當議員。㊸

我們知道，商品經濟必須以城市和非自給自足性的生產單位的存在為前提。但是，商品經濟帶來的土地兼併卻在不斷挖去自身的基礎。「維拉」型地產本來是不能自給自足的，它必須依賴商業而生存。但商品經濟的法則決定了它必然為更大的地產所取代。「拉蒂芬丁」型地產向自給自足跨出了一步，它龐大的生產管理系統包含了行政自主的可能性。「薩爾圖斯」及進一步形成的世襲領地則發展成自給自足的小社會。帝國後期，到處可以看到莊園吞沒城市的歷史過程。最後，羅馬帝國的城市消失在世襲領地之中。崛起於都市化基礎上的羅馬帝國文明，卻在野蠻的鄉村裏找到了自己的墓地。

如果我們以土地兼併程度為橫坐標，以商品經濟的發達程度為縱坐標，就可以得到一條拱型典線。羅馬帝國的商品經濟和城市發展好像在爬一座山坡，一旦過了頂點，土地兼併就把矛頭對準商品經濟自身了。奴隸制商品經濟被它自己發展所帶來的後果消滅了。

在羅馬帝國的政治結構和文化系統中，甚至在各個子系統結構內部，我們都可以看到自我毀滅的過程，整個結構在互相維繫、互相維繫的運行中被自己造就的結果破壞。例如，庇護制的興起與帝國國家權力的喪失互爲因果，導致大領地奴隸主紛紛獨立。這難道不是「羅馬法」自食其果嗎？法律是羅馬政治結構對社會生活進行調節的主要手段。爲了使奴隸制商品經濟得到繁榮，爲了使商業貿易得到保障，羅馬帝國必然要用法律的形式來規定奴隸主對農隸私有財產的占有權，強調奴隸是奴隸主的財產，維護奴隸主對奴隸的無限支配權。既然如此，當一個大世襲領地的奴隸主擁有成千上萬的奴隸和隸農時，那他用自己組織的小政府來管理他們也是合法的，庇護制更是合理的。由此可見，大莊園發展成國中之國，導致帝國政府職能的衰落不也是羅馬法長期實行的必然後果嗎？

強大的羅馬軍團之所以成爲帝國的支柱，要歸功於雇傭兵制度的實行。直接依靠金錢是羅馬軍團的組織手段。恰恰是這個制度本身逐步腐蝕了軍團的素質，金錢使士兵貪得無厭，它們熱衷於掠奪城市，對征戰愈來愈沒有興趣。軍營中組建了家庭，駐地內辦起了飯店，到處開設妓院，士兵們完全失去了尚武精神。羅馬帝國的公民如此衰弱，以致不得不在蠻族中召募士兵。就連羅馬大道都難逃這鐵的法則，四通八達的大道所提供的交通便利反過來成爲加速帝國滅亡的因素。

它使得蠻族可以迅速地深入帝國的縱深地帶。大道周圍的盜賊比其他地方的盜賊更爲猖狂。日耳曼人入侵高盧地區時，一舉摧毀了大道旁的六十座城市，市民和鄉民不得不遠離羅馬大道，到荒僻的地區去尋找新的住所。㊹羅馬大道提供了發達的交通，同時也帶來了不停的動亂，最後人們不得不拋棄它。

我們無須列出所有破壞因素增長的過程。有一點是十分明顯的，商品經濟、羅馬法、帝國軍團，它們一開始就構成了一個互相維繫的系統，保持著整個社會結構的功能耦合，但是它自身的發展卻難免導致一些破壞因素的積累，這些因素在短期內幾乎看不出來，人們無法發現它對社會結構的損害。土地兼併不可能在幾年內破壞商品經濟；雇傭兵也不會在短期內失去尙武精神；制定羅馬法的人絕不會想到庇護制的出現。然而，在漫長的歷史過程中。這些因素積累起來。開始，它們像水滴一樣浸蝕羅馬帝國社會結構的石壁，石壁慢慢出現了裂縫，水滴匯成細流，當石壁一塊塊地倒塌時，細流變成了洪水，最終沖垮了羅馬帝國社會結構的大廈。

二・三　沒有萬古長存的帝國

如果我們對社會結構調節態被破壞的過程進行宏觀的跨越社會形態的比較，就會得到一個普遍成立的結論：組成社會的各個子系統在其本身漫長的運行中，在彼此間相互協調的穩態中，都會不斷地釋放出某種對結構本身有害的東西，導致功能耦合的鬆弛，最後破壞社會子系統的互相維繫。不僅羅馬共和國，羅馬帝國如此，就是中國大一統王朝也不例外。

中國傳統社會各個子系統間相互調節的方式與羅馬帝國完全不同，中國傳統社會大一統王朝崩潰的原因同羅馬帝國滅亡的原因也不同，但社會子系統的互相維繫被調節功能自身釋放出來的毒素所破壞卻如出一轍。

中國傳統社會大一統王朝鼎盛時期，政治結構與經濟結構之間相互調節的功能是耦合的。地主經濟結構中有大量自耕農存在，就能夠維持政治結構運轉必需的稅源。然而地主經濟結構自身不斷釋放著腐蝕功能耦合的因素，這就是土地兼併。自耕農不斷地淪爲大地主的佃戶。原則上講，地主應按土地的面積向國家交納田賦。但是與羅馬帝國的情況類似，這些大地主不僅是鄉間的巨富，而且身兼大商人或國家官吏，往往是本地豪強。他們總是依仗著政治、經濟特權偷稅逃稅，把稅收轉嫁到自耕農和佃戶頭上。正如馬端臨在《文獻通考》中所說，有的朝代偷稅逃稅占總額的十分之七、八。隨著土地兼併的增長，大一統王朝的大量田賦、傜役負擔完全壓在愈來愈少的自耕農頭上，促使自耕農迅速破產。大批的自耕農轉化爲地主的佃農。而地主地租的剝削往往比封建國家的田賦重數倍。於是，全國性的農民大起義爆發，功能耦合的破壞導致大一統帝國的瓦解。

雖然中國傳統社會中經濟結構是地主經濟，土地兼併表現爲自耕農失去土地，與羅馬奴隸制商品經濟中的土地兼併性質是不同的，後者是大量中小奴隸主莊園和城市中產階級破產。（自由農民在羅馬帝國經濟結構中不占主要地位，儘管土地兼併也包括自由農民失去土地。）但功能耦合機制的破壞過程卻驚人的相似。大一統官僚機構在一部分自耕農擔負不起田賦而逃亡以後，把他們的田賦額轉嫁到另一部分自耕農的頭上，這在歷史上稱爲攤逃。羅馬帝國同樣把逃亡稅戶頭上的稅額轉嫁到其餘中、小奴隸主、中產階級商人的頭上。二者都促使自耕農或中產階級的進一步瓦解。羅馬帝國後期曾一而再、再而三地頒布嚴禁逃亡的法令，到戴克里先時期，把所有的市民、奴隸都凍結在他們所從事的職業上，剃頭匠的兒子還當剃頭匠，工匠的兒子還當工匠。㊺一切都是爲了保證帝國的稅收不再減少。

中國傳統社會的中央政府也一再加強地方戶籍制度，每年都派官吏對農民的土地進行調查登記，甚至連每一塊田地中種幾棵桑樹都要明文規定。羅馬帝國在稅源枯竭時，不得不發行含銀量極低的貨幣，強迫人民接受它的幣面價值，但賦稅卻要用金銀和實物。這就是帝國後期臭名昭著的「金銀稅」制度。中國大一統王朝後期何嘗不是如此呢，朝廷大量發行劣質貨幣，物價飛漲千百倍。元朝後期買東西時紙鈔車載斗量，但百姓的賦稅卻大多要用實物和金銀來交付。羅馬帝國和中國大一統王朝的這些措施和後果是相同的，都是在飲鴆止渴，這只能加劇危機，促使功能耦合徹底破壞。

人們會問，爲什麼破壞功能耦合的毒素積累是不可遏制的呢？社會做爲一個功能上相互調節的系統，總是有能力調節子系統出現的各種偏離現象，它有巨大的內穩定機制和應變能力。正是它調節和控制了各個子系統內在的變化趨勢，避免了自我崩潰，保持了結構的存在。爲什麼這種調節能力對慢性積累的毒素破壞功能耦合卻無能爲力呢？關鍵在於：這些毒素的增長之所以不可遏制，因爲它們不是系統內一般的不穩定趨勢，而是調節器在調節中自身釋放出來的破壞因素。它是一種自我摧毀的力量，是調節器本身老化朽壞的過程。正因爲如此，結構自身的調節能力和癒合能力對它不起作用。

無論是羅馬帝國的奴隸主莊園的興起，還是中國傳統社會中的土地兼併，都是系統調節功能自身帶來的破壞因素。我們知道，在西歐封建社會的領主經濟中，自耕農大量地農奴化，土地兼併的情況不明顯，至多是地產和農奴一起轉移。然而在中國傳統社會中，用儒生組成的官僚系統去保持中央集權，限制地主與農民之間人身依附關係的強化，從而保持了地主經濟的穩定。然而，它既然創造了地主經濟穩定的環境，就必然使得土地兼併不可避免。首先，它使經濟結構中存在著大量小土地所有者，其次爲了維持官僚系統的存在，必須維繫郡縣城市的存在，發展商品經濟，允許土地自由買賣，這樣，就使土地兼併成爲不可避免的趨勢。也就是說，土地兼併之所以不可能克服，正因爲它是社會結構功能自身創造出的。

對羅馬帝國來說，當埃及總督路章·派索不承認維斯帕西安羅馬皇帝的地位時，羅馬皇帝用行政力量罷黜了他。當塞普替金斯·塞佛拉斯在非洲登基後，封閉港口而引起了羅馬本土的糧食危機時，羅馬皇帝派遣軍隊鎮壓了反叛。對於這些變化引起的不穩定，羅馬帝國可以用政治結構的調節力量來對付。但是，當商品經濟帶來的土地兼併在尼祿王時代使六名奴隸主占了非洲半數以上的耕地時，帝國政府卻只能聽之任之。因爲它是奴隸制商品經濟必然帶來的東西，社會依靠奴隸制商品經濟而存在，因而羅馬政府只好任憑大奴隸主們在自己的莊園內執行司法，徵集賦稅，維修公路，甚至制定法律，限制政府，隨心所欲地發動戰爭。

中國傳統社會爲了保持對整個社會的控制調節，發展出一套龐大的官僚機構。結果帶來另一個危機的根源，即官僚機構日益膨脹腐敗成爲中國大一統王朝政治結構、經濟結構功能耦合破壞的重要原因。王朝初期的官員只有幾萬，吏員也只有十幾萬，經過二、三百年的運行，官僚機器被貪官污吏淹沒了，到了王朝末年，官員達到十幾萬，吏員則幾十萬，朝政敗壞、機構癱瘓，加劇了社會的各種危機。㊻

羅馬帝國的政治控制主要靠軍團和法律。但法律對自身帶來的弊病又有什麼辦法呢？從調節器自身老化這一點來看，羅馬帝國的法律很像中國大一統王朝的官僚機構，處於不斷膨脹和失效之中。羅馬帝國最初實行十二銅表法，後來發展到民法，帝國後期，法令政策多不可數，使百姓處於搖手觸禁的程度。不僅每個人的職業由法律固定，蘿蔔、橄欖、葡萄的價格也由法律固定，工匠、雇工和船夫的工資也由法律固定。㊼法律本是保持契約及自由經商的，而規定物價卻直接破壞了商品經濟。法律本來是維護帝國統一的，而對奴隸主利益的維護卻成了庇護制成長的原因。羅馬法律培養了它自己不能進入的禁區，只好無可奈何地看著日益獨立的奴隸制大莊園瓦解了帝國的統一。後來，羅馬帝國實行了行政改革，企圖用官僚機器代替法律，但是立刻又帶來了官僚機構的膨脹的弊病，帝國所需用的官員和經費超過預算的一倍以上。由於農村盜賊盛行，狄奧多西一世設立了一種農村警官，即「治安維護者」，到了公元四〇九年狄奧多西二世即位時，這種警官本身就幹起盜賊勾當來了，所以不得不取締它。最後，企圖用官僚機構來控制全國的嘗試失敗了，不得不把治安權委託給大領主本人。㊽

讀者或許會有一個疑問，羅馬帝國和中國大一統王朝的崩潰在機制上所表現出來的一致性，是不是因爲「商品經濟引起的土地兼併」在這兩個社會都存在，因而使功能耦合的破壞表現出某種機制上的共同性呢？我們再來看查理曼帝國的瓦解過程。在這個社會系統中，商品經濟的因素幾乎不存在。而它瓦解的原因從功能耦合的角度來看，與中國傳統社會和羅馬帝國完全一樣，都是調節功能被自身釋放出來的毒素所破壞。

查理曼帝國的政治組織相對比較簡單，它是一部軍事機器。帝國是靠武力征服建立起來的，因此也是靠武力來維持的。但是長期征戰本身卻會損壞這架機器，隨著國家軍事武裝的瓦解，帝國陷於分崩離析的狀態。眾所周知，自從查理．馬特進行采邑改革以後，國家強大的軍事力量就建立起來了。查理採用有條件采邑分封代替了貴族無條件的土地賞賜，接受采邑的領主要向國家提供相應數量的騎兵。「這樣一來，豪紳顯貴本人也成了國王的佃農。」㊾我們從功能耦合的

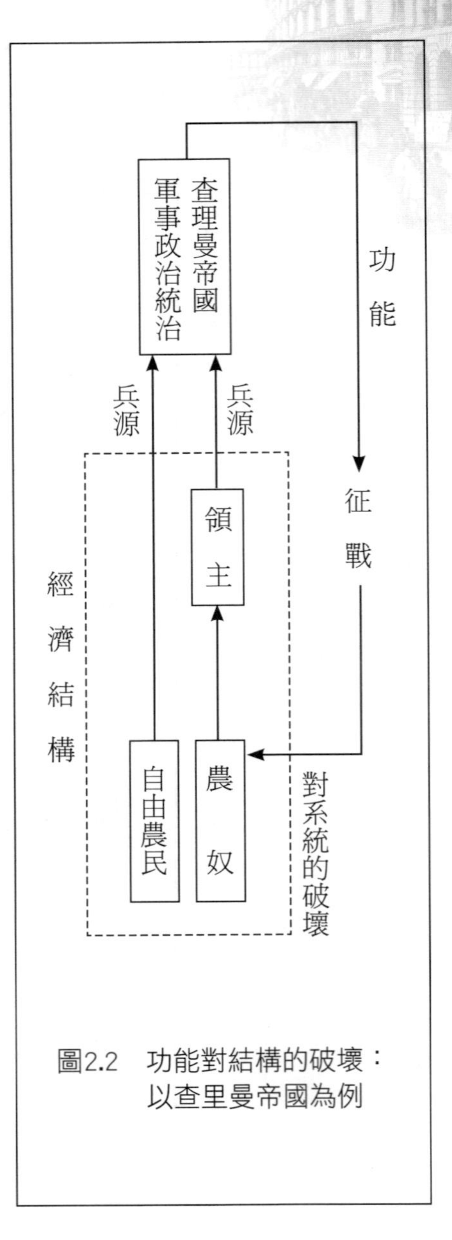

圖2.2　功能對結構的破壞：以查里曼帝國為例

角度來分析軍事政治結構和經濟結構的關係，可以得到圖2.2。查理曼帝國的兵源一靠大量的自由農民，二靠領主提供的騎兵。由於當時商品經濟已普遍衰落，國家只能用賞賜土地的辦法報答貴族的服役。軍費同裝備只能由領主及自由農民自備。這種組織方式在短時間內是功能耦合的，帝國的經濟結構所提供的經費和兵源都不成問題，強大的軍隊組織起來了。通過連續不斷的征戰建立了幅員遼闊的帝國。但恰恰又是「征戰」和采邑制度本身使整個社會系統遭到了破壞。據史料記載，「法蘭克人的習慣法要求一切自由人都去參加打仗；不去打仗的人就不再被當作自由人看待。」㊿但是對於一個自由農民來說，征戰的包袱是難以長期擔負的。一年四季的戰爭使他延誤農時，脫離土地，最終不能同領主經濟抗衡。當時裝備一個戰士相當於四十五頭牛的價值，還要自帶六個月的軍中給養。[51]戰爭必然使自由農民破產，淪爲農奴。

恩格斯指出：「法蘭克的人民大眾，即占有土地的自由民，也由於連年內戰和征服戰爭，特別是查理大帝時期的征服戰爭而弄得疲憊不堪和徹底破產了。這種起初構成全部軍隊，而在征服法蘭西地區以後，又構成軍隊核心的農民，到九世紀初，已窮困到五個人之中難得抽出一個人出去作戰了。」[52]巴黎郊外聖熱爾門—德—普雷修道院的地產登記冊中，記載了查理曼時代自由農民迅速破產的情況。在這個修道院的領地上，住有二七八八戶人家，其中二〇八〇戶是隸農，三十五戶是半農奴，二二〇戶是奴隸，只有八戶是自由的佃農。[53]

人身依附和騎士效忠是查理曼帝國的組織方式，但它反過來成爲破壞功能耦合的另一個原因。農民對封建領主的人身依附關係不斷加強，逐漸演變爲農奴，宮廷中大臣、武士、侍從則成爲世襲領主。貴族化和農奴化同樣是這種經濟結構和政治結構必然帶來的後果。商品經濟的低落是查理曼帝國經濟結構的重要特點，它和采邑制度一起成爲貴族化、農奴化的根源。自由農民的消失，使帝國軍事機器不得不完全依賴領主。領主的莊園可以由農奴耕種。他們自己的全部時間都可以用於戰爭。結果造成了一個惡性循環，戰爭迫使國王不得不過分依靠領主，而領主的強大又製造出無數的戰爭。由於商品經濟極不發達，國王無力給部下發放薪俸，賜與地產是國王用來組織國家機器的唯一辦法。在這種經濟結構中，官僚機構是沒法建立的，所以自由農民的消失必然伴隨王權的衰落。領主權力和私人武裝日益強大，帝國終於瓦解。整個西歐陷入封建領主的混戰之中。

調節器在自身調節中的毀壞還可以從鄂圖曼帝國的歷史上清楚地看到。鄂圖曼帝國的社會結構是頗爲奇特的。它的政治結構基本上是采邑和軍功封土制。一般說來，這種軍事封土制是不穩定的，它會導致貴族勢力的增長，農奴化會使大一統政權瓦解，就像查理曼帝國的瓦解那樣。但鄂圖曼帝國建立了一種調節器來控制貴族化導致的分裂傾向。這就是被湯恩比稱爲「牧人人」的制度。「牧人人」是帝國的卡帕庫盧（宮奴）。他們是從被征服的臣民、農奴和奴隸中挑選出來的。他們在幼年時代即爲蘇丹所集中，終生不得結婚，不能從事商業和手工業，整天從事各種訓練。其中一部分組成統治全國的官僚機器。據記載，從穆罕默德二世起，除了司法部以外，中央迪萬（國務會議）中所有的職務都由「牧人人」出身的人壟斷。「牧人人」制度組成的國家機器有效地維護了國家統一，防止了領主割據。雖然鄂圖曼帝國中領主的力量很強大。皇室、高級文武官員的祿田、軍功人員的土地占去了國有土地的百分之八十。十五世紀末，全國有一萬個采邑，戰時可以提供六萬名騎兵。帝國幾十萬軍隊有十分之九是封建采邑提供的。但是，僅占十分之一的由「牧人人」組成的中央軍卻非常精銳，它的存在有效地抑制了封建主的割劇。鄂圖曼在數百年內曾迅速地擴張了版圖，卻也不能長治久安，儘管它一度使西方聞風喪膽，卻仍然不能抗拒調節機器自身一天天地老化。正是「牧人人」制度使鄂圖曼帝國後期各種弊端層出不窮。

在鄂圖曼帝國解體的歷史上，我們看到衰落與「牧人人」制度的弊病的積累是同步的。帝國用「牧人人」來管理朝政，抑制分裂、組織軍隊，但卻無力防止「牧人人」自身的衰落和腐化。正如一位歷史學家所說：「如果我們看到鄂圖曼帝國前十位蘇丹聰明有為，但這一支其餘的統治者卻又個個那樣無能、墮落和不稱職……，事情並非出於巧合，而可以就其實行的一種撫育和選擇制度來加以解釋，這種制度實際上是不可能產生出任何有作爲的統治者來的。」因此，「在十六世紀時，是一種一絲不苟，認真負責並且具有驚人效率的政府制度，到了十七世紀時，變得漫不經心，最後到十八世紀時，則歸於崩潰了。」㉞事實上，到了十六世紀中葉以後，由於調節機器的慢慢失靈，分裂傾向開始抬頭，帝國就日趨衰落了。

總之，雖然社會形態不同，社會結構子系統的調節方式不同，導致功能耦合破壞的原因是形形色色的，我們卻從機制上發現了一個共同的規律，這就是調節功能總會在自身運行中產生破壞自己的力量。在歷史長河中，沒有一個萬古長存的帝國，也沒有一個達到互相維繫的狀態後就永遠不變的社會。因爲任何一個組織都無法抑制這種自我摧毀力量的增長。我們以爲這是一條普遍適用的規律。

二・四 互相維繫的狀態破壞的原因：功能異化

「這一隻天鵝是白的，那一隻天鵝也是白的，凡是我看到的天鵝都是白的。」這能得到一切天鵝都是白的結論嗎？今天，科學哲學家一再警告人們，歸納並不等於證明。澳洲就有黑天鵝。因此，要證明互相維繫的狀態被破壞的必然性，就要找到理論根據。「功能異化」這是自然界最普遍的現象，它帶來無組織力量的增長，它注定了沒有萬古長存的古代帝國，它帶來了波瀾壯闊的「生」和「死」的交替。

自我調節功能被調節結果所破壞，最後導致系統出現不能互相維繫狀態，是一切功能耦合的組織系統共有的規律。生物體是一個嚴格的功能耦合系統，但是，即使沒有外來傷害，也沒有一個生物體可以長生不老。某一物種與環境構成一個生態功能耦合系統，但它們之間的適應性無一不隨著時間的流逝而被破壞，造成滅絕或進化。

現在，我們從一個簡單的例子，來考察一下功能耦合系統中各個子系統相互調節的能力爲什麼會一天天喪失。

圖2.3是一個與外界隔絕的池塘生態系統，其中有水草和魚蝦。水草和水中的氧氣是魚蝦生存的條件。這些條件恰恰爲池塘水草子系統的功能所提供。同樣，池塘水草子系統的存在也需要魚蝦子系統的功能來調節。魚蝦以水草爲食物，否則水草有可能出現無限繁殖，最終蓋滿整個水

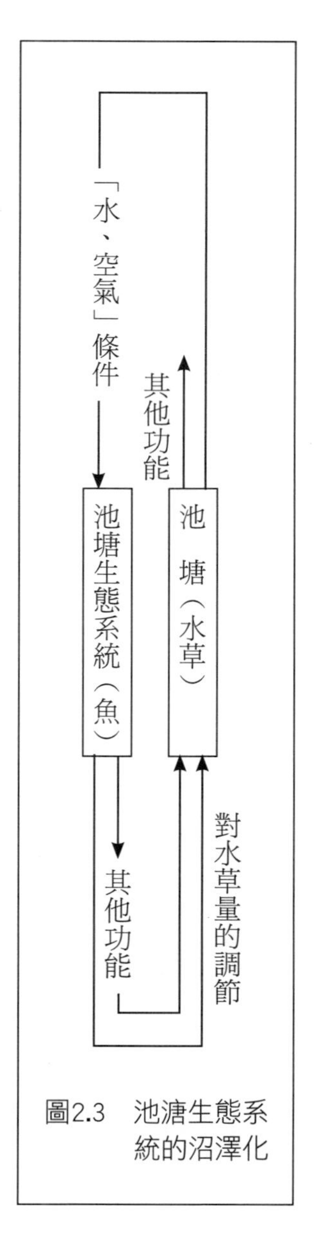

圖2.3　池溏生態系統的沼澤化

塘，造成生態系統的崩潰。在這個十分簡單的生態系統中，我們可以看到，功能耦合形成了一個互相維繫的狀態，系統可以穩定存在幾十年、上百年。但這種互相維繫的狀態能否永遠保持下去呢？不會。隨著時間的流逝，池塘變得愈來愈淺了，水愈來愈少，最後池塘完全被汙泥填滿，變成沼澤。由池塘、水草和魚組成的生態結構瓦解，別的生態結構取而代之。這在生態學中稱爲沼澤化。分析沼澤化過程可以幫助我們理解爲什麼任何一個功能耦合系統在互相維繫中會導致破壞性因素的積累。

沼澤化的原因是池塘內有機質的沉澱。這些有機質是整個生態系統在保持功能耦合的調節中釋放出來的。魚、蝦的排泄物，魚、蝦死亡和腐爛的水草都變成有機質沉澱下來。這些東西在每天看來是微不足道的，不會影響整個系統的功能耦合。然而，通過上百年時間的沉澱，就會出現沼澤化，把池塘填平。只要系統中有生命存在，就無法阻止有機質的積累。我們把沼澤化原因的分析提高到系統組織理論水準來看，調節功能喪失的原因就容易理解了。關鍵在於，組成一個大系統的各個子系統的功能都不可能是單一的，每個子系統都有很多種功能，即使對於子系統的某一種功能，也常常由很多不同的方面組成。這些不同的功能以及某一功能的不同方面是不可分離的，比如水草這個系統，有提供給魚蝦食物和氧氣的功能，也有增加池塘中有機質的功能。生命系統的結構決定了這兩種功能總是同時存在的。當子系統形成了相互適應的大系統時，只能做到某幾種功能互相耦合，或者某種功能的某幾方面互相耦合，而每個子系統複雜的功能不能全部參與耦合，對於不參加耦合的其餘部分，只要暫時沒有害處，就不會影響大系統的組織。但是，正因爲它們沒有實行功能耦合，必然對子系統結構產生影響，這種作用雖然很小，但會慢慢地導致各個子系統結構發生畸變，子系統結構畸變到一定程度，那些互相耦合的功能就會受到損害，正如有機物的沉澱逐步改變了池塘結構那樣，畸變的結果最後導致互相維繫的狀態的破壞。我們把組織內部沒有實行耦合的功能慢慢使結構畸變，最後破壞那些互相耦合功能的現象稱爲「功能異化」。眾所周知，異化是馬克思主義中的一個重要概念。經典作家運用它表達這樣一種普遍現象：事物的性質慢慢被這種性質本身帶來的結果所改變。在此，我們借用該詞，提出組織系統「功能異化」，這是一個新概念。下面讀者將看到。在研究社會結構演變的模式中，它有重要的作用。因爲，社會結構各個子系統功能的異化是互相維繫的狀態被破壞的重要原因。

社會結構是由許許多多的子系統組成的，每一個子系統都是一個複雜的組織實體，它必然具有眾多的功能，即使對於某一種功能，也往往具有很多方面，因此，當子系統互相耦合組成社會結構時，不可能使每個子系統所有功能和每一種功能的所有方面都互相耦合起來，必然有很多功能是互相不耦合的，因此，功能異化將不可避免。舉例來說，工廠是經濟組織中的子系統，只要它生產社會必需的產品，就必然與經濟結構其他子系統實行功能耦合。但是工廠這一個子系統絕不可能只有這樣一種功能，它除了具備生產社會必需的產品這種功能外，必然有許多其他功能。因爲工廠由許許多多的人和設備組成，人和物的集合必然帶來其他方面的行爲。比如工廠會影響附近居民區的社會風氣和購買力等等。即使對於生產產品這一功能本身，也是由很多不可分離的側面組成的，生產任何一種產品都會帶來一些副產品，出現廢料處理問題，功能的這些方面如果不實行互相耦合，雖暫時不會危及經濟結構的穩定，但是它們的長期作用會帶來一系列積累性的不可逆變化。廢氣與污水的積累會破壞環境，這類問題發展到一定程度，經濟結構各個子系統的適應性會受到影響。對於工廠這些相對簡單的子系統來說，我們在組織經濟結構時，可以盡可能使它各種功能都互相耦合。但是，由於社會結構子系統功能極爲複雜，它的每一種功能所涉及的方面都極爲廣闊，要使一切功能和任何一種功能的一切方面完全實行耦合，這是做不到的。社會組織只能讓其中部分互相耦合，互相維繫，而其他更多的部分暫時無害，就不會妨礙社會結構的形成，因此，時間一長，功能異化就必然出現，而且社會組織愈複雜，功能異化也就愈快。

中國傳統社會中，每當新王朝開始時，必須建立一套官僚機構，用它管理郡縣、徵集稅收，調解民事，防止割據，這些功能對社會其他子系統的穩定是必不可少的。整個官僚系統的結構也是根據這一功能設計的。但爲了形成這些功能，就要把儒生組織起來，這種組織必然同時具有許多其他功能。比如，儒生既是國家政策的執行者，又是特權的享受者。於是就有貪贓受賄、假公濟私的可能性。在王朝初期，這些功能不占主要地位，整個官僚機器能夠同社會結構實行耦合。隨著時間推移，貪官污吏利用手中的權力營私舞弊也就嚴重起來，土地兼併的程度也加劇了。土地兼併的積累反過來侵蝕官僚機構，使整個機構日益腐敗，最後官僚機構就發生了畸變，破壞了整個社會結構的功能耦合。

皇帝利用身邊的宦官監督官僚機器亦是如此，太監本來是召之即來，揮之即去的。他們具有從外部監督整個官僚機器的功能。但這種功能必然有另外一個側面，這就是太監在利益上與儒臣有天然的矛盾。宦官可以爲了自己的私利打擊儒臣，讓皇帝疏遠大臣，提拔親信。所以，歷史上凡是皇帝能夠控制太監的時候，只是利用了太監功能的一個側面。當另一個側面暫時沒有顯露出來時，宦官確實可以放大皇權，起到調節作用。但久而久之，功能的另一個側面必然表現出來，整個官僚機構會由於它的作用加速變形，造成宦官專權，朝政愈來愈腐敗。最後，整個官僚機器完全毀壞。

根據同樣道理，印度莫臥爾王朝爲了保持帝國的統一，必須依靠各級柴明達爾去徵收賦稅。但是，無論是大柴明達爾，還是中、小柴明達爾在實行這項工作時，都要同時附帶另外一件事情，就是千方百計地把由他們負責管理和徵稅的地區變爲自己的世襲領地。這種功能久而久之就使柴明達爾從國家稅收者異化爲土地占有者，封建割據代替了統一王權。[55]

功能異化也可以在文化系統中表現出來。印度的童婚習慣就是印度教功能異化的一種結果。印度教教義本身雖然沒有規定童婚，只是著重強調結婚成家。作爲由宗教主張的生活準則，除了限制人們的活動外，它的功能必然有另外的一面，它是神聖不可侵犯的準則。因此印度婦女在很小的時候就擔心自己嫁不出去，久而久之就出現了童婚的習俗。

總之，爲了一個系統具有某種必需的功能，必須有相應的結構和組織方式。結構和組織方式總是比較複雜的，因此，結構帶來的功能也必定是複雜的，甚至總會帶有一些附加功能，它們不能全部實現功能耦合，這幾乎是鐵的準則。這一點，對調節器的調節功能來說，特別明顯。在社會結構的調節器中，尤其是政治結構，意識形態結構對經濟結構的調節，基本是靠法令和政策來實現的。任何一種調節方式，乃至任何一項政策法令都有功能異化的特點。政策和法令是人爲的一種規定，它告訴人們應當做什麼，不應當做什麼。它是爲達到一個具體目的而設計的調節手段。但任何一個政策、法令的影響都是多方面的，它除了針對調節對象所需的目標外，必然有附加性的影響。只要它那複雜的多方面影響在短期內無害，這個法令就是有效的。然而政策和法令長期實施的結果，附加性的影響就會變得大起來，出現了制定政策法令的人根本考慮不到的後果。

公元九十八年，羅馬皇帝圖拉頒布法律，規定元老議員須將三分之一以上資財投資於意大利的農業。㊺目的是解決當時意大利的農業危機。他絕沒有想到，若干年後，意大利的土地集中到了少數人手中，出現了一個政府難以控制的大奴隸主集團。十二世紀時，英國國王亨利二世頒布法令，強行推行農奴化。他的目的是加強農奴制，把原來屬於國王的臣民變成領主的依附者，使他們不能隨便地把維蘭趕出莊園，或任意加重維蘭的勞動負擔。㊿以便建立穩定的封建制度。但是，用法律來固定農奴對領主的依附關係，潛含著限制農奴主對農奴的權力。他做夢也沒有想到，這個法令的附加含義在幾百年後形成了一種強大的習慣法，竟成為摧毀莊園經濟的有效武器。後來，無論經濟有什麼樣的變化，甚至發生通貨膨脹，農奴交給領主的地租是永遠不變的，結果造成舊領主經濟地位的衰落。

也許有人會提出異議，認為政策和法令是可以變化的，當那些附加影響造成的後果愈來愈嚴重時，往往就會取消法令或實行相反的政策。人口過剩時，可以實行節制生育的政策，人口減少時，可以實行鼓勵生育的政策，這樣，政策和法令的異化就不是不可避免的了。然而，問題並不是那麼簡單，有些重大政策是和社會結構密切相關的，是社會結構的組成部分。除非社會結構出現更替，這些政策法令是不能任意改變的。在奴隸社會，奴隸主國家絕不會改變把奴隸視為主人私有財產的法令。同樣，埃及的法老也絕不會制定沒收神廟土地的法令。公元前三世紀，印度的孔雀王朝一反傳統，阿育王在組織國家官僚隊伍時打破了種姓制度。這種法令政策之所以能夠實行，原因是當時印度社會的結構已發生了變化。在官方意識形態中，佛教代替了婆羅門教；在政治結構中，大一統代替了分裂割據；在經濟結構中，商人階級興起了。在婆羅門教占統治地位時期，這種改變是絕不可能出現的，歷史上也確實沒有出現過這樣的實例。因此，在一種固定的社會結構中，子系統的任何一種調節都不可能以摧毀結構爲代價。這樣，附加功能導致異化就成爲不可避免的必然趨勢。此外，功能異化不僅來自子系統之間的調節，而且還來自子系統的內部。經濟結構、政治結構和意識形態結構本身也是由許多小組織耦合起來的，這些小組織的功能也會在運行中發生異化。只要有組織存在，就會發生功能異化。只要有生命，就會有死亡。一切成功都包含著失敗的痛苦。任何一個組織系統都處在這種組織和無組織兩種因素相互消長之中。

總之，我們可以用一般的組織原理來證明功能異化的必然性。組織必須在功能耦合中相互調節。大組織的形成需要小組織的功能形成各種耦合網絡。用簡單的實體組成複雜的系統總會遇到一個難以解決的矛盾，這就是子系統性質的多樣性和組織本身的整體性，二者是對立的。一切組織都只能選擇子系統的幾種性質來形成整體，而不可能使子系統的一切功能都互相耦合起來，子系統的多餘性質，那些沒有耦合的功能就成了混亂的根源。它們必然造成整個結構的畸變。

二·五 一個比喻：赫胥黎之桶

社會子系統的互相維繫被破壞還有另外一個重要的原因，這就是：隨著歷史的發展，社會結構本身將難以容納在該結構中發展起來的豐富的社會生活。社會結構是固定的，而人類的社會生活是流動的。任何一個社會已經形式化了的人與人之間的關係總是灰色的，但具有創造力的生活之樹卻是長青的。

我們做個比喻：社會結構就像英國的議會大廳，它作爲一種組織形式，一旦成形之後，就具有固定性。今天英國的議會大廳，自一八五二年重建之後，始終是老樣子。一百多年的歷史變遷，對它來說無非是裝上了空調機，每個座位都有了話筒，改善了照明系統，這些都是非結構部分的更新。大廳的容量絕不會再變了。今天英國的下議員有六百三十五名，其數目已超過大廳原先設計的席位。這表明，天長日久，社會結構必然被豐富的社會生活所塡滿。

當社會生活發展到一定程度時，就會與社會結構發生衝突，它是導致社會結構出現不能互相維繫的另一個原因。

社會生活的發展爲什麼會破壞社會子系統的互相維繫呢？我們首先要搞清楚社會結構與社會生活的關係。社會結構不是社會生活本身。它是在某一歷史階段中占主導地位的形式化、社會化的人與人之間關係的總和。注意我們的限定：占主導地位、形式化、社會化的關係。生活內容不都是形式化的，人與人之間的關係也不都是社會化了的。即使形式化、社會化了，也不見得占主導地位。羅馬帝國建立以後，不僅把許多古代民族的生活方式包含了進來，而且把他們的宗教信仰都容納進來了。當時Aristeides.P．Aelinc在《羅馬見聞錄》一書中寫道：「就像地球負載所有的人類，羅馬也迎接世上所有的人民進入她的胸懷，就像海洋接納百川。」在許多民族和城市的大海中，各民族的生活方式是千姿百態的。羅馬允許他們各自保持自己的宗教信仰和生活傳統。條件是不能與羅馬法律發生衝突。無疑，這些都是羅馬社會的生活，有些甚至是社會組織。但他們未必是羅馬帝國結構的組成部分，因爲它們不一定占主導地位，有些還沒有形式化、社會化。據吉本估計，在羅馬帝國後期，基督徒大約有六百萬，占羅馬人口的二十分之一。[58]雖然當時基督教已經相當普及，但在西羅馬帝國，它還不是占主導地位的宗教。那麼占主導地位的，已經形式化、社會化了的結構，同不占主導地位的，尙沒有社會化、形式化的社會生活有什麼不同呢？第一，社會生活比社會結構豐富得多。它們處於不斷的流動變化中。而社會結構是相對固定的，不能隨意變化的。第二，沒有社會結構的支持，正常的社會生活就不能進行。我們只要去考察任何一個社會中的人類生活，都可以發現，社會結構就像一個桶，只有它才能容納有組織的人類生活。但它只是一個容器，並不是社會生活的全體。古希臘的工場主組織橄欖油的生產，商人做生意，公民兵爲城邦作戰，公民大會選舉執政官，這一切活動都是社會結構各個子系統的組成部分。沒有它們，古希臘社會就組織不起來。但是，柏拉圖、畢達哥拉斯組織學術團體，阿基米德數沙粒，羅馬船夫組織行會，這些並不屬於社會結構。這是在結構中生活的人們可以自由創造的東西，每一個人一方面在完成社會規定給他們的任務，一方面在創造新的生活。億萬人的活動就像一個創造和發展的洪流。舊的習慣消失了，新的習慣出現了。生活方式改變了，科學技術成長了，這一切雖然都要依附於社會結構，但它們日益增多，必然對社會結構產生影響。這就會出現一個問題，社會結構能否容納增長了的社會生活？

赫胥黎作過一個比喻：地球上生命的增加，就像往一個大桶中放蘋果，蘋果放滿了，但桶還有空隙，還可以往裡加石子，石子在蘋果中間，不會使蘋果溢出來，石子加滿了，還可以加細沙，最後還要加入幾加侖水。桶就是生物圈最主要的結構，它們是土壤、大氣和綠色植物。蘋果、石子、細沙和水是一批批依附在生物圈內的各種生態系統。如果地球上不是首先出現了這個桶的結構，那麼整個複雜的生命系統的增加都是不可能的。既然有了桶，就可以往裏塡入各式各樣的東西，其豐富多采與桶的單調形成鮮明的對比。如果說赫胥黎的桶在比喻生態結構時有些牽強附會的話，那麼比喻社會結構和社會生活的發展卻很恰當。

赫胥黎沒有談到不斷地往桶裏加東西會出現什麼後果。如果桶裏裝的東西有一種內在的不可遏制的增長趨勢的話，顯而易見，桶遲早會被撐破。社會結構就是赫胥黎的桶，它的適應性會被生活的增長所破壞。

那麼，爲什麼社會結構之桶中的社會生活一定會不斷增長，甚至到快滿出來時，仍不會停止這種不斷膨脹的趨勢呢？爲了理解這個問題，我們必須分析社會結構和它所容納的社會生活之間的關係。

社會結構對社會生活的關係可以由兩方面構成：一是結構的支持作用，二是結構對生活的限制作用。我們前面已講過，創造社會生活的每一個人只有從這種結構中獲得支持，才能進行各種各樣的活動。每個人只有從社會組織中獲得生活資料，才有可能進行其他活動。資源、經濟能力對人口供養的支持、國家對科學團體經費的支持、社會交通通訊對人與人各種交往聯繫的支持都是這一類。社會結構對社會生活另一類作用是限制，任何一種社會結構對社會生活都有一定的控制，原則上，它只允許人們進行對結構無害的活動。羅馬帝國允許不同民族和各城市自治，但不允許違背羅馬法律，更不允許自行組織軍隊。中世紀基督教也不允許從事異教活動。表面上看，由於社會結構對社會生活有著限制作用，社會生活不會無限增長；當它膨脹到赫胥黎之桶的邊緣時，就會碰到社會結構對它的限制，從而放慢速度，最終停下來。但是，事實上並不是這樣。因爲任何限制都有自己不能控制的地方，也就是存在著盲區，而社會生活幾乎是無限豐富的。因此，那些正好處於社會結構限制作用下的盲區部分仍會不斷增長。

用任何一種相對固定的限制手段來控制一個不斷變化的對象時，這種情況是經常出現的。農藥對害蟲是一種限制手段，但久而久之，儘管提高了農藥的濃度，害蟲仍在不斷繁殖。原因是任何一種農藥都不是長期萬能的，總會有一些昆蟲對它產生抗藥性。這就是控制手段的盲區。某一種農藥的長期使用還會導致新的害蟲。原因很清楚，關鍵在於被控制對象是個不斷發展變化的東西，而控制手段卻是有局限性的。農藥可以有效地控制沒有抗藥性的昆蟲增長，這樣恰恰給有抗藥性的昆蟲騰出了生長空間，而且昆蟲本身會有抗藥性的變異。因此，長期使用固定的調節手段去控制一個不斷增長變化的對象，一定會出現那些處於控制作用盲區之中的部分不斷增長。社會結構是相對固定的東西，而社會生活卻是千變萬化的，因此，社會生活中必定有社會結構限制作用的盲區。社會生活愈豐富，盲區愈大。處在盲區中的部分也就增長愈快。

基督教、習慣法和領主對農奴的人身控制，是西歐中世紀封建社會結構的組成部分。一般說來，西歐封建社會不允許與此矛盾的東西無限發展。但是這種限制也有盲區。基督教承認領主對農奴的支配權，農奴的子女還是領主的農奴。從表面上看，農奴和領主關係的確立是無疑的。無論多久，也不會改變其隸屬關係。然而這種制度仍有自己的盲區。基督教嚴禁近親結婚。而中世紀的莊園規模有限，農奴很難在本莊園中選擇配偶，不得不到外面莊園去找。結果一個農奴和另一個領主莊園的農奴結婚，生下來的孩子屬於哪一個領主呢？假如生了兩個孩子，一個領主就應當分得一個。但基督教規定一般不得拆散家庭。家庭的完整是受到宗教保護的。這樣，農奴的子女問題就有可能構成盲區。一代一代繁殖的結果，勢必使盲區面積愈來愈大。

盲區擴大使控制性調節不得不經常改變辦法。但是我們前面已經講過，和社會生活密切相關的政策是不能隨便改的。發展著的生活就像射出的箭一樣不可逆轉。已經增殖了的人口不能再消失，歷史演變的既成事實不能否認。只要社會之桶還沒破裂，它必然愈裝愈滿，最後整個系統將被日益增長的自身重量壓垮。

盲區日益擴大，在盲區中的社會生活日益增長，社會結構無法限制它，卻還要支持它。它使社會結構的負荷愈來愈重。一般說來，隨著盲區擴大，社會生活不斷增長，除了使社會結構的支撐能力愈來愈緊張外，社會生活對結構沒有什麼直接的破壞作用。但是，當盲區的擴大一旦超過了極限，就會使社會結構鬆弛，把整個桶撐破。

羅馬帝國在領土擴張中把一個個民族容納進來。奴隸做爲戰俘參加羅馬生活的時候，對整個社會的文化系統沒有多大影響，隨著奴隸的數量愈來愈多，奴隸制度愈來愈發展，奴隸的思想及奴隸帶來的宗教信仰開始夾雜到自由民的信仰中，一個新來的神獲得了羅馬公民中一部分人的心。最後羅馬自身的文化被外來之水沖淡了。隨著社會生活愈來愈龐雜，羅馬的經濟和政治生活對自由民信仰的維持能力日益減弱，各種各樣的文化、宗教和信仰在羅馬土地上繁殖起來，支撐能力的變化形成文化系統的變化，不同的學派，不同的價值觀念，不同宗教信仰的沉重果實都掛在即將斷裂的社會結構的樹枝上。

社會結構之桶容納的社會生活愈多、愈龐雜，這個桶承受的壓力就愈大。一方面，社會生活把桶塡得愈滿，愈表現出桶的有限性，社會生活就會同桶的容量衝突起來。另一方面，社會生活受到空間範圍的約束，本身也容易衝撞起來，發生對立和鬥爭。這一切都會震盪社會結構之桶。

把本章的思路歸結起來就是：社會結構從它建立的那一天起，就注定了它將來是要毀壞的。毀壞的因素來自兩個方面：首先是結構功能的異化。它是結構自己摧毀自己的過程。再者是附著在結構上的社會生活的增長，它遲早會使相對固定的結構與它容納的生活不相適應。它表明，任何一個社會都不能夠通過內在的調節力使自己永遠處於適應狀態，沒有萬古長存的文明。社會內部永恒地存在著演化的動力，促使其走向不能互相維繫，走向新的社會結構。這種內在動力向人們宣告了生命歷程的辯證法：凡是產生出來的東西注定要滅亡。

第三章　新社會結構的誕生：西歐封建社會和拜占庭帝國

宇宙間現有的萬物都是偶然性和必然性的結果。

——德莫克利特

三・一　潛組織的成長和取代

二千多年前，老子就說過：「禍兮，福之所倚；福兮，禍之所伏。」「功能耦合」對於社會子系統的互相維繫來說是一種「福」。它使得社會具有自我維繫能力，並且爲生活在這種結構中的人們提供了一個創造生活的框架。但是「功能耦合」同時也埋下失敗的種子。「功能耦合」之際，也正是結構慢慢畸變異化之時。破壞社會結構調節性的禍水不僅因功能異化而積累，還隨著社會生活的增長而釋放出來。但是，自然界沒有純粹的過程，即使破壞也是如此！當舊結構逐漸瓦解的時候，另一種創造過程也正在悄悄地進行，這就是具有新結構，新功能的子系統的成長。

首先，功能異化從來是一把雙刃劍，子系統「結構畸變」固然影響了舊結構的「功能耦合」，但畸變了的子系統結構也是有功能的，因此，對於組織內的每個子系統而言，「功能異化」同時在創造新的結構和新的功能。其中蘊涵著組成未來社會結構的磚塊。我們在第二章第四節中舉了池塘生態系統功能異化的例子。有機質的增長、腐雜質的沉澱是魚、水草這些子系統帶進來的附加功能，它們慢慢破壞了池塘結構。但是有機質的沉澱正在創造一個新的子系統，它使池塘變成沼澤，沼澤中的淤泥恰好是青蛙、茅草、蘆葦等新的生態系統的一部分，它在新的系統中執行著重要功能。

庇護制和大莊園的產生，大約是羅馬帝國功能異化產生出具有新功能的子系統的最好證據。我們在第二章中詳細分析過羅馬帝國奴隸制商品經濟功能異化的過程。這種異化除了破壞商品經濟外，還意味著大世襲莊園的出現，當它們逐漸遍布於整個羅馬版圖時，預示著未來社會要由這些具有新功能的子系統組成。

赫胥黎之桶中社會生活的增長同樣蘊涵著新組織的形成。當羅馬帝國把一個又一個被征服的民族容納進來時，形形色色的古代宗教也被包容進來，並開始在帝國結構中成長。基督教一開始並未被羅馬帝國看重，因爲它同高盧人、埃及人、撒克遜人所信奉的古代宗教一樣，只是社會結構之桶所盛的許許多多東西中的一種。但是，又有誰想得到，數百年後，它竟發展成取代羅馬帝國的新社會結構的重要組成部分。

趨向滅亡的社會好像一個巨大的墓地，未來結構的胚芽在舊結構機體腐爛之時就開始在這個墓地上生長。舊結構內部的功能異化愈是劇烈，每一個子系統的結構畸變愈是明顯，畸變後產生新功能的子系統往往就愈多。同樣，社會結構這一隻赫胥黎桶盛得愈滿，它就蘊涵著更豐富的未來結構的磚塊。因此，與舊結構適應性破壞過程同步，存在著一個形形色色的具有新功能、新結構的系統創造過程。

舊結構的調節功能瓦解了，具有新功能的子系統出現了，這是不是一定會有新結構取代舊結構呢？問題並沒有這麼簡單。根據社會結構調節原理，新結構的形成必須使各種具有新功能的子系統實行功能耦合，組成新的互相維繫的狀態。因此，新結構子系統所具有的功能首先要有用，它可以用來組成互為條件的功能耦合網。另外，新結構出現後，要能夠壯大到占主導地位的程度，才能取代舊結構。這兩個條件並不一定總是具備的。

首先，功能異化只是導致社會結構子系統普遍發生畸變，雖然從原則上講，任何一個畸變了的結構必然對應著新的功能。但這些功能大多是無用的，它們往往不能互相耦合起來，形成任何組織。貪贓枉法，循私舞弊是一個畸變腐敗官僚機構的新功能，但這種功能對任何一種社會組織都沒有用處！羅馬軍團功能異化的後果是軍隊失去愛國熱忱，士兵們一天天變得貪得無厭，他們對軍隊應有的職能如征戰、保衛國家失去了興趣，這種畸變了的羅馬軍隊也具備某種新的功能，這就是搶劫城市。毫無疑問，這種功能也是沒有用的。赫胥黎之桶中所包含的大多數東西也是這樣，它們往往互不銜接，或者發生尖銳的衝突。也就是說，子系統畸變具有新功能的子系統和赫胥黎之桶包含的東西大部分對形成新的功能耦合毫無建樹，它們是破壞舊結構的因素，我們將它們稱爲無組織力量。我們將那些對舊結構適應性起破壞作用而不能形成新組織的力量稱爲無組織力量，有關無組織力量的論述詳見《興盛與危機》一書。

這樣一來，雖然創造新結構新功能子系統的過程總是和舊結構瓦解同步進行，但新的社會結構要從舊結構中脫胎出來，並不是輕而易舉的，需要有一種機制來保證如下三個環節順利地進行：

一、舊結構解體時形成的各式各樣的新的子系統並不全都是無組織力量，它們中間一定要有可以成爲新結構的組織要素的子系統。我們將它稱爲潛組織要素的成長。潛組織要素必須是完備的、配套的。也就是說，這些代表潛組織要素的新的子系統必須包含了經濟、政治和意識形態的各個方面，它們是互爲條件，可以進行功能耦合的。

二、經濟、政治、文化結構中新的子系統互相耦合，形成一種潛在的（它尚未占主導地位）新社會結構，我們將其稱爲潛結構的形成。

三、潛結構不斷壯大，最後占主導地位，取代舊社會結構形成新社會結構。

這是社會結構取代過程的三部曲。理論分析表明，雖然社會結構的取代方式是各式各樣的，但任何取代過程都要完成這三個環節。羅馬帝國取代羅馬共和國經歷了這個過程。羅馬共和國自由農民經濟功能異化畸變的結果是形成奴隸制商品經濟，它正好代表羅馬帝國的經濟結構。共和政體異化導致軍事元首政體，它是羅馬帝國政治結構的潛組織要素。同樣，泛羅馬主義、泛城邦愛國主義成爲文化系統中的潛組織要素。經濟、政治、文化三者功能耦合組成了羅馬帝國的新結構。在理論上可以根據舊社會結構是否阻礙這三個過程的進行來判斷新結構取代舊結構的方式。如果這三個步驟均能在舊結構框架中進行，舊結構既不妨礙潛組織要素的成長，也不妨礙新組織要素互相結合壯大，以至於取代。這三個環節就會互相交融。結構取代的全過程就必定是連續的，三個階段在時間上沒有明顯的分界。羅馬共和國的演化正是這樣。它的結構並不阻礙這些潛組織要素相互結合，也不明顯阻礙新結構取代舊結構。所以，潛結構在形成的過程中不斷壯大，並同占據主導地位的過程交融在一起。新結構的形成與取代同舊結構的瓦解基本上是同步進行的。當時，除了政治結構發生了一些小震盪外，整個社會並沒有大的動盪，羅馬共和國演變爲羅馬帝國是一個近於連續的過程。

當舊結構或舊結構中的無組織力量嚴重阻礙潛組織要素互相結合、形成潛結構時，結構演化三個環節中的第一階段和第二階段就可以明顯區別開來。由於潛組織要素的互相結合不能在舊結構瓦解前進行，它必須等待舊結構瓦解，只有阻礙新子系統耦合的舊結構框架倒塌了，大大小小具備無用功能的子系統被淘汰，也就是對無組織力量進行某種清除之後，代表新社會結構的各個子系統才能進行選擇性的重組。這時，就會看到潛組織要素從舊結構中剝離下來的過程。它往往要求潛組織要素具備一定的獨立生存能力，以不致於在舊結構的瓦解時遭到徹底破壞。

當舊社會結構不明顯阻礙潛結構形成，但卻阻礙潛結構的壯大和取代時，結構取代三步中第一、第二階段往往不易區分，但第二和第三階段之間存在著明顯的分界線。下面我們以羅馬帝國演化的歷程爲例進行詳細的分析。

三・二　查理曼帝國和西歐封建制的確立

基督教、世襲莊園和日耳曼人的政治組織代表了羅馬帝國內部文化、經濟、政治三類潛組織要素。羅馬帝國滅亡之前，舊社會的大廈尚存之時，儘管這些潛組織要素在一天天成長，卻不能互相結合，形成一種代表新社會結構的潛組織。如果僅僅從功能上講，它們是可以實行耦合的。但舊結構的大廈和無組織力量的洪水卻妨礙了它們。

世襲莊園雖然在羅馬帝國中廣泛存在，在帝國後期已成爲農村經濟組織的主要形態，但管理它們的卻是羅馬帝國的舊貴族，它們是腐朽了的帝國政治機器的一部分。同樣，蠻族中的政治組織尚且不能和帝國的政治大廈融合，當然也不可能和帝國廣大的世襲莊園結合。

一般說來，文化系統中的潛組織要素和經濟結構、政治結構中的潛組織要素的結合是比較容易的，但是在羅馬帝國滅亡之前，做到這一點也很難。羅馬帝國是以城市生活為基礎的，它的文化也只能以城市作為形式化社會化的基地，這一點，對於在形成之中的新文化結構的要素也是成立的。歷史學家公認，基督教一開始是一種城市宗教，在羅馬帝國穩定的時代，它的傳播和教會設立的範圍基本上是以城市為中心的。基督教深入農村是在公元五世紀以後，即羅馬帝國崩潰之後。這表明，在羅馬帝國瓦解之前，基督教不可能廣泛地和農村中的世襲莊園相結合。

這樣一來，羅馬帝國潛組織要素的結合必須等待羅馬帝國的崩潰。因此我們在羅馬帝國演化的歷史上，首先看到了一個代表新社會結構潛組織要素從舊社會結構中剝離下來的過程：這就是羅馬帝國滅亡之後的世襲領地的獨立和教會的莊園化。

公元五世紀以後，羅馬帝國的大廈開始倒塌，組成舊結構的巨石如雪崩般地碎落下來，這些碎片大多數變成了毫無用處的東西。各式各樣的結構畸形的子系統在崩潰過程中被消滅了。古代商品經濟衰落，城市中雜草叢生，建築物的廢墟成了農人的採石場。寄生的羅馬自由民消失了；軍團政治結構完全被粉碎；古羅馬宗教也被人們所拋棄。然而只要這個社會中的人沒有在動亂中全部消滅，總會有某種可以暫時獨立於舊結構而存在的組織要素殘存下來。它們就是自給自足的世襲莊園和基督教會。世襲莊園在經濟上可以自給自足，所以和舊社會結構的脫離並不會立即危及它的生存，它的性質決定了它是可以從舊社會結構中分離出來的。基督教也是一樣，舊結構崩潰帶來的災難愈是深重，拯救的渴望愈是強烈。只要基督教會也建立起維持它生存的莊園，它不僅可以從城市組織中剝離下來，而且這正好給它造成深入農村的大好時機。在羅馬帝國滅亡之後上百年的動亂之中，雖然很多世襲領地被蠻族入侵和奴隸起義所摧毀，但其中一部分很快變成了自給自足的莊園，在這些莊園中，殘存的奴隸制完全被摧毀。莊園主們築堡而居，組織私人衛隊，使莊園不僅在經濟上自給自足，而且在政治上也封閉起來，以保證在亂世中的栖身。城市被消滅後，教會的地產迅速演變成獨立的教會莊園。總之，在羅馬帝國滅亡之後，我們在西歐看到了潛組織要素從舊社會結構中剝離下來的過程。

舊結構的瓦解使阻礙潛組織要素結合的壁壘消失了。特別是羅馬帝國的政治機器崩潰後，蠻族中盛行的政治和軍事組織成為整個社會中唯一值得重視的力量。這時經濟結構、政治結構、文化結構的潛組織要素在西歐廣大地區普遍地混雜在一起。出現了形形色色的蠻族王國。人們常有一個錯覺，認為這些蠻族王國的建立標誌著西歐封建社會的確立。如果我們僅僅分別分析蠻族王國的經濟、政治、文化各子系統的內容，是容易發生這種錯覺的。大多數蠻族王國的經濟結構均由世襲莊園組成，基督教已成為人們普遍信奉的宗教，而蠻族軍事性組織也成為政治結構的主要成分。但是，這三個組成封建社會的子系統雖然混合在一起，在大多數蠻族王國中它們並沒有形成功能耦合。

西歐封建社會的確立需要莊園經濟結構、蠻族政治結構和基督教形成一種互相維繫的整體（圖3.1）。子系統是否真正耦合，可以從它們之間是否存在互相維繫來判斷。眾所周知，西歐

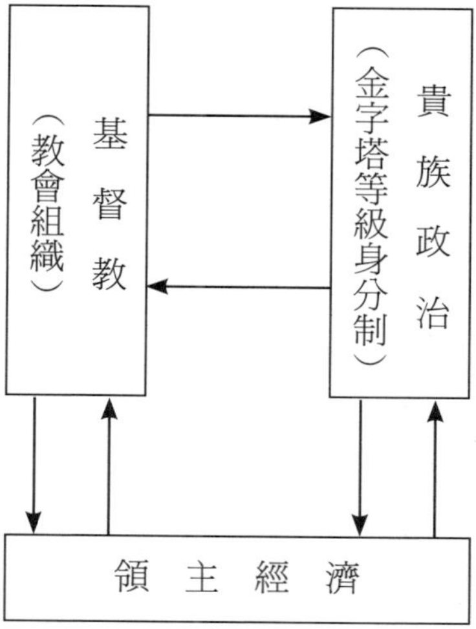

貴族政治
（金字塔等級身分制）
基督教
（教會組織）
領主經濟

圖3.1　西歐封建社會的結構

封建社會政治結構對經濟結構的調節由宏觀微觀兩個方面組成。宏觀調節表現爲領主之間形成了一種穩定的政治關係，即一種金字塔式的身分制。從而使整個社會安定下來，爲莊園經濟的穩定和發展提供了一種必需的社會秩序。由於在領主中形成了統一的分封制和騎士制度，整個社會才能從一個個近乎於獨立的莊園中獲得一支相對有效的軍事力量，才可以組成軍隊來抵抗各式各樣的入侵，以保證經濟生活正常進行。政治對經濟結構的調節作用在微觀方面也十分重要。它主要表現在領主政權對莊園內部的調節。其標誌是領主對農權形成確定的權利和義務。關於領主的權利，人們談得很多，它們是：領主徵收地租權，對農奴的人身支配權，甚至還有對農奴女兒結婚時的初夜權。

人們常常忽略的是，這些權利是領主承諾了義務才換取到的。權利需要人們普遍接受，必須和義務相結合。義務就是對莊園生活的調節，領主必須承擔在亂世中爲農民和農奴提供保護的義務。領主的城堡往往是盜賊侵犯時全莊園人藏身的地方。這種調節作用正如一位歷史學家所說：「由於這些勇士，農民得享安全。他們不再被屠殺，不再被牽去作俘虜……人們生活於或可說開始生活於粗魯而又殘酷的統治之下；他們遭受粗暴的待遇，可是獲得了保護……。」⑲此外，領主對習慣法的維持，他們對莊園中爭端的裁決也是政治結構對經濟結構調節的重要方面。甚至後來成爲封建領主惡習的游獵行爲在當時對經濟都有調節作用，因爲它可以抑制狼群繁殖。

在絕大多數蠻族王國中，政治結構的子系統對莊園經濟都沒有這種調節作用。一個個莊園不僅經濟上自給自足，而且政治上完全獨立，領主私人衛隊擁兵割據，他們之間並沒有形成確定的身分關係。蠻族武裝幾乎是游離於經濟結構之外的統治力量。他們在文化上實行普遍的旺達爾主義，除搶劫和破壞外，對社會秩序沒有任何建樹。因此蠻族王國大多都處於一種混亂狀態，盜賊橫行，戰亂四起。一個個自給自足的世襲莊園在混亂中苟延殘喘，根本談不上經濟的發展。

同樣，在大多數蠻族王國中，文化結構也沒有和政治結構耦合起來，發揮它應有的調節作用，基督教和政治經濟結構的耦合不僅意味著基督教爲經濟和政治生活提供一種統一的價值觀念，使騎士忠於他的伯爵，使農民安於現狀。更重要的是，它還意味著基督教會在每個莊園中建立起來，形成一種統一的宗教組織。功能耦合意味著意識形態組織——教會和西歐封建社會的政治組織形成一致的管理網。教會組織也必須確立與金字塔身分制一一對應的層次，形成互相配合的調節系統（圖3.2）。絕大多數蠻族王國都沒有做到這一點。雖然羅馬帝國滅亡後，教會莊園化

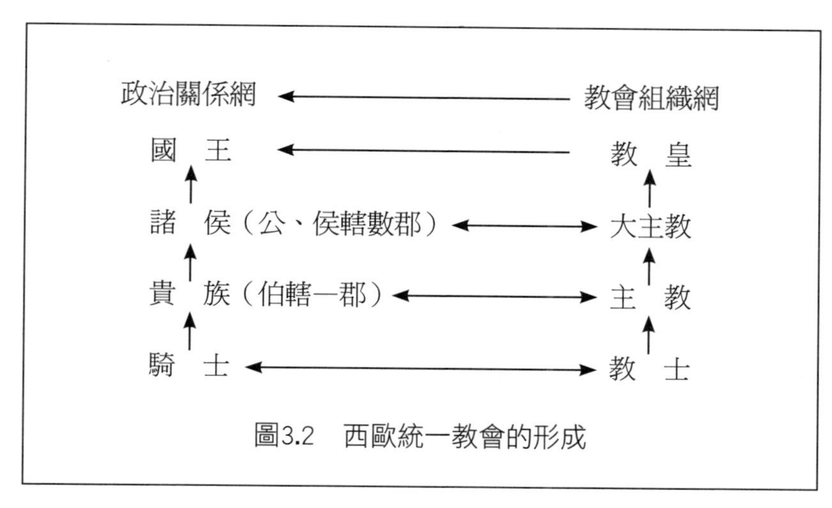

圖3.2　西歐統一教會的形成

了，但教會設立莊園並不等於在每個莊園設立教會。由於世襲莊園完全獨立，各自信奉的教義不能保證統一；因此一個世襲莊園信奉一種教派，形形色色的教派混雜的現象在西歐大多數蠻族王國中屢見不鮮。

根據社會結構調節原理，一個社會中的經濟結構、政治結構和文化結構如果不能形成互相維繫的整體，社會就不存在穩定的結構，就沒有容納經濟發展和正常的社會生活的框架，這就勢必出現巨大的破壞！公元六世紀的意大利就是典型的例子。那時，意大利的社會秩序一片混亂，爭奪土地的戰爭接連不斷，羅馬文明的發源地彷彿一下子倒退了一千五百年。據歷史記載，羅馬公民們逃到山區和森林，那裏豺狼成群，以致許多地方豺狼成爲一種恐怖。田地荒蕪，野生的穀物沒有人收穫，當年人類的住宅成了野獸的栖身之所。其實，這種情況在六至七世紀的西歐是到處可見的。

那麼，爲什麼經濟、政治和文化這三方面的潛組織要素不能自發實行耦合，迅速構成一種新的社會結構呢？關鍵在於，這些潛組織要素要能從舊社會的軀體中剝離下來，必須具備相對的獨立性和封閉性。世襲莊園要不是在經濟上和政治上的自給自足，早就隨著社會結構的解體而消失了。教會莊園和蠻族軍事組織也是這樣。既然相對獨立性和封閉性是潛組織要素從舊結構中剝離出來的條件，那麼它必然帶來潛組織要素互相結合的困難。要形成統一的社會結構，必須在領主間建立服從和等級關係。必須用行政的力量將宗教組織深入到每一個獨立的莊園中去。這只有在通過武力征服建立統一的國家後才能完成。每一個世襲領主的私人武裝雖然用來保衛莊園，但大多都不足以發動一場征服戰爭！

現在我們可以理解，爲什麼西歐封建社會的建立走過了一條獨特的道路，即它只能通過法蘭克王國的封建化才能實現。從理論上講，法蘭克王國的作用就是完成了結構取代必須的第二個階段，把潛組織要素結合起來，形成一種潛在的新結構。沒有法蘭克王國短暫的統一，潛組織要素的封閉性不能被打破，就不能實現功能耦合。法蘭克王國依靠剝奪部分世襲莊園和廣大的空地建立起采邑制度，從而使采邑的主人之間形成了一種確定的金字塔式的君臣關係。它不僅使國家獲得了統一的軍事力量，而且也獲得了行政力量，有力地促進了統一教會網的建立。史書上常常可以看到這樣的記載，某些領主曾頑固地拒絕教會觸角伸到自己的領地中來，國王不得不派騎士和伯爵充當主教，用武力打破潛組織要素的封閉性。

然而，必須指出，在法蘭克王國中，未來西歐封建社會的結構僅僅是一種潛結構。占主導地位的采邑雖然含有領主經濟的成分，但畢竟不等於世襲莊園。金字塔式的封臣關係在法蘭克王國中只是潛含在國家組織之中的，它當時還是一種君臣關係。

因此，西歐封建社會的確立，必須等待法蘭克王國的解體。它需要君臣關係演化爲貴族之間的等級身分制，軍事采邑演化爲領主莊園。這時領主莊園已不同於羅馬帝國遺留下來的世襲莊園。它們是整體中的一部分，已經同政治結構、文化結構耦合起來。同樣，這時出現的新貴族，也不是擁兵割據，占地爲王的領主，而是已確立的政治結構中的一部分！只有在統一帝國解體的過程中，已經形成的潛結構才能占主導地位。社會結構取代的第三個階段才能完成。這表明，法蘭克王國的瓦解和它的形成一樣，對於西歐封建社會的確立都是必不可少的。沒有它的建立，潛組織要素不可能結合，沒有它的瓦解，潛組織不可能實現最後的取代。

形象地說，把一個個政治上獨立、經濟上自給自足的領主莊園組成一個功能耦合的封建社會，就像用一個網兜把馬鈴薯裝起來。網兜的經線是等級身分制，緯線就是宗教組織。由於潛組織要素的自我封閉性，封建網兜不可能從個別領主莊園這些馬鈴薯中生長出來，它需要通過一個統一體的解體生長出來。只有依靠這個統一體才能把舊結構中的潛組織要素結合起來，形成一個功能耦合的整體。法蘭克王國的瓦解，把君臣關係演化爲金字塔的封建等級關係。儘管騎士對伯爵，伯爵對國王的依附關係是鬆弛的，然而畢竟是一個統一體。而且，在法蘭克封建化的同時，宗教組織的緯線也深入到每一個領地，與政治結構的功能耦合起來。由此我們可以理解歷史上一個奇特的現象：徹底的農奴化和典型的封建化僅僅出現在日耳曼和羅馬因素完全溶合的地區，它僅限於墨洛溫王朝的疆土。西歐封建社會中大多數莊園不是從羅馬帝國的大莊園直接繼承下來的。法蘭克王國建立和瓦解後，對大部分領地進行分割、碎破及重新組合，才形成了整個西歐的封建社會。封建社會的領主多數是法蘭克軍事采邑制度中成長起來的新貴族。

西歐封建社會的建立過程表明，任何社會結構的取代都必須經歷潛組織形成，潛組織結合，最後占據主導地位這三個階段。而且，只要其中任何一個受到阻礙，結構取代就不能順利完成。在西歐封建社會取代羅馬帝國的過程中，最困難的是潛組織要素的互相結合，由於潛組織要素從舊結構中剝離出來而帶來的封閉特點，它們的結合一定要通過法蘭克王國這樣的中介體。沒有這一中介，正是很多地區長期不能過渡到封建社會的原因。

五世紀中葉，盎格魯人、撒克遜人和裘特人曾在不列顛建立了許多蠻族小王國。但一直到一〇六六年諾曼底征服之前，英國始終沒有確立完整的封建結構。諾曼底公爵帶著遠征軍入侵不列顛，實際上起了類似中介的作用。而在意大利的東哥特人和在西班牙的西哥特人，卻都沒有充當過法蘭克人那樣的中介作用。東哥特人想建立一個統治眾多獨立世襲莊園的政權，結果他們自己被消滅在世襲莊園的暴動和拜占庭帝國的入侵之中。西哥特人在西班牙建立的王國是蠻族王國中生存最長久的，但羅馬留下的世襲莊園及他們的私人武裝是西哥特王國最難消化的東西。西哥特人太少了，他們只是浮於社會統治的表面，他們在西班牙的歷史上幾乎什麼痕跡也沒有留下，西班牙建立封建社會走過了漫長的道路。

三・三　東羅馬帝國：斯拉夫人入侵和君士坦丁堡

人們或許會提出一個例外，這就是東羅馬和以後的拜占庭帝國。如果我們從整體上去把握羅馬帝國的演變，就會發現在羅馬帝國的廢墟上出現的是兩種不同的新結構，一個是由法蘭克王國瓦解而生成的西歐封建社會，另一個是東部的拜占庭帝國。從生產關係上講，雖然二者均屬於「封建社會」，但這兩個社會的結構卻是大不相同的（圖3.3）。在西歐封建化的過程中，城市幾乎消失，商品經濟萎縮到不能再少的地步。政治上皇權衰落，政權徹底地地方化了，甚至龜縮到一個個的城堡之中。整個社會出現了所謂「我的附庸

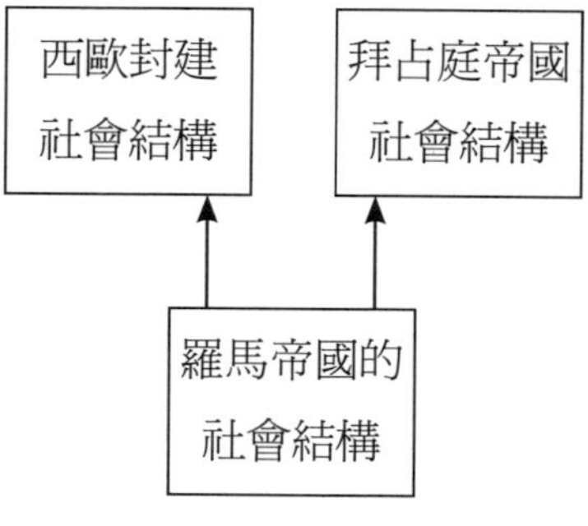

西歐封建
社會結構

拜占庭帝國
社會結構

羅馬帝國的
社會結構

圖3.3　羅馬帝國瓦解後演化為兩種社會結構

的附庸，不是我的附庸」的封建等級制。而拜占庭帝國卻還存在著強大的王權，存在著官僚機構。城市仍舊統治著農村，繼續保持著相當發達的商品經濟。甚至政治意識形態也不盡相同，羅馬帝國大廈倒塌時，基督教分成了兩派：天主教和東正教。在西歐出現了橫跨各封建國家而又與地方政權並行的統一教會。但東正教卻幾乎成了拜占庭帝國的準意識形態部門。

既然世襲莊園、蠻族政治組織，基督教是羅馬帝國中存在的潛組織要素，既然新社會結構的形成可以由潛組織要素形成潛結構，最後取代的結構來說明，那麼爲什麼拜占庭帝國出現了與西歐封建社會不同的結構？是不是社會結構取代的條件在羅馬東部不適用呢？分析這一表面上的反例，可以使我們對社會結構取代過程獲得進一步的理解。

羅馬帝國瓦解之前，遍布西部廣大農村的庇護制世襲莊園同樣在東部蔓延，東羅馬帝國基督教的力量甚至比西部還要強大。因此，就潛組織要素生長而言，帝國的東部和西部基本類似。

差別出現在潛組織要素從舊社會結構中剝離的過程。眾所周知，公元五六五年，東羅馬帝國皇帝查士丁尼逝世以後，東羅馬帝國的危機接踵而來，薩拉森人在亞洲征服了敘利亞和巴勒斯坦，以及亞美尼亞、喬治亞和卡帕多細亞。從瓦爾達爾河到摩拉瓦河及亞得里亞海，希臘和希臘化文明被斯拉夫人掃蕩殆盡。帝國的權力僅僅限於君士坦丁堡本身。實際上，此時作爲羅馬帝國延續下來的政治、經濟結構已經滅亡了。這時，東羅馬帝國也出現了經濟結構潛組織要素從舊社會結構剝離下來的過程。那些世襲莊園紛紛獨立。但是帝國東部的環境和西部大不相同，西部的世襲莊園生活在日耳曼人入侵的環境中，而東部的世襲莊園卻碰到了斯拉夫人入侵的旋風！表面上看，作爲蠻族入侵，斯拉夫人似乎和日耳曼人沒有多大區別。

事實上，斯拉夫人並不像日耳曼人那樣由於長期生活在羅馬帝國的邊境上而羅馬化。他們更爲原始。因此對待那些從舊結構上剝離下來的世襲莊園的態度與日耳曼人完全不同。日耳曼人只是改變了部分領地的所有權，基本上全盤接受了潛組織要素。斯拉夫人的辦法是徹底破壞它。關於這一點，恩格斯曾經指出：「日耳曼野蠻人既使羅馬人從他們自己的國家中解放出來，便強奪了他們土地的三分之二來互相分配，以作爲報償」。⑩他們在這三分之二的土地上實行了采邑制度，另外三分之一的土地仍舊保留大世襲莊園。實際上，不同的日耳曼部落對大世襲莊園的剝奪也不相同，西哥特人僅僅沒收了領主三分之一的土地用來分配，東哥特王國則是日耳曼各蠻族王國中最爲羅馬化的國家，他們僅僅分配了無主荒地。在意大利的大世襲莊園幾乎沒有失去土地。這就是說，無論哪部分日耳曼人都沒有取消世襲莊園，最多不過把它變成自己的采邑。而斯拉夫人卻完全破壞了世襲莊園，代之以他們自己熟悉的農村公社。這一掃蕩是如此的徹底，以至於公元五七〇至六〇〇年間巴爾幹山以北地區「老的人口幾乎消滅殆盡」，⑪甚至在羅馬經濟結構根深蒂固的馬其頓、色雷斯，大世襲莊園也所剩無幾。湯普遜指出，到了公元六二〇年，帝國各行省講拉丁語的人僅剩下十分之一。⑫在東羅馬帝國，古老的農村公社普遍復甦了。

應當注意，農村公社和世襲莊園、采邑制是完全不同的潛組織要素，它從來就是小農經濟的溫床。它本身在經濟上是自給自足的，卻沒有堅硬的政治外殼。農村公社中的自由農民可以爲統一帝國提供賦稅和兵源，可以成爲中央集權政體的經濟基礎。只要有一種政治模式來組織他們，或者說只要城市來重新統治他們，他們就可以同某種政治結構形成新的功能耦合系統。本來，羅馬帝國的奴隸制商品經濟瓦解了小農經濟，現在，斯拉夫人的入侵又把它帶了回來。它使東羅馬帝國的大部分地區回到羅馬征服以前的起點。

這說明，由於斯拉夫人的入侵，世襲莊園從羅馬帝國的舊結構中剝離下來後，發生了重大變化。斯拉夫人強迫它們變成農村公社，它在結構上與農奴制莊園完全不同。經濟結構潛組織要素的重大變化決定了東羅馬帝國已經不可能演變到類似西歐封建社會的結構中去。它必須走一條新的道路。

這種新的社會結構是什麼呢？它同樣可以通過舊結構中成長起來的潛組織要素來判斷。斯拉夫人的政治組織比日耳曼人原始，不可能提供身分等級這樣的潛組織要素。就算東羅馬帝國存在貴族身分制，也不能和農村公社耦合起來。它們必然被淘汰。那麼，有沒有一種政治上的潛組織要素能與農村公社耦合呢？有！這就是軍事官僚制度。這種潛組織要素之所以能出現，也和東羅馬帝國政治結構演變的特殊過程有關。

東羅馬帝國和西羅馬帝國的另一個差別表現在奴隸制商品經濟衰落的程度上，羅馬帝國從公元三世紀末開始了商品經濟的普遍衰落，但是，在東部和西部的程度卻是很不同的。西羅馬帝國滅亡的時候，商品經濟幾乎全部被消滅了，城市荒蕪，世襲莊園是唯一殘存的實體。然而東羅馬卻不是這樣。據統計，公元五至六世紀時，東羅馬還有六百座大大小小的城市，城市人口占總人口的十四分之一。[63]儘管城市生活已不是公民生活的主要部分，但東羅馬帝國瀕於解體時，還有少量的城市存在著。也就是說，東羅馬帝國的城市有一點與西羅馬的城市不同，它們能部分地從舊結構中游離出來。

這一點似乎是不可思議的。羅馬城市是奴隸制商品經濟的樞紐，隨著奴隸制商品經濟的消失，它必然要滅亡。那麼，東羅馬帝國的少數城市爲什麼能脫離舊結構而存在呢？關鍵在於，東羅馬帝國的很多城市是由國內、國際雙重貿易支撐的，國內貿易衰落後，只要國際貿易尚存在，那些對外通商的城市就有可能相對獨立於舊結構而生存。東羅馬首都君士坦丁堡就是一例。正如馬克思所說，它是「東西方之間的一道金橋」，[64]是當時國際貿易中最大的樞紐。希臘人、猶太人、敘利亞人、阿拉伯人、保加利亞人、意大利人的貿易都要經過這裏中轉。國際貿易給君士坦丁堡帶來大量的貨幣收入。東羅馬可以用它來組織軍隊，收買蠻族領袖，從軍事角度來看，君士坦丁堡也有特殊的地理長處，只要它的水師封鎖了博斯普魯斯和赫勒斯旁海峽，城市的三面就都不會受到威脅。因此，即使東羅馬的土地全部喪失，君士坦丁堡依靠自己也能存在下去，並爲建立新的社會結構提供據點。

部分城市一旦從舊結構中暫時剝離出來，就在新結構的形成中起著重大作用。一方面，從城市產生出來的軍事組織和政治組織可能發展成新的潛組織因素。另一方面，城市可以作為政治結構和意識形態結構潛組織因素結合的母體。只要城市重新統治農村，農村公社中的自由農民經濟要素就能和新的政治，文化系統耦合起來。歷史正是朝著這個方向前進的。首先文化結構和政治結構潛組織因素的結合。羅馬帝國全盛時期，東部和西部的文化系統是基本相同的，都信奉古羅馬宗教。但東羅馬受到東方、希臘和埃及的影響比西羅馬大。西羅馬作為羅馬文明的發源地，在思想上比東羅馬保守。在羅馬帝國瀕於崩潰之際，東羅馬和西羅馬在文化上的差別明顯起來。東部羅馬的舊貴族元老少，新貴族多，他們中間很多人拋棄了舊宗教轉而信奉基督教。而在西羅馬，隨著城市的消失，基督教與帝國的政治機器產生了更大的距離，甚至被拋了出來，最後成為游離於政治結構以外的力量。因此必須有中介體，才能把基督教和政治結構重新組織起來。而東羅馬帝國不需要這種中介，它的部分城市一直存在著，成為政治結構與文化結構新因素結合的母體，結果，東羅馬的基督教與帝國政府逐步合一，成為帝國的準意識形態部門。

儘管東羅馬帝國經濟結構、政治結構和意識形態結構的潛組織要素有著相互結合從而創造新社會結構的可能，但其創建的過程仍舊是十分痛苦的。當時的人們並沒有認識到怎樣改變舊的政治結構才能建立新的功能耦合系統。所以，大多數嘗試者僅僅懷著一種建立秩序，甚至是恢復舊體制的希望去東碰西撞。從查士丁尼到立奧三世繼位，拜占庭的政治動亂頻繁，它經歷了三個正統王朝和六次篡位的宮廷政變，包括十七個皇帝更迭，新結構才大體建立起來。經濟結構是農村公社中的小農經濟、部分莊園的混合形態。它爲政治結構提供稅收和兵源。政治結構是一種軍事官僚體制。公元七世紀起，君士坦丁堡開始實行軍區制度，利用大量的自由農民作兵源，並把地方行政大權交給軍事長官。這種軍區制和古羅馬總督統帥行省軍團的體制是根本不同的，後者以城市爲基礎，前者以農村爲基礎。拜占庭的軍隊由自由農民和擁有世襲份地的軍人組成，根據份地的多寡確定兵役。它實際上包含著軍事封土制的因素。從此，拜占庭有了一支強大的武裝力量，成功地擊退了阿拉伯人的進攻。新結構確立的另一個標誌是《伊蘇里安法典》代替了奴隸制的《查士丁尼法典》。新社會結構的建立甚至對文化系統也進行了進一步清理。東正教雖然屬於新社會結構的組成部分，但由於舊結構瓦解時，相當一部分教會莊園化了，它擁有很多地產，與軍功封土制不能互相維繫。因此，在拜占庭的歷史上出現了連續百年的「破壞聖像運動」。皇帝立奧三世沒收了大量的教會土地頒發給軍人。直到馬其頓時期（公元八六七至一〇五七），拜占庭帝國新的社會結構才最後完成了取代，達到一種互相維繫的狀態。此後出現了社會發展安定而繁榮的局面。

必須指出的是，軍事封土制度會出現功能異化，分裂割據傾向的抬頭必然使中央政府衰落。這突出地表現爲自由農民農奴化，軍功采邑慢慢演變爲世襲莊園。拜占庭經濟結構不斷向莊園經濟演化正是拜占庭衰落的重要原因。然而拜占庭帝國與查理曼帝國不同，它有相對發達的城市和商品經濟，有官僚機器。可以採取措施抑制和減慢功能異化過程。拜占庭社會結構有一個微妙的特點，當功能異化破壞了社會結構的穩態時，中央政府衰落，政權重新龜縮到君士坦丁堡城中，只要國際貿易存在，君士坦丁堡就是修復帝國的據點。所以我們在拜占庭帝國長達八百年的歷史中，可以看到它的版圖處於一種反反覆覆的伸縮之中。每當社會結構不能互相維繫時，農民起義和外來入侵總是或多或少地消滅積蓄在社會結構體內功能異化的結果和無組織力量。爲下一次修復打下了基礎。這種情況，直到君士坦丁堡的海上國際貿易地位被新發展起來的意大利城市取代時才結束。拜占庭帝國一直維持了近一千年。

東羅馬帝國建立了一種不同於西歐封建社會的結構，給我們一個重要的啓示：我們只要對任何一個社會的結構，它的潛組織要素產生的過程，以及相互結合和取代的條件進行具體分析，就不僅可以理解是什麼樣的新結構可以取代它，還可以明白，每當一個舊社會結構瓦解時，由於不同地區的社會生活不同，社會結構瓦解後剩下的組織要素不同，就爲不同形態的新結構提供了各種可能。也就是說，社會結構的演化會出現分叉現象。當一種社會結構形成了功能耦合系統時，它自身的調節能力可以維持穩定。這時諸如經濟、政治、文化、社會心理的某些細小差別，英雄和領袖的作用，外來微小干擾等等不可能對社會結構產生重大影響。然而當舊結構趨於瓦解時，以上因素對形成新結構的作用則不可忽視。

新結構的形成之所以對各種偶然因素十分敏感，關鍵在於潛組織要素從舊結構剝離下來後，本身並不穩定，在不同的條件下，會出現各種各樣的變化，它們如晶種一樣，會造成由它們發展起來的潛結構出現很大的不同。在這裏，我們解決了本書一開始就提出的一個重大的理論問題：既然人類社會都起源於原始部落和氏族社會，爲什麼會出現東西方模式的巨式差異，爲什麼人類歷史上會有形形色色的社會結構。我們所說的解決，是指提供了一種方法。要真正理解各文明的演化道路，還要具體地分析各種演化機制，分析不同社會結構的組織要素，分析其特殊的功能耦合系統。雖然，有些要素還埋沒在歷史的塵埃中難以知曉。但是，從理論上我們可以斷定，人類歷史的演化既不像機械決定論者所說的那樣是一條直線，也不是一片無規律的混亂。歷史的發展有著自己的規律，無非是這種規律和人們原來想像的因果關係和決定論有所不同罷了。

第四章　為什麼資本主義社會首先在西歐確立

議會除了不能使一個女人變成男人和使一個男人變成女人外，它能夠做一切事情。

——英國格言

四．一　中世紀城市和古希臘羅馬城市、東方古代城市的差別

現在，我們來討論爲什麼資本主義社會最先從西歐封建社會中產生？表面上看，要回答這個問題必須對各式各樣的傳統社會結構進行分析，研究它們的演化過程。中世紀西歐、中國、日本、印度、拜占庭的社會結構各不相同，在這裏逐一進行具體分析似乎是難以實現的任務。然而，由於資本主義社會結構有某些獨有的特點，可以使我們從理論上作出推斷：近代資本主義文明只可能在類似西歐封建社會的結構中產生。

資本主義社會取代封建社會也要經歷結構取代的三部曲。首先是潛組織要素的出現，其次是潛組織要素形成功能耦合的結構，最後是潛結構取代舊結構。資本主義社會中經濟結構的潛組織要素是商品資本和雇傭勞動，政治社會結構中的潛組織要素是代議制和契約關係，意識形態中的潛組織要素是個人觀念和工具理性爲代表的現代價值。這些潛組織要素有一個重要的特點：它們往往出現在以城市爲中心的地區，大多只能在城市中完成結合。從這個特點出發，聯繫社會結構的取代條件，我們可以得到一個合乎邏輯的結論：如果城市是舊社會結構不可分離的組成部分，那麼無論這種舊結構是什麼，它們都不能成爲資本主義潛結構形成的母體。道理十分明顯，如果城市是舊社會結構的有機組成部分，那麼，當舊結構瓦解時，城市也必然同舊結構一起同歸於盡。

資本主義潛組織要素與西歐封建社會潛組織要素除形態不同外，有一個根本的區別，這就是：它們不能游離城市而存在。自給自足的莊園可以從舊結構中剝離出來，市場經濟卻不行。基督教可以游離出城市而鄉村化，但現代價值卻需要城市作爲實現的場所。代議制和契約關係也是同樣。所以，假如城市屬於舊結構不可分離的部分，它就會從兩個方面破壞資本主義潛結構的形成。首先，它作爲舊結構的統治中心，是舊勢力最強大、最頑固的地方，即使資本主義潛組織在這裏產生，成長也十分困難。第二，當城市隨著舊結構瓦解而衰落時，資本主義的潛組織由於無法從城市中剝離出來，它會隨著城市的衰落而消亡。

歷史學家認爲，中國和拜占庭封建社會興盛之際，如果僅僅從商品經濟的規模來看，它們遠比中世紀的西歐發達。從拜占庭君士坦丁堡市政長官的法令彙編中可以看到，公元十四世紀時，君士坦丁堡私人作坊及個體手工業者極多，他們在商品經濟中占有重要地位。行會力量也十分強大，城市人口已達六十萬以上。中國大一統王朝的末期也是這樣。明末景德鎮製造瓷器的工人達十萬之眾，而且大多數都採用雇傭勞動形式。⑥⑤一般說來，城市生活繁榮，市民文化就容易產生。

今天，人們公認人文主義起源於意大利文藝復興時期。其實，人文主義最早出現在拜占庭。早在十一世紀，拜占庭著名的哲學家米海爾普塞魯就發展了柏拉圖的哲學思想，提出哲學應與神學分離。十三世紀以前，拜占庭就出現過類似意大利文藝復興的思潮。當時人們熱愛古典文化，崇拜理性力量，注重人的個性。不少意大利青年來到這裏求學。拜占庭許多著名的學者常去意大利講學，比如瓦爾拉姆和他的學生皮拉特，就曾教過意大利著名的人文主義者彼特拉克和薄伽丘學習希臘文字。格米斯脫・普利頓爲了傳播希臘和羅馬文化，在佛羅倫薩創辦了柏拉圖學院。可以說，拜占庭的人文主義思潮直接促進了意大利文藝復興。

然而，這些有可能指向資本主義社會結構的潛組織要素在中國和拜占庭封建社會中的命運如何呢?它們雖然發達，卻不能相互結合。它們在舊結構的土壤上顯得繁花似錦，卻不可避免地隨著舊結構的衰落而凋謝了。中國傳統社會的市場經濟，根植於郡縣城市和地主經濟中，它是舊結構的組成部分。中國封建社會中的城市大多是郡縣政府衙門的所在地。大一統王朝一旦瓦解，這些城市的衰落也往往降臨。每當中國大一統王朝崩潰之時，動亂首先破壞城市，於是市場經濟常常在焚毀舊結構的烈火中化爲灰燼。拜占庭帝國瓦解也同樣出現城市衰落及自由農民農奴化現象。雖然中國和拜占庭社會的演化模式並不相同，但資本主義結構都不能在這些社會中確立起來。

從結構上看，是否存在著這樣的封建社會：它內部有相對發達的城市，但城市又不是社會結構不可分離的組成部分呢？有的，它的典型代表就是西歐封建社會。西歐封建社會的經濟結構都是莊園領主經濟，政治結構是貴族政治。社會組織框架主要不依靠城市。農奴和領主的關係構成主要的經濟關係網，一個個孤立的高牆壁壘的城堡是莊園領主的統治中心。因此，城市一旦形成，從一開始就是與舊的封建結構對立的東西。它並不屬於舊的封建結構。這一點，可以從西歐封建社會城市的起源得到證明。西歐中世紀的城市是西歐封建社會基本形成後才慢慢出現的。從它產生之日起，就沒有被組織到舊結構的框架中去。

關於西歐中世紀城市的起源問題，有各種各樣的說法。如「公社」起源說，「莊園」起源說，「市場法」起源說，「衛戍」起源說等等。有人認爲它們是羅馬社會殘留下來的，有人則說是宗教集會中心形成的。近年來，有愈來愈多的證據表明，上述起源說並不正確。中世紀西歐的城市既不起源於伯爵的城堡，也不起源於大教區管轄的中心。從地理位置上講，它們建立在商業貿易的交結點上，出現在封建關係最薄弱，封建統治鞭長莫及或權力真空的地帶。例如，中世紀德國的城市，最初是一些商人從伯爵領地中借來的「城堡防效區」或公有土地，用柵欄圍起來，作為臨時售貨點或居住點。他們付給領主一些租金。逐步地，柵欄內形成了一種不同於領主莊園的社會生活，一種不同於領主莊園的政治經濟關係。

正因為中世紀西歐的城市不是舊社會結構的有機部分，而是摻進舊機體的異物。所以在這些城市中，舊社會結構的控制力量相對薄弱，無法阻礙潛組織因素的結合。儘管西歐中世紀的城市較小，無法同東方大帝國的城市相比，但卻使資本主義結構的潛組織因素很好地結合了起來，並日益地發展、壯大。歷史學家們認為，雖然西歐中世紀城市有各種各樣的差異，卻存在著三個共同的要素，即：貿易、市民和市政府。這三者不僅是新社會結構的基本要素，而且一旦出現，就是完備的，可以互相結合的。它們彼此之間形成了功能耦合系統。

因此，在西歐封建社會中，潛組織要素的產生和潛結構的形成是一個連續的過程。在西歐封建社會遠未衰落之際，潛結構就順利地形成了。其標誌是城市自治。自治意味著建立一個政治機構來對新經濟結構進行調節，突出表現在設立一種保護機構來對抗領主，維護市民生活和商業貿易，並為市民文化的生長提供土壤。雖然城市自治政府並不能完全排斥領主的權力，他們不得不繳納賦稅並服役。但他們有相當大的獨立性，城市有自行管理的行政官，有團體印章，有市政廳和鐘塔。即使是封建稅收，也是由城市政府來課稅，領主不能直接徵收。

城市的興起在人類歷史中並不是什麼新鮮的事情，城市自治也並不罕見。但中世紀西歐的城市卻是史無前例的創造。說它史無前例，並不是指城市貿易中心和商品經濟的特點，而是指它同原有社會結構的關係。中世紀的城市自治與古希臘羅馬的城市自治根本不同。羅馬的城市雖然也實行自治，但它們是羅馬帝國社會結構的有機組成部分。它們在維繫帝國政治文化統治的同時，又是帝國賴以生存的經濟命脈。儘管在後期城市對整個社會生活發生著愈來愈重大的作用，但對於西歐封建社會的結構組成來說，城市是無關緊要的。

正因爲如此，當舊結構之桶瓦解時，它不僅可以獨立存在，還會一天天壯大，成長爲一個新社會的容器。在西方我們可以看到一種奇特的歷史進程：城市的壯大繁榮和封建社會的衰落同步。而不是像中國，拜占庭的封建社會和古羅馬所見到的那樣，城市興盛於舊社會結構的鼎盛時期，又與舊社會結構一起瓦解。公元十二到十四世紀，是西歐封建社會衰落的時期，而西歐城市的數目卻在此時增長了十倍，每個城市的人口也平均增長了兩到三倍。眾所周知，資本主義潛結構，正是在這時形成的。

資本主義社會興起的過程很像埃舍爾的名畫「解放」。最後飛出的那些天鵝就是資本主義結構。它們是從畫面上的那個白色三角形演變而來的。如果我們說，那個白色三角形代表著政治、經濟、意識形態三個子系統構成的新結構——中世紀城市的話，那麼，它在畫面上恰好是黑色圖案本身的空隙部分。黑色圖案代表著歐洲中世紀的封建社會結構。應當說，任何一個人在揮毫做畫之時，都無法擔保圖案的空隙部分正好形成一個潛圖案，就像一個組織的否定和異化不一定恰好是另一個組織一樣。而西歐封建社會向資本主義的轉化恰好是這樣的關係。資本主義商品經濟剛好同自給自足的莊園經濟相反，統一的資產階級政府剛好同分裂割據的貴族政治相反，論證近代資本主義爲正當的意識形態亦是從否定天主教中形成的。只要舊的封建結構瓦解，相反的白色圖案就放大。這種特殊的取代機制只有類似西歐封建社會的結構才有。我們認爲它正是西歐封建社會最先演變到資本主義的原因。

四・二　影響資本主義確立過程的三種因素

人們自然不會滿足於這種高度宏觀的分析。因爲中世紀的英國、法國、德國都確立了大致相同的封建結構。但是，資本主義社會建立的過程卻大不相同。其中，英國最先確立了資本主義結構；法國資產階級革命經歷了大革命的風暴，比英國晚一個世紀之多；而德國的封建社會最頑固，整個取代過程步履維艱。既然英國、法國和德國在中世紀的社會結構基本一樣，爲什麼資本主義取代封建社會的過程有如此大的區別！只有解決這些問題，才能對資本主義在西歐確立的原因獲得進一步的理解。

實際上，這三個國家封建社會結構相同只能決定結構取代的第一、第二階段相同，即城市在封建結構中的狀況相同，它保證了資本主義萌芽的產生及結合爲潛結構的情況大體一致。無論英國、法國，還是德國，在十四世紀以前，城市發展的規模和程度都大致相當，然而，資本主義結構的建立有待於潛結構的壯大，並取代舊結構。結構取代的第三階段完成得是否順利，就要看其他條件了。中世紀後期，隨著封建社會的衰落，城市的數量和規模都有了很大發展，已經具備了最後取代的可能性。雖然舊結構已經鬆弛，搖搖欲墜，但潛結構要占據主導地位，還有許多困難。最大的障礙就是如何消化像海洋般的農村。資本主義結構從潛組織發展到占主導地位，意味著原來僅限於城市的市民社會要放大成整個社會。不僅其經濟、政治和意識形態三個子系統有待進一步的成熟，更重要的是戰勝農村，統治農村。用管理城市的辦法管理整個社會，用經營工商業的辦法去經營農業。這個問題是以往社會結構的歷史變遷中沒有遇到過的。

在近代資本主義文明社會產生以前，傳統社會都是以農村生活爲其主要特徵。中世紀後期的城市雖然強大，但整個市民人口卻不到總數的百分之二十。城市雖然是一個潛在的新社會結構，但對農業社會來說，每一個城市只是一個小得可憐的潛組織。一個個城市星羅棋布地生長在農村的海洋之中，只有把它們聯合起來，才有可能戰勝農村。這個過程是不會自發實現的。把一個個的城市變成統一的城市文明所遇到的內在障礙就是城市自治。中世紀的城市既然能從舊結構中游離出來，本身就具有另一種封閉性。這種封閉性在結構取代的第一、第二階段起著保護的作用，但在第三階段就成爲取代的障礙。正如本書第三章第二節中所說的農奴制世襲領地可以從羅馬帝國結構中剝離下來而具有封閉性一樣，對新事物的成長來說，每一次輕而易舉的勝利都會帶來未來的艱難困苦。自治城市雖然發展很快，卻不可能依靠自身的力量去實現統一。

有關自治城市必然帶來封閉性的問題，古希臘社會是一個典型的例子，顧准對此作了精闢的論述。他認為，希臘的自治城市和城邦民主制必然形成每一個城市以自己為中心的「城邦本位主義」，即使城市間的文化是一致的，經濟上是非自給自足的，但自治的外殼卻使政治上難以實現統一。㊱顯然，羅馬帝國建立統一的城市帝國，依靠的是羅馬軍團去實行民族征服戰爭。實際上，古代社會中那些包容眾多城市的社會結構都不是依靠城市自身的放大建立的。無論是中國傳統社會，拜占庭或阿拉伯帝國，都是如此。中世紀城市雖然性質上和古希臘羅馬的城市不同，但自治帶來封閉性這一點卻很類似。

那麼，資本主義潛結構怎樣才能不斷壯大，才能克服自身封閉性的障礙呢？顯然，要使潛結構發展到主導地位，必須使經濟、政治和意識形態結構都突破城市的外殼，伸展到農村去。因此，它必須完成如下三個轉變：

第一、把城市中原來僅僅建立在商業和手工業中的資本主義經濟關係推廣到農村去。在十八世紀產業革命以前，歐洲經濟結構中最重要的部份仍然是農村。中世紀城市資本主義關係僅僅出現在商業流通和手工業中。使經濟結構完成從封建經濟全面向資本主義經濟的轉變，必須實現農業的資本主義化。

第二、市政廳轉變爲資產階級政府。中世紀每一個城市都有它的自治政府，但是這些政府的總和並不等於一個資產階級政府。每一個城市都有自己的利益，對其他城市的利益它往往無動於衷。因此，它們的總和不能代表整個資產階級的利益。因爲城市本身具有離心傾向，資本主義政治結構的最後取代不可能通過各城市爲維護自己利益建立城市同盟的方式來實現。德國中世紀的城市同盟就是例子。一二六五年瓦解的「萊茵同盟」曾有一百個城市參加。一三七六年內烏爾姆、康士坦茨等十四個城市組成的「士瓦本同盟」，最興盛時也有八十個城市參加。著名的「漢撒同盟」曾控制北方海上貿易數百年之久。但是，這些城市同盟都不關心德國的統一，沒有組成統一的資產階級政府。因此，要把一個個城市中市民獨立的政治力量組成一種統一的資產階級政府，完成政治結構的取代必須通過凌駕於城市之上的統一力量，需要一種能夠把他們組織起來的仲介。

第三、現代價值要成爲社會占主導地位的意識形態，必須以宗教改革爲仲介。雖然個人觀念和理性主義可以在城市生活中占主導地位，但不要忘記，在中世紀後期，市民充其量占人口總數的百分之二十，現代價值在廣大農村占據統治地位談何容易。做到這一點需要宗教改革，現代思想唯有通過宗教才能深入農村，統治農村。顯然，這三個轉變反映了資本主義潛結構發展成占主導地位的社會結構所必須的過程。只要其中之一沒有完成，資本主義結構的取代就不能最後實現。

那麼實現這三個轉變需要什麼樣的社會條件呢?從英國圈地運動和德國容克地主向資本家轉化過程中,我們看到,實現第一個轉化的條件是保證資產階級能夠順利地進行土地兼併。實現第二個轉變需要強化王權來作為實現政治統一的仲介。第三種轉變即為基督教的入世轉向,特別是新教的出現。新教的個人主義和理性和信仰的分裂,為現代政治經濟結構提供了正當性基礎。或者通過啓蒙運動。

現在,我們可以理解,為什麼英國、法國和德國建立資本主義結構的方式存在著巨大的差異,其原因正是這三種轉變進行的速度和方式不同。雖然中世紀時這三個國家的社會結構基本相同,但王權興起的時間不同,市民力量和諸侯力量的對比不同。這些因素一般不影響潛組織要素的出現及潛結構的組成,但影響潛結構發展成占主導地位的社會結構的歷程,從而對結構的取代的第三階段造成重大影響。

我們先看政治結構的取代。市民組織要強大起來、統一起來,作為在全國占主導地位的政治力量,一定要依靠王權來做為仲介。王權的強大和城市的聯合可以成為國家在政治上統一的仲介。但如果王權過分強大,事物就會向另外的方向轉化。王權畢竟不代表新的社會結構,它會反過來成為取代的障礙。因此,王權、諸侯和市民力量在不同時間的對比及變化,對政治結構的取代有重大影響。

這種複雜的影響也會從經濟結構的取代中表現出來。要使封建的農業經濟轉變為資本主義

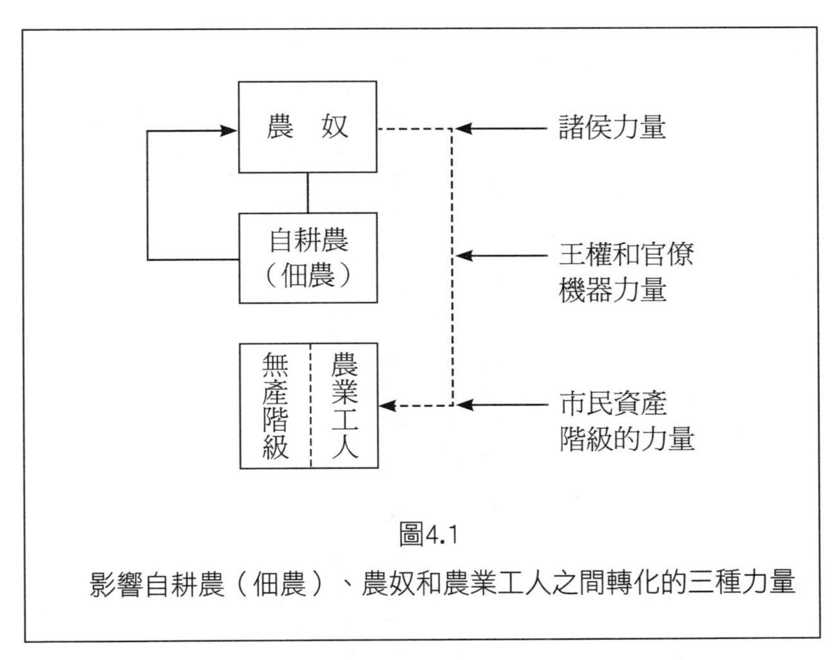

圖4.1
影響自耕農（佃農）、農奴和農業工人之間轉化的三種力量

農業經濟，常常是先把農奴轉變爲自耕農或佃農，再把自耕農或佃農變爲農業工人或雇傭勞動者。（**見圖4.1**）而農奴轉變爲自耕農是一個可逆過程。關鍵取決於封建社會中諸侯力量、市民力量、王權力量之間的對比。眾所周知，市民力量的強大和王權的強大有利於農奴轉化爲自耕農。相反，諸侯力量強大則可以使自耕農再度淪爲農奴。因此，經濟結構轉化的關鍵是這三種力量的消長。王權和市民力量的增長對破壞封建農奴制經濟有利。所以王權的強大有助於經濟結構的轉化，但是不是愈強大愈好呢？並不是這樣。因爲市民力量增長引起經濟結構變化的機制與王權增長引起經濟結構變化的機制是不相同的，它們的作用方向也不同。市民力量的增長標

誌著城市和商品經濟的發展不斷地戰勝領主經濟，而王權的強大對莊園的破壞則是另外一種機制。王權通過官僚系統去限制和削弱農奴對領主的依附關係，特別是國王剝奪領主在領地內的權力，更有利於農奴向自耕農的轉化。王室領地擴大，官僚系統控制全國，標誌著剝奪領主對農奴的人身控制。一旦農奴擺脫對領主的依附關係，就由自己過去份地的大小來決定它是自耕農還是佃農。對於國王和市民來說，轉變農奴爲自耕農的目標是一致的。但這種轉變一經完成，下一步利益會立即背道而馳。王權要限制土地兼併，保護自耕農利益，以便擴大稅收，鞏固統治。資本主義經濟卻要求瓦解自耕農經濟，使農民變爲雇傭勞動者。因此，王權強大到一定程度，又會與市民利益相衝突，反過來遏制城市的力量，阻礙經濟結構的取代。同樣，這三種力量的不同，現代價值確立的方式和道路也不相同。

因此，這三種力量不同的增長方向，也就決定了英國、法國和德國的不同道路。首先，假如王權的力量增長過快，壓倒市民與諸侯力量之和，王權就可以依靠官僚系統形成絕對君主政體。那麼，國家雖然統一了，卻不是資產階級的國家。王權雖然在早期充當了仲介，後來卻不利於資本主義的發展。王權與市民階級的衝突會日益尖銳起來，資產階級的政治結構只有經過一場激烈的社會動盪才能確立。顯然，這是法國式的道路。第二，王權與市民結盟消弱了諸侯的力量，但王權的力量增長不快，官僚機器也不完善，王權既充當了轉化的仲介，又沒有能力長期停留於絕對君主制階段。結果，經濟結構由自耕農經濟迅速地向資本主義經濟轉化，很快實現了結構取代。這是英國式的道路。第三，由於王權長期衰落，封建經濟的瓦解主要是商品經濟發展的結果，諸侯力量大於王權力量與市民力量之和。那麼，王權就無力充當仲介了，統一的國家也就建立不起來，資本主義政治結構的壯大就會遇到巨大的障礙，以至舊社會瓦解後結構取代仍不能完成。那麼，舊結構在瓦解過程中會反過來對潛結構造成一定程度的破壞，使城市衰落，自耕農向農奴倒退，出現所謂「再版農奴制」。結果資本主義長期不能發展，這就是德國的狀況。下面，我們來具體剖析一下這三條不同的道路。

四．三　議會和三角形均勢：英國捷足先登

我們首先從理論上分析一下王權力量、諸侯力量和市民力量怎樣變化才會使資本主義潛結構最容易取代舊結構。顯然，市民力量直接代表著資本主義潛結構的壯大程度，諸侯力量代表舊結構的勢力。那麼，王權力量代表什麼呢？前一節我們指出，王權在政治上代表統一的封建政府，經濟上則要維持自耕農佃農經濟。顯然，這正是封建結構和資本主義結構之間的東西。（見圖4.2）王權實際上代表西歐封建社會結構與資本主義社會結構之間的仲介結構。它不同於西歐典型的封建結構，也不同於資本主義結構，是結構取代的中間階段。仲介既然要完成結構轉化的橋樑作用，那麼，它的最優狀態就是既存在，又不穩定。任何仲介體過於穩定都會使轉化停滯於中間

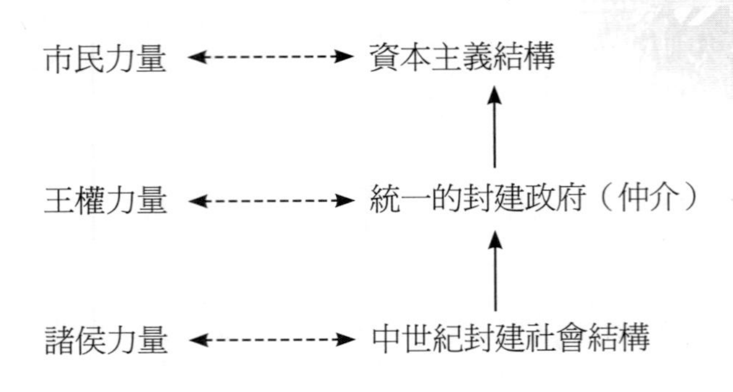

圖4.2　王權作為社會結構轉化之仲介

階段。因此，王權、諸侯、市民力量只有具備如下模式，仲介體才是最優的。這就是，諸侯力量不斷減弱，市民力量不斷壯大，當市民力量強大到一定程度後，王權力量的增長受到遏制。如果這三種力量如此有序的消長，取代進程便最爲順利。

一般說來，在封建社會中，市民力量隨著資本主義潛結構和商品經濟的發展而增長，諸侯力量則隨著舊結構的瓦解而削弱，但王權力量的發展卻可以大起大落，諸侯力量強大到一定程度會使王權迅速衰落，而王權力量一旦強大起來，官僚機構的膨脹速度會大大快於市民力量的增長速度。怎樣才能使王權力量處於最合適的比例呢？唯一的辦法是利用王權、市民和諸侯之間的複雜關係，依靠它們兩兩結盟的機制。王權與市民在維持統一方面利益一致而與諸侯對立，諸侯在反對官僚機構方面和市民利益一致而與王權對立，王權和諸侯在維繫小農經濟方面一致而與市民對立。這就造成了一種可能性，它們三者可以在不同條件下兩兩結盟。

我們可以從理論上證明，當王權、諸侯、市民存在著兩兩結盟的可能性時，它們三者的力量一旦符合三角型條件，就能保證王權作為一種最優仲介體。

所謂三角型條件是指這三種力量任何兩個相加都大於第三者，就像三角的任何兩邊相加都大於第三邊一樣。只要市民、王權、諸侯三種力量的比例符合三角型條件，它們中的任意兩個聯合都大於第三者（見圖4.3）就能保持王權仲介的存在，又控制王權的膨脹。當王權弱小，諸侯力量強大，威脅國家的統一時，市民力量與王權力量的聯合大於諸侯力量，就可以保證國家的統一。當王權力量過大，市民又轉過來與諸侯結盟，兩者的力量就可以遏制王權的增長。當然，另一種結盟的可能性也存在，那就是王權與諸侯結合反對市民。但我們知道，封建社會結構由於其內部功能的異化，不可避免地有諸侯勢力減弱、市民力量增強的歷史趨勢。

這樣，我們就從理論上推出了一個結論：只要王權、諸侯、市民三者存在兩兩結盟的可能，它們的力量

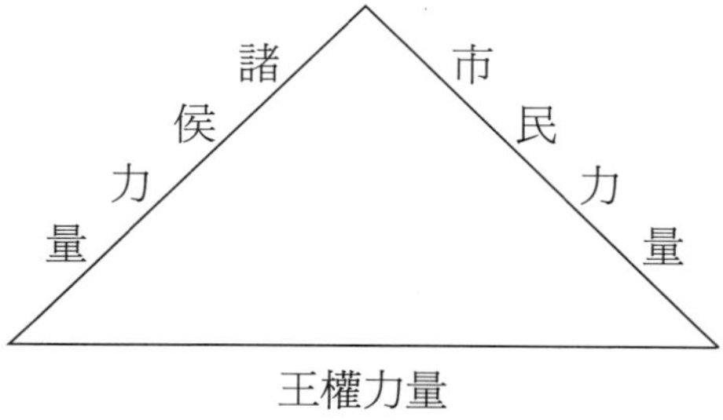

圖4.3　三角均勢

滿足三角型條件，就會出現一種最佳的仲介體，使結構取代最爲順利。英國之所以最早進入資本主義，正因爲它具備了這個條件。

從歷史上看，西歐各國中最先出現強大王權的是英國。這同威廉公爵征服英格蘭，輸入西歐封建制度直接相關。諾曼底軍隊一共有一萬二千人，其中被分封土地者有五千人。而當時英國人口已達一百五十萬。⑰

爲了維護少數外來者的統治，英國必須強化王權。在封建社會早期，市民階級尚未興起之時，王權往往是比較脆弱的，常常如曇花一現，很快被膨脹了的諸侯力量所吞沒。但英國在十二世紀以前，由於存在特定的條件，王權一直保持著相當的力量，這是因爲英國諸侯的土地是在征服過程中逐步分封的，所以諸侯封地往往很分散，這一點與歐洲大陸的情況不同，諸侯力量的發展不致於很快強大到威脅王權的程度。另一方面，王權卻可以聯合英吉利人反對諸侯，這一切使英國的王權在十一到十三世紀時一直保持相對穩定。從一〇八六年國王頒布的土地調查書的內容可以看出當時王權力量的強大，連農民圈養豬的數目都有記載。國王通過土地調查，普遍建立起向諸侯徵收土地稅的制度，這在西歐大陸是罕見的。表4.1是一〇八六年和一二七九年英國劍橋郡的大、中、小莊園的百分比數目。這表明，在十一至十三世紀期間，英國諸侯力量的發展受到遏制，農奴維蘭的平均分地也由六十英畝減至十五英畝。⑱十一世紀後，英國的城市開始興起，到十三世紀時，市民力量日益強大。此時王權更可以聯合市民反對貴族諸侯。亨利二世曾頒布武裝詔令，建立由市民和自耕農組成的武裝民兵，以擺脫軍事上對封建騎士的依賴。[69]

表4.1　英國劍橋郡十一至十三世紀莊園變化

年　代	大莊園百分比	中莊園百分比	小莊園百分比
西元一〇八六年	58％	34.2％	7.8％
西元一二七九年	23.5％	38％	38.5％

這樣，到十三世紀後，英國王權力量、市民力量，諸侯力量順利地走進了三角形平衡區，建立了社會結構取代的最佳仲介狀態，王權既不會被諸侯吞沒，也不會過分強大。當諸侯的分裂傾向嚴重時，王權就與市民聯合起來，去保持統一；當王權出現專制的傾向時，市民就與諸侯攜起手來，防止官僚機構和國王權力的膨脹。由於兩兩結盟的可能性存在，任何一方也不能用自己單一的力量形成獨自統治的格局，只能出現相互維持均勢的局面。這時，歷史要求出現一種新機構，一種新制度，它能夠體現三種力量的均勢，執行兩兩結盟，遏制一方的功能。這種機構果然被創造出來了，它就是議會制度，歷史證明，這種通過兩兩結盟遏制一方不占絕對優勢的機制，不僅是早期英國議會的主要職能，而且還反映了代議制政治成長的過程。

英國議會產生於十二世紀亨利二世召開的「大會議」。考察一下亨利二世爲什麼要召開大會議是很有趣的。一一三五至一一五四年，諸侯割據力量有超過王權的趨勢，貴族發動了叛亂，亨利二世不得不與平民力量結盟，利用騎士和市民的支持同封建主進行鬥爭，拆除了在內亂中封建主修建的城堡，並把與市民的結盟用法律形式固定下來。規定騎士、市民和自由農民都有權越過領主法庭直接向國王法庭上訴，從法官和軍人，而不是從貴族中選拔郡長，取消騎士的軍役，代之以「盾牌稅」等等。⑰這次結盟的直接成果是召開由國王、市民和領主三方參加的大會議，從而出現了議會制度的萌芽。

十三世紀初，英國王權增長過快，諸侯和市民又結盟反對王權。當時，約翰王借助官僚機構的力量不斷擴張勢力。由於他反對教皇的失敗，每年要向教皇交納一千鎊的重稅，於是他把負擔轉嫁到諸侯和市民的身上，通過沒收諸侯土地，任意增加城市新稅等辦法，獲取資金，膨脹官僚機構，擴大王權。英國眼看就要走上絕對君主制的道路。因此，諸侯與市民力量之和開始發揮作用，一二一五年在大貴族的領導下，貴族、騎士和市民聯合舉行大暴動，約翰被迫於當年六月十五日簽署了著名的《自由大憲章》。《大憲章》肯定了「大會議」的權力，強調國王只有取得「大會議」的同意，才能向封建主和市民徵收額外的臨時稅和附加稅。大憲章規定：國王必須遵守法律。如果國王違法，臣民有權強迫他尊重法律。⑱

在十三至十四世紀，兩兩結盟的情況在英國屢屢發生。一二五八年，亨利三世爲了給兒子謀取西西里的王位，不惜破壞《大憲章》，強迫貴族和騎士交納其收入的三分之一給王室。這時，又出現了貴族和市民的聯合。大貴族們用武力衝進王室，迫使亨利三世驅逐法籍大臣，實行改革，再度召開「大會議」。一二五八年六月，「大會議」在牛津開幕，通過了著名的「牛津條例」，國家政權暫時交給諸侯操縱的十五人會議掌管。這時，諸侯們已經懂得，如果僅僅依靠他們本身的力量不可能戰勝國王，所以，以孟福爾爲首的主張長期與市民結盟的開明集團戰勝了頑固派，終於在一二六五年，創建了現代議會的雛型。以後三十年間，兩兩結盟的現象仍然不斷出現，到一二九五年，愛德華一世不得不承認三角均勢，召開議會。當時出席議會的成員有四百多人，其中大主教二人，主教和教士十八人，修道院院長六十六人，其他宗教階層的首腦三人，伯爵九人，男爵四十一人，騎士六十三人，市民代表一七二人。⑫這次會議史稱「模範議會」。⑬從此確立了以三角均勢爲背景的協商政府的形式。

這說明，在任何兩方的結盟都可以壓倒第三方時，整個社會的各種政治力量遲早會明白，與其在軍事政治鬥爭中表現實力，不如由三方共同建立一個協調機構，用表決來解決問題。從此，議會制度就被歷史創造出來了。那些死要面子的貴族表示不屑於同市民一起開會，議會不得不一分爲二，貴族組成上議院，市民組成下議院。在國王、諸侯、市民三者中，國王力量最強，故處於領導地位，設立了一個「常設咨議會」，即樞密院，它代表國王執掌行政大權，這就是內閣制的萌芽。十四世紀以後，代表三角均勢的議會正式確定爲一種制度。到了十五世紀，議會取得了整個立法權。這種由於三角均勢導致的議會制度，對英國資本主義社會結構取代封建社會結構起了重大作用，它使王權在取代過程中充分實現了仲介體的作用，而不是障礙。

議會制度的一個重要作用是阻止官僚機構的膨脹。英國雖然很早就設置了官僚系統，但由於三角均勢的存在，立法權牢牢地掌握在議會手中，官僚機構不可能膨脹起來，只能一直處於「吏」的地位。一六九四年，議會頒布法令規定稅務人員不得參加議會。一七〇一年又規定，凡領取皇家薪俸和養老金的官員不得成爲議員。稍後，又規定政府部門的官員，除少數高級官員外，不許參加黨派和政治活動。一七一〇年又頒布法令規定，任何郵政人員通過口頭、書信或其他方式運動選民，要受到罰款和免職的處分。後來又規定取消郵務人員、稅務人員和警察的選舉權。這些規定一直延續到十九世紀。英國的文官始終不得兼爲議員，不得介入黨派活動。議會手中掌握著立法權，是官僚機構膨脹的巨大障礙。

人們常說，英國之所以最早建成資本主義，是同英國的貴族與資產階級關係密切相聯的。大量的中小貴族經商，經營土地，和市民打成一片，所以他們能和市民結盟限制王權，那麼，爲什麼獨獨英國的貴族如此開明？爲什麼英國從事商業的貴族們不恥於市民事業呢？究其原因，關鍵是官僚機構受到議會的遏制。我們知道，隨著商品經濟的發展，封建關係解體，貴族騎士有三種轉化道路：一是動搖長子繼承制，諸侯的土地愈分愈小，諸侯人數愈來愈多，土地日益分割，大量貴族不得不成爲游手好閒者或攔路搶劫的匪徒；二是失去封地的貴族轉變爲國王的官吏，即貴族子弟成爲官僚機構的來源；三是貴族去經商。這三條道路在封建社會中都是可能的，但哪一種占優勢則取決於仲介體的狀況。如果王權弱小，仲介體不存在，那麼必然出現第一種情況，即德國中後期的情況。如果王權過於強大，官僚機構發展很快，貴族無疑於傾向變成宮廷官吏，這也就是法國的情況。據統計，十六世紀法國享有各種特權的貴族多達一百萬人，⑭到十八世紀後期還有四十萬左右，其中有爵號的宮廷貴族共約四千戶。⑮在英國，這兩條道路都走不通。諸侯的土地不能無限分割，王權也不能無限膨脹，社會秩序又相對穩定，貴族的其餘子女只有經商。所以，十三世紀以後，英國慢慢地形成了一種傳統，封地由長子繼承，次子以下的貴族子女進入商界。當時大公司的學費往往要二百至三百鎊。許多貴族子女不得不經商，形成了李爾本之類的特殊學徒階層。

議會制仲介體的形成，不僅促使貴族去經商，而且有利於資產階級取得騎士的稱號。由於英國很早就形成了三角均勢、兩兩結盟的政治共同體，使三股勢力在政治滾動中日益融合了身分差別。所以，英國騎士和貴族的爵號是廉價的，國王很樂意用它來增加自己的收入。資產者只要付少量的「盾牌稅」就能進入騎士行列。在貴族政治或君主官僚政治系統中，身分之所以重要，是因爲它決定了貴族的政治權力。而在英國這種議會制系統中，身分制的政治作用逐步削弱了，甚至資產者把貴族的爵號作爲一種負擔，當時在英國有許多紳士爲逃避義務不願接受騎士稱號。查理一世在一六三〇年對收入四十鎊以上無騎士稱號的地主課以罰金。這一年就有一三二五〇人被罰。

這樣，我們可以理解，爲什麼只有英國最早出現由資產階級化的貴族發動土地兼併——圈地運動。王權爲了自身的利益必然要維持自耕農的穩定，這在英國也不例外。英國國王曾多次頒布法令限制圈地，但英國已經形成議會制中介，大量的貴族經商，加入市民資產階級的行列，土地就是他們最重要的資本。國王限制圈地法令的頒布及實行都要受到議會制中力量對比的限制。這樣一來，在英國資產階級革命以前，君主的力量雖還強大，但無奈市民和貴族的兩兩結盟，最終只能限制圈地的速度，而不能消滅它。所以英國的圈地運動出現最早、歷時最長。

隨著議會制的力量對比的變化，圈地愈來愈不可遏制。據R·G·Lang研究，英國資產階級革命前一個世紀，議會議員的大多數已是圈地運動的支持者和獲利者。如倫敦市參議員的一百四十名富商中，有一一八人擁有田產。其中九十六人有三〇九處莊園，平均每人三點二個莊園。當時富商市民把一半以上的資金用於經營土地。一個叫R·阿克戴爾的富商在十七世紀三十年代，用一千鎊錢經商，一一四八五鎊投資土地。⑯如果說英國資產階級革命前，由於議會內政治力量的對比，圈地運動還不能破壞自耕農經濟的話，到資產階級革命後，一系列加速土地兼併的法令頒布了，十七至十八世紀短短的一百年間，自耕農經濟幾乎全部消失了。

同樣，我們也可以理解，爲什麼英國自上而下地進行了宗教改革。因爲議會制中介體的存在，大量市民代表和資產階級化貴族進入國家政權。英國的上層統治階級中新教徒比例很大，才使亨利八世敢於因教皇不批准其離婚請求而同羅馬教廷決裂。一五三四年，國會通過「至高法案」，宣布國王是英國教會的最高首領，擁有任命教會的各種教職和決定教義的權力。有趣的是，在英國現代意識形態形成過程中，議會制中政治力量的對比起著決定作用：議會與國王的鬥爭常常和清教徒運動互相呼應，它表明在英國資本主義社會結構取代封建社會結構的進程中，現代意識形態的形成和政治結構的取代是同步的。國會戰勝了君主，包含著卡爾文教中所蘊含的現代價值同時成爲被普遍接受，成爲現代政治經濟制度的正當的基礎。

自然，三角均勢不可能永遠保持下去，因爲在整個封建社會瓦解的過程中，諸侯的力量是不斷減小的，而市民和王權的力量卻不斷增加。總會有那麼一個時刻，諸侯的力量已小到不足以支持三角均勢，那時就會出現絕對專制王權。然而，此時市民的力量亦增長到相當的程度。

我們用數學公式來證明這一點。令X、Y、Z分別代表王權、市民和諸侯力量。根據三角形的均勢條件，議會存在時必然有：

$$X+Y>Z$$

$$X+Z>Y$$

$$Z+Y>X$$

假定Z爲常數，就可以得到圖4.4，顯然，滿足方程的X、Y在陰影區間。

這個區間的變化取決於Z的大小，當Z很小時，區間如圖4.5所示。也就是說X＝Y，這一結果的意義是：當議會存在相當長的時間，X、Y、Z在議會存在的條件下變動，隨著Z變小，

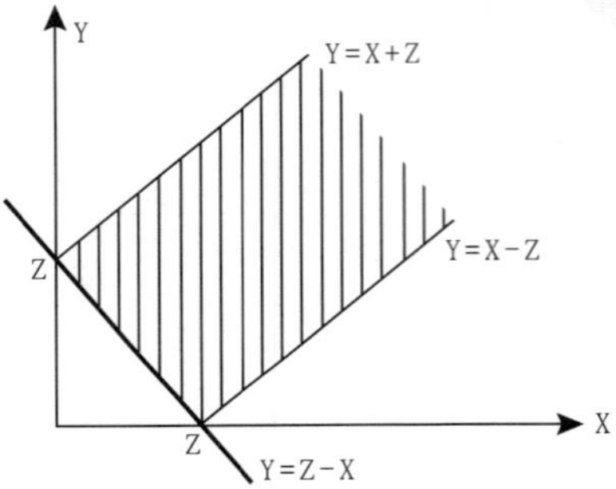

Y
Y=X+Z
Y=X−Z
Z
X
Z
Y=Z−X

圖4.4

Y
Z
減少的過程
X
Z

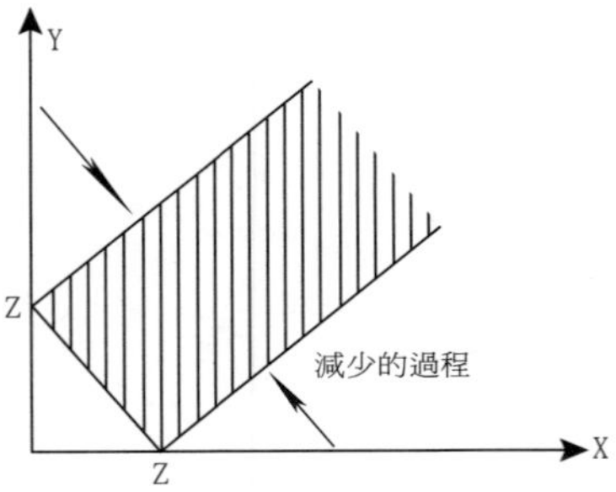

圖4.5

圖4.4，圖4.5　三角均勢的演化

X、Y的大小趨於相等。

我們可以設想，當王權力量增長，諸侯力量減小時，如果市民力量不同步增長，那麼三角均勢就不可能維繫較長的時間，而會迅速破壞。因此，當英國絕對專制出現時，資產階級以它與王權相差無幾的力量出來抗衡。三角均勢的破壞就預示了資產階級革命的前夜，絕對專制王權很快就被清教徒革命推翻，王權的仲介作用結束，資本主義結構實現了取代。

四·四　官僚機構的阻礙和法國急風暴雨式的大革命

爲什麼法國資本主義社會結構取代封建結構比英國晚一百年呢?爲什麼法國道路和英國道路明顯不同呢?這是史學界長期爭論，至今沒有解決的問題。眾所周知，在政治上，法國是採用資產階級大革命的方式，用暴力推翻專制王權，建立了共和國，而不像英國那樣採用君主立憲制實現了近乎於平穩的過渡。在經濟結構的取代上，法國不像英國那樣有持續了幾個世紀的圈地運動，瓦解了自耕農，逐步迫使愈來愈多的農民變成雇傭勞動者和農業工人。對英國來說，資產階級政府確立前後自耕農的瓦解和雇傭工人的產生只是速度和規模不同。而法國大革命前這種轉化過程幾乎不存在。自耕農、佃農經濟足足保持了兩個世紀。法國大革命是市民、自耕農和佃農等第三等級反對封建專制政府的聯合暴動。法國現代意識形態的形成也很特殊，它沒有如同英國和德國那樣，經歷過宗教改革，但卻採取了另外的方式，即通過啓蒙運動來確定現代價值，因此聲勢比英國、德國更爲浩大。

表面上看，這些特點似乎同法國進入資本主義社會比英國晚一百年毫無關係，但是，只要我們認真分析一下法國社會結構演變中王權、諸侯與市民力量的消長過程，分析一下法國王權的特殊形態，就會發現這些似乎毫不相關的現象完全可以得到統一說明。

如果僅僅從中世紀後期封建制度的衰落，王權和城市力量的壯大這兩點來看，法國和英國基本相同。法國主權的強大也相當早。十二至十三世紀時，英法兩國王權力量與城市市民力量的對比相差不多。腓力二世時期（一一八〇至一二二三年），法國戰勝英國金雀花朝，奪取了金雀花朝在歐洲大陸的大部分領地，從而使王權一躍成爲統一全國的力量。腓力二世也採用與市民結盟的辦法來抑制諸侯力量。他實行了全國的司法、貨幣和軍事改革，加強了官僚機器，他規定國王鑄幣爲全國通貨，促進了經濟統一。⑦可以說，在十二至十三世紀，法國同英國一樣，依靠王權與市民結盟大於諸侯的力量，實現了全國的統一，建立起仲介體。但法國和英國有一點不同，法國貴族諸侯與市民之間的等級鴻溝比英國深得多，幾乎是難以逾越的。英國的封建主義是從西歐輸入的，諾曼底人帶著血統等級制度征服不列顛後，不得不同英吉利人的各種觀念融合，結果淡化了等級觀念。而法國卻是西歐封建傳統的發源地，從八世紀到十二世紀約四百年中，貴族等級制度深深侵蝕了所有貴族的靈魂，於是就出現了一個與英國完全不同的情況，即諸侯與市民結盟極其困難。在英國，諸侯只要與市民在利益上一致，雙方就會跨越等級鴻溝，攜起手來反對王權。但在法國，這種結盟幾乎從未實現過。十六世紀後則完全失去了結盟的可能性。法國國王把部分市民商人吸收進官僚機構。法王還把一些主要的稅收包給商人高利貸者，包稅者將稅款預先墊付給政府，然後在政府的保護下向納稅人超額徵稅。這樣一來，整個市民階級被王權分化了，其上層和王權聯合起來對付下層市民。於是，市民階級作爲一個整體與諸侯結盟的可能性勢必喪失。我們知道，英國諸侯與市民結盟大多發生在反抗國王附加徵稅的問題上。但在法國，這種時刻來臨時，被分裂了的市民階級根本無力去同諸侯結盟。特別是由於法國盛行鬻官制度，一般的法官、財政官、稅吏等職務，可以用納捐的方式獲得。資產階級一旦捐得了官職，就可以利用手中的權力，超額收回捐官的本錢。這樣一來，上層市民商人進入官僚機構，成爲穿袍貴族，王權與上層市民的結盟就更加牢不可破。最終使市民與諸侯結盟的可能完全消失。

據此，法國不存在英國那種王權、市民、諸侯兩兩結盟，形成三角均勢的條件。它只有一種可能，就是王權與市民結盟。這樣，法國的王權仲介體就形成了一種不同於英國的形態，不是議會制系統，而是短暫的三級會議和隨後立即出現的絕對君主制政體。

毫無疑問，法國的三級會議類似於萌芽狀態的議會制度。但是，由於法國不存在諸侯與市民結盟的可能，維持三角均勢的機制被破壞了。由於王權勢力的膨脹比市民力量的增長快得多，因此三級會議就不可能進一步發展爲議會，而只能是絕對君主制的前奏。我們翻開法國三級會議的歷史，可以發現一個很奇怪的現象，就是三級會議僅僅出現於王權弱小的時候，王權一旦強大起來，三級會議很快就被膨脹起來的專制王權所吞噬。法國的第一次三級會議是一三〇二年召開的，到了一四八三年，王權足夠強大之後，在七十多年的時間裏，三級會議再也沒有開過。十六世紀末，法國王權再度衰落，三級會議又一次召開。但到了十七世紀初，王權很快又占了統治地位，國王索性把三級會議取消了。直到法國大革命爆發前的一百七十年間，三級會議竟然無人問津。三級會議兩起兩落的過程，說明法國缺乏維持三角均勢的機制，由此不難理解法國王權與英國王權仲介體之間的區別。

從理論上講，三級會議出現的條件是王權力量小於諸侯力量，而王權力量加上市民力量則大於諸侯力量。因此它與市民結盟便能抑制諸侯，實現統一。一三〇二年召開第一次三級會議，究其社會背景，表面上似乎是腓力四世與教皇的鬥爭，實際上是王權與市民聯合反對代表封建割據力量的諸侯。在整個西歐封建社會中，教皇與諸侯在經濟利益上往往是一致的。王權愈衰落，諸侯力量就愈強大，教皇的權威也就愈鞏固。但是由於法國沒有市民與諸侯結盟的可能，三角均勢不能保持，導致王權無限地擴大起來。三級會議從一開始就沒有對王權的約束作用，它的主要職能是決定怎樣分攤新稅，不過對行政和司法的改良提出一些要求，根本不可能像英國議會那樣迫使國王遵守法律。這就難怪法國王權和官僚機構會迅速地膨脹起來。當王權和官僚機構的力量超過諸侯的力量時，英國的議會會出現諸侯與市民的聯盟以抑制王權，而法國的三級會議則絕不可能，唯一的歷史結果就是停止三級會議，王權演化爲絕對專制的形態。歷史證明，一四八四年以後，王權憑藉自己的力量已足以抵制諸侯的分裂割據傾向，因此三級會議就有七十年沒有召開。等級君主制走向了絕對君主制。

馬克思說過：「時間是人類自身發展的空間。」只要有足夠的時間和空間，歷史常願意把內在規律向人們再現一次。十五世紀末，法王發動了侵略意大利的戰爭。一五二五年，法蘭西斯一世在意大利被威亞大敗被俘，喪失了在意大利占有的全部土地。緊接著，法國又陷入三十年宗教戰爭。連綿不斷的戰爭，使法國的王權衰落了，諸侯勢力膨脹起來。王權不得不再次與市民結盟，以維持國家統一的局面。三級會議又一次戲劇性地出現了。但到了路易十三時期，王權又強大起來，三級會議乾脆被取消了。一六一四年，貴族爲了限制一天天膨脹起來的王權，堅持要召開三級會議，但是城市代表不肯與諸侯結盟，他們都支持王室，貴族的計劃完全失敗了。很顯然，法國和英國不同，市民寧可讓國王取消三級會議，也不同諸侯結盟。因此法國的三級會議不能成長爲資本主義政治結構性質的議會。路易十三的首相黎世留加緊從穿袍貴族中選擇官吏，設立非常法庭，懲治叛亂貴族。法國的絕對君主制進入鼎盛時期。十七世紀中葉以後，專制王權官僚機構已強大到這種程度：即使市民與諸侯結盟，也不可能同它抗衡。一六四八年巴黎法院的貴族反對王權鬥爭的失敗，就證明了這一點。

絕對君主制這種仲介體決定了法國的資本主義結構不可能和平地取代封建結構。強大的仲介本身就是障礙。從政治上看，雖然它把一個個自治的城市和廣大農村組織在統一的君權之下，自治城市的市政廳卻是隸屬於官僚機構的。雖然大批的穿袍貴族加入了官僚機構，但這畢竟不是資產階級政府。它同議會制最大的區別在於沒有包含一個像議會這樣的資本主義政治組織。資產階級雖然通過參加官僚機構獲得了一些政治權力，但就一個階級而言，它沒有從舊的政體中分離出自己的組織形式，因此，要從絕對君主制這一仲介體進入資本主義社會，必須首先粉碎原有政體。革命的過程勢必十分激烈，而不像英國在議會制條件下能夠實現較爲短暫、順利的變革。

從經濟上看，絕對君主制一開始就是有利於資本主義經濟成長的，這使法國一度曾是歐洲最強大的國家，但它煥發出來的生命力很快就會枯竭。因爲專制王權要維護自耕農、佃農經濟的穩定，特別是國王取得了對諸侯的勝利後，就開始限制資產階級的發展。官僚機構成爲資本主義經濟進一步發展的障礙。事實證明，法國進入絕對君主制以後，整個經濟停滯在自耕農、佃農經濟上。進入十七世紀以後，法國的農業已大大地落後於英國。可見，王權和官僚機構的力量至多把農奴從對領主的依附中解放出來，卻不能建立現代契約社會。隨著王權力量的膨脹，對自耕農、佃農的剝削一天天加重起來，到了十八世紀中葉，國王和貴族把大部分領地作爲貢地分給農民或下一級領主，坐收貢賦。同時還保留了一部分領地直接出租，以獲取高額地租。從領主那裏得到份地的農民，每年要繳納貢賦，他們被稱作納賦農或年貢農。向領主租種土地的農民，每年要以收穫的一半來交納地租，稱爲對分制佃農或分成制佃農。由於絕對君主制限制資本主義經濟在農業中發展，農民和貴族之間的衝突尖銳起來。當農奴剛剛被解放爲佃農之際，整個農業生產充滿了活力，但是，只要社會停滯在絕對君主制，農民獲得的自由很快又被沉重的賦稅、地租吞沒了。在中世紀，領主的權利和義務是相互結合的。而絕對君主制剝奪了領主對領地的行政管理權，僅僅留下了領主對農民收租的權利。這就使領主對農民的經濟剝削日益成爲不可忍受的東西。因爲貴族愈衰落，剝削就愈加劇。同時，膨脹起來的官僚機構不斷加重農民的負擔。十八世紀七十至八十年代，法國出現了一個封建反動時期，領主們把多少年前已被廢除的各種稅收特權又強加在農民頭上，如養鴿權、打獵權、橋頭稅、塵埃稅等等。同期，國家的各類稅收也急劇上漲，直接稅在一七一五年至一七八九年的七十四年間增加了百分之六十九，間接稅在十八世紀增加了兩倍。國稅之高有時竟至奪去農民收入的一半。⑱毫無疑問，絕對君主制的延續，使整個農民階級同貴族、王室、官僚機構的矛盾一天天尖銳。最後導致了自耕農、佃農和市民的聯合暴動。

絕對君主制仲介體也給現代意識形態的形成帶來了新問題。王權已經強大到可以控制教會的地步，天主教不過是王權手中維護正統的工具，這樣，自上而下的宗教改革已絕無可能。相反，宗教改革必然要以由下而上的農民反封建主、諸侯反王權的奇怪形式出現。十六世紀中葉的胡格諾戰爭就是典型的例子。但是，無論諸侯還是農民的力量，都不可能同王權抗衡。所以由下而上的宗教改革必然失敗。這樣，現代意識形態的建立就不能走宗教改革的道路。現代思想為了取得社會優勢，不得不與宗教徹底決裂。這正是十八世紀法國啓蒙運動風起雲湧的原因。法國的啓蒙思想，以英國已經實現了資本主義結構爲模式，系統地構造了新社會的藍圖。它徹底批判了王權、教會和一切封建特權，宣傳建立「理性」社會，提倡自由民主，成爲歐陸理性主義的主流形態。

現在我們可以理解，爲什麼法國進入資本主義社會比英國晚一個多世紀。從十六世紀資本主義經濟發展的水準和市民的力量來看，法國絕不比英國遜色。但是，由於仲介體不同，決定了取代方式不同，因而取代過程和時間也都不同。無論是啓蒙運動的展開及逐步深入人心，自新農、佃農與王權貴族矛盾的日益激化，還是與王權結盟並進入官僚系統的資產階級感到王權已是自己進一步發展的障礙，都需要比較長的時間。法國資本主義結構對封建結構的取代，在政治上需要砸碎舊的政治結構進行重組，爲此要學習消化英國已經建成的模式。這一切都使得法國現代社會結構的確立比英國來得晚，而且方式上採取了大革命的形態。

四・五　王權衰落和再版農奴制：德國的道路

如果把英國、法國、德國十六世紀的經濟作一宏觀比較，可以發現，德國商品經濟的發展程度最高。德國的城市雖然比法國興起得晚。但發展更快，整體經濟水準已居歐洲首位。一五〇七年，威尼斯駐德大使奎里尼在寫回國的報告中說，德國大約有一百個自由城市。⑲這表明在十二至十五世紀之時，德國的資本主義潛結構正在迅速壯大。

十三至十四世紀時，德國的農奴制幾乎已經全部消滅。⑳十六世紀時，德國從事冶金和採礦業的工人已達十二萬人，占總人口的百分之一、同時期的英國，採礦工不過三至四千人，十七世紀初，英國採礦工與運輸工的總和也不過三萬人。遠遠不及十六世紀德國的水準。這說明，資本主義社會的潛結構隨著封建社會的衰落而加速成長。對整個西歐社會來說，無論是英國、法國還是德國，這都是一個普遍的規律。

但是，與英國、法國明顯不同的是，德國封建勢力似乎特別頑固，資本主義潛結構取代舊結構格外艱難，這個過程一直延續到十九世紀中葉以後。德國社會結構取代艱難的關鍵因素是缺乏中介體。眾所周知，從公元九世紀到十九世紀，德國處於分裂狀態達一千年之久，王權一直十分弱小。正是因為缺乏仲介體的作用，雖然舊結構中資本主義的潛結構——城市十分發達，但無法統一起來，進而成為占主導地位的社會結構。

世界史上，德國王權的長期衰落始終是一個謎。十二至十三世紀時，英國和法國的王權日益強大，國家趨於統一。當時德國卓越的詩人瓦特·馮·福格爾魏德（一一七〇至一二三〇）曾這樣哀嘆德國的封建割據狀態：

「德意志民族啊，我為你悲傷！對秩序的嘲弄——這是你的景況。甚至蚊子也有自己的國王。」

十六至十八世紀，英國已經實現了向資本主義的過渡，法國已確立絕對君主制，德國卻分裂成三百個獨立邦、五十個自由市和一千五百個帝國騎士領地。有的邦國還不如一個中等的村莊大。

為什麼德國王權不能成為統一的仲介力量呢？過去，史學界盛行的一種觀點，認為德國王權的長期衰落是由於教皇力量過於強大而造成的。確實，在整個中世紀，德國教皇力量比英、法兩國都強大，但是，教皇力量的增長與其認爲是王權衰落的原因，不如看成是王權衰落的結果。在西歐封建社會中，教皇和王權是互相對立的，教皇總是支持諸侯反對王權，以維護自己的利益。在英國和法國，教皇力量之所以不能無限擴張，正是因爲王權對他的限制。因此，要真正理解德國王權不能成爲真正中介的原因，這就需要具體分析德國王權、市民和諸侯力量在歷史上的消長機制。

在西歐封建社會的歷史中，王權強盛起來並不是奇特的現象。但保證強盛王權的穩定，卻需要一定的條件。對於德國來說，歷史也曾提供了兩次王權強大，實現統一的機會。第一次是在十世紀中葉奧托一世在位時期。公元九四九年，奧托成爲第一個完全控制五大公爵領地的國王。他是十九世紀以前，德國歷史上最強有力的國王。但是，王權的優勢並沒能保持下去，隨著諸侯勢力的膨脹，很快就消失在諸侯割據之中。我們知道，英國和法國保持王權的強大是有條件的。十一世紀時，英國國王和英吉利人聯合起來抑制諸侯；十三世紀時，法國王權靠同市民的結盟保持穩定。而公元十世紀時，德國的城市尚未興起。德國大多數城市是在十一世紀後才出現的。比法國和意大利晚兩個世紀。難怪奧托一世的王權很難維持穩定。另一方面，奧托一世發動侵略意大利的戰爭加速了王權的衰落。在他統治的最後十年中，注意力集中於對外戰爭上，國內諸侯乘機擴大力量，反對王權。德國歷史上王權第二次強大是十一世紀亨利四世在位時期。當時德國的城市已經興起，王權與市民結盟已有可能。一〇七四年，萊茵市民幫助亨利平息了諸侯的叛亂。

一一〇四至一一〇六年，教皇勾結大封建主發動叛亂，萊茵市民又一次站出來支持亨利。編年史中記載：亨利四世「軍隊的最大部分是從商人方面來的」。⑻當時王權強大，社會安定。然而，亨利四世以後，王權很快又衰落了。王權穩定之所以又一次被破壞，關鍵是德國推行連續不斷的對外侵略政策，結果破壞了王權與市民的結盟。據一位歷史學家統計，從公元九五一年到一二五〇年，德國侵略意大利共四十三次，平均每六年一次。十二世紀以後，德國又一再發動對西斯拉夫人的大規模掠奪戰爭。在這場戰爭中，德國的疆土擴大了一倍多，易北河畔的西斯拉夫人逐漸日耳曼化，到十四至十五世紀時，他們已喪失自己民族原來的語言，完全講德語。⑻

對外侵略戰爭爲什麼會導致王權衰落呢？首先，它破壞王權與市民結盟。市民之所以在王權與諸侯的鬥爭中支持王權，是因爲王權代表著秩序，有利於他們發展工商業。他們對封建方式的侵略興趣不大。因此，王權在戰爭中只能依靠諸侯的力量，因而總是強化騎士的隊伍，對諸侯有利。果然，亨利四世以後，國王放棄了與市民的結盟，轉而討好諸侯，打擊城市。一二二〇年，腓特烈二世頒布法令，給諸侯以鑄幣權、司法權、收稅權，並禁止城市收留農奴。此外，從侵略戰爭中獲得大量土地，必然擴大諸侯的力量。當時西歐大多數封建國家都實行長子繼承制，其餘子女另找出路。原因是在封土不能擴大的情況下防止分割。而德國卻可以在對外戰爭中獲得大批的新土。正如一位威尼斯駐德大使所說：「世俗諸侯習慣把封邑留給長子，然後把其他領土、主教區或教會采邑留給其他孩子。這樣，如果公爵有十個兒子，十個兒子都要求像父親一樣當公爵。結果，德國就出現了無數的伯爵、公爵和方伯，……因此，大部分世俗諸侯總是樂於襲擊意大利，好爲他的什麼兒子、什麼兄弟和什麼侄子等等，提供封地。」⑧³長此以往，對外戰爭必然導致諸侯封地擴大，王權衰落。

到了十三至十五世紀，雖然市民力量已很強大，但是對外戰爭已使諸侯的力量強大到這種地步：即使偶爾出現王權興盛，王權與市民力量之和，也不能大於諸侯的力量。因此，王權作爲仲介力量，在德國已失去了可能性。德國的三角均勢不可能建立起來。這一點，我們也可以從德國帝國議會制度上看到。德國的議會與英、法不同，它僅僅是諸侯表決的機器。帝國議會在表決重要的議案時，按慣例只有三票表決權，一票歸選侯，一票歸諸侯，一票歸自由城鎮代表。當議會快結束時，核對這三票，只要有兩票贊成，表決結果就成立。⑧⁴而諸侯手中據有兩票，違反諸侯利益的議案自然不能通過。自由城鎮的選票只有選侯與諸侯發生矛盾時，才能發揮作用。王權則根本沒有表決權。

諸侯力量強大到足以壓倒一切力量之和，全國統一的局面就難以形成。正如恩格斯所說：「只要各諸侯開始感到某皇室的權力變得過分強大，就經常引起王朝的更替」。⑧⁵一三五六年，查理四世頒發了黃金證書，從法律上正式肯定了七大選侯選舉皇帝的特權。此後，選侯們專門選舉那些對自己毫無威脅的弱小諸侯爲國王。只要發現國王勢力增長，就立即改選。國王成爲統一仲介的可能性就完全失去了。

必須指出，仲介的缺乏只能阻礙新結構取代舊結構的進程，並不能保證舊結構不衰落。十六世紀德國的封建制度已經全面解體，從經濟上看，農奴已基本上轉化為自耕農或佃農。但是由於缺乏王權的中介作用，這一轉化的結果與英、法完全不同。我們知道，促使農奴向自耕農轉化有兩種力量，一是商品經濟，二是王權。王權限制諸侯力量，促使農奴轉化為自耕農，並保證自耕農的生存。但是，這一力量在德國不存在。所以十六世紀德國農奴制的瓦解完全靠商品經濟的力量。因此，它得到一個特殊的結果：自耕農很少，大量的農奴轉化為佃農或貧雇農。農村中貧富差別十分懸殊，大量農民沒有土地。

為什麼會出現這種情況呢？關鍵在於德國不像英法那樣有王權限制領主。因此領主可以任意加重對農奴的剝削。假如有王權存在，領主經濟出現衰落時，領主並不能任意剝奪農奴的份地，也不能隨便提高農奴的地租。在德國，商品經濟只可能使農奴中的一小部分演化為自耕農，而大部分則淪為佃農。儘管商品經濟瓦解了農奴的人身依附關係，但解決了的農奴已貧因得只能充當佃戶。德國農民的境遇比英法的農民要苦得多。德國史學家赫茨研究了十六世紀初薩克森八十個農村居民的狀況，得到了一個驚人的結論，八十個村子共有居民四一二五戶，其中完全沒有土地的二六八九戶，占百分之六十五點二。[86]也就是五分三的農民沒有任何土地。這與英法大不相同。弗蘭克於一五三四年寫道：「德國有非常多的乞丐和一般的窮人，多數人貧困體弱」，「城裏遊蕩著許多窮學徒」，他驚呼「總共只有一半人勞動。如果除去他們的主人、閒散的市民、商

人、貴族、諸侯、學生、神甫、各類僧侶、兒童、病人、乞丐和全體婦女，則勞動者不到全體居民的三分一」。⑻

總而言之，十六世紀德國的封建社會處於一種特殊的狀態。一方面是封建制度衰落，城市和商品經濟迅猛發展，市民力量壯大起來。另一方面是缺乏王權的仲介作用，諸侯在政治上占主導地位，農村中有大量處於赤貧狀態的貧雇農，階級矛盾空前尖銳，王權衰落失去了與教會抗衡的力量。教會的掠奪與諸侯強大成正比。正如馬克思所說：「宗教改革以前，官方的德國是羅馬最忠順的奴隸。」⑻教皇對德國的掠奪達到了驚人的程度。德皇馬克西米連一世（一四九三至一五一九）曾說：「教皇在德國的收入比皇帝多一百倍」結果，這一切造就了歐洲歷史上史無前例的大規模宗教改革和農民起義。資本主義潛組織的生長提供了宗教改革的物質基礎，農民極度貧困造成階級矛盾的尖稅，提供了起義的基礎，教皇對德國的掠奪使憤怒的人們把仇恨的目標集中起來，三者合一，正好造成宗教改革和農民起義。然而，諸侯畢竟是最強大的。個別諸侯保護了宗教改革，全體諸侯鎮壓了農民起義。因此，改革和起義只能得到一個結果：即逐步自下而上地完成意識形態結構的過渡，路德教從異端成爲占主導地位的宗教信仰。由於缺乏仲介，政治和經濟結構無法實現過渡。即使意識形態的過渡，也經歷了極其艱難的過程，這就是以不同宗教爲代表的利益集團之間長達三十年的宗教戰爭。

十六至十七世紀，德國社會處於長期的混亂之中。本來新社會結構最後取代舊結構的過程已經開始，但由於缺乏仲介，造成了分娩時長期的痛苦。取代過程中出現的動盪首先打擊了新生長起來的潛結構——城市。結果，新社會結構流產了。

三十年戰爭給德國經濟帶來了巨大破壞。十六世紀初經濟上先進的德國變成了落後的德國。恩格斯寫道：「在整整一代的時間裏，德意志到處都遭到歷史上最沒有紀律的暴兵的蹂躪……，到處是一片人去地荒的景象。當和平到來的時候，德意志已經無望地倒在地下，被踩得稀爛，撕成碎片，流著鮮血。⑻據統計，三十年戰爭結束時，德國人口已減少三分之一，在科隆、美因斯、特里爾大主教區境內，有二百多個城市和二千多個村落被毀。捷克居民在戰前有三百萬，戰後減至七十八萬，一度以紡織品聞名的奧格斯堡戰前有人口八萬，戰後只有一萬二千人。紡織品產量只及戰前的十二分之一。城市、商品經濟和資本主義因素遭到嚴重破壞，農奴制普遍地又盛行起來，自由農民就像白色的烏鴉那樣少見。⑼

十五世紀，德國農奴制的消滅是商品經濟發展的結果。隨著商品經濟的破壞，農奴制又恢復了。由於農奴制的瓦解一般地基於兩種力量：王權對諸侯的限制和商品經濟的發展。那麼農奴制的再版一般也有兩種原因：王權的衰落和商品經濟的破壞。東歐和其他地區出現再版農奴制的原因十分複雜，在德國，由於王權從來沒有強大過，所以出現再版農奴制的原因較為單純，僅僅是商品經濟的衰落。

德國再版農奴制的出現使資本主義結構取代封建結構的歷史大大推遲了。它走了一條與英法完全不同的道路。首先要慢慢等待城市經濟的恢復，此後又面臨著西歐發達的商品經濟改造成的巨大國際壓力。實際上，後來德國經濟和政治結構的轉化是在特殊條件下實現的。經濟上，是在強大的外來壓力下直接從農奴制過渡到資本主義的。隨著容克地主轉變爲資產者，農奴轉化成了被雇傭的農業工人和工人。沒有經過英法那種先轉化爲自耕農，再轉化爲雇傭工人的過程。政治上則是通過民族主義並實現了統一。因此，後來的德國具有強烈的軍國主義和國家主義色彩。

總之，對比英、法、德三國發展的道路，我們可以得到一個結論，只要對結構取代的條件進行具體分析，我們就完全可以理解社會結構演化在不同文明不同國家的細節。系統論史觀無論從宏觀方面還是在微觀方面，都顯示出解釋理論問題的巨大生命力。

第五章　結構取代和社會進步

進步不僅僅意味著用一個現實去代替另一個現實，它必須用一個更大的發展可能去取代那個已趨於窮盡的發展可能。

——作者

一位哲學家講過：「牛頓創立了一種人的語言，既能解釋蘋果跌落在草地，也能解釋太陽的升起。真理就是在眼花撩亂的現象中找到秩序，在龐雜的偶然性中發現必然。」前面幾章的分析表明，只要從社會結構調節性的核心原理出發，應用系統分析，就能得到社會結構演化的普遍模式。我們用這一方法簡要地分析了從羅馬帝國到西歐資本主義確立這一歷史過程，然而，系統論史觀的生命力絕不僅限於此，它將爲研究人類發展提供啓示。

首先，這一方法不僅可以用來研究西方社會結構的演化過程，還可以用於研究中國、印度、阿拉伯、日本社會結構的演化。隨著社會結構不同、潛組織要素的不同，結構取代的方式也不同。另外，我們只要稍微瀏覽一下第三章所講的社會結構取代的三個步驟，很自然地會提出一個問題：社會結構取代的條件十分嚴格，無論是功能異化創造新子系統的過程，還是潛結構的形成及占主導地位都要滿足一定的條件。如果這些條件不能滿足，會出現什麼結果呢？顯然結構取代不是社會結構演化的唯一模式。顯而易見，當新結構不能取代舊結構時，另一種重要的模式就是舊結構的修復，這時社會結構的演化就呈現出一種崩潰——修復型。中國傳統社會自秦漢大一統建立到清朝二千年的演變就是一個典型的範例。關於這一種模式，《在歷史表像的背後》一書做了詳細的分析。其特點是：舊結構功能異化的結果主要表現在無組織力量的增長上，由於形成潛結構的過程被阻斷，舊結構自身又存在著修復機制，社會結構的演化就出現修復——崩潰——再修復的周期性震盪現象。這種演化模式反映了社會結構處於一種停滯狀態，從而是一個超穩定系統。

一般說來，要保持一個龐大而複雜的社會結構數千年不變是不可能的，因爲它內部的潛組織要素和無組織力量增長很快。所以在人類文明史上，很少見到一個龐大的帝國可以穩定地存在五百年以上。一種固定的社會結構，無論它看上去如何強大，都遲早會成爲歷史博物館的陳列品。但是，假如社會結構屬於崩潰——修復型，情況就很特殊了。我們往往能看到一種頗爲壯觀的歷史現象，古老的社會結構保持幾千年，但並不是在靜態中保持的，它經歷著一次次的崩潰和修復。伴隨社會結構停滯的是周期性社會動盪。控制論把它叫做超穩定系統。中國傳統社會正是這樣一個超穩定系統。一方面，它那古老的社會結構自秦漢到清朝長期地延續下來；另一方面，每隔二、三百年，舊王朝就要崩潰，新王朝就要取而代之。中國傳統社會的實例證明，複雜而龐大的文明社會，只有依靠周期性震盪的機制，才能保證生存數千年，這種演化模式不僅適用於中國傳統社會，在世界史的研究中，它很可能也適用於古代埃及社會結構的分析研究。㊾

結構分析方法還可以說明人類歷史中生產水準進步的複雜過程。馬克思主義認為，人類社會在演化過程中，生產水準在總體上是不斷發展的。西歐封建社會的生產水準比羅馬帝國發達，資本主義社會的生產水準比封建社會高。但在歷史發展的具體過程中，生產水準的發展卻並不是連續上升的。從羅馬帝國到資本主義社會確立的二千年中，生產水準的進步是一條頗為奇怪的波浪式曲線。羅馬帝國生產水準發展最快的時期是公元前二世紀到公元一世紀，在這以後的幾百年，生產水準就處於停滯狀態。羅馬帝國滅亡以後，整個社會生產水準大幅度下降，公元五至七世紀，人口大量死亡，田園荒蕪，古代科學技術知識漸被遺忘。一直到八世紀，生產水準才重新開始上升。同樣，西歐封建社會的生產發展也不是連續上升的過程，它發展最快的是八至十三世紀，十四世紀到達頂點。十四、十五世紀，生產水準的發展又陷於普遍的停滯，一直到十六世紀以後，才又出現新的增長。為什麼生產水準的進步呈現出如此複雜的波浪式特點呢？只要我們應用結構分析的方法考察社會結構取代和生產水準發展的關係，就能為解決這一問題提供一條新的思路。

必須指出，生產水準和經濟結構並不是同一個概念。經濟結構是指一個社會的經濟組織，是人與人之間的普遍的經濟關係網。生產水準則反映著人對自然的控制能力、科學技術的發達程度等等。在社會結構穩定的時期，經濟結構基本不變，但物質財富卻在日益積累，生產水準處於進化中，它是社會生活中最重要的組成部分。

我們在第二章中把社會結構比喻爲一個桶，社會生活是桶中所容納的東西的總和。因此，考察生產力的進步和社會結構取代的關係，必須探討僅僅作爲容器的社會結構和豐富多采的社會生活之間的整體聯繫。儘管這種聯繫十分複雜，但有一點卻很明確，人類社會有組織的生產活動必須要以社會組織的存在爲前提。也就是說，生產水準的積累和發展都離不開社會結構。就像蜜蜂釀蜜需要蜂巢一樣。由此可以得出結論：如果在結構取代中出現舊社會結構的瓦解，新社會結構又尚未形成的情況，必然造成對生產力的巨大破壞。公元五到八世紀西歐生產水準的倒退正是如此。

我們在第三章中證明，羅馬帝國滅亡以後，新結構的潛組織要素從舊結構中剝離下來，一直到八世紀才形成新的社會結構。顯然，爲什麼八世紀以後西歐生產水準又重新提高就不難理解了。那麼，在某一種傳統社會結構中，生產水準是不是可以無限增長呢？我們知道，在傳統社會，任何一種社會結構都不能永遠保持穩定，功能異化和社會生活的增長會破壞社會結構。這就使社會結構和生產水準之間呈現出一種微妙的關係：社會結構存在是生產水準增長的前提，但任何一種社會結構都不可能無限地容納生產水準的進步。當生產水準發展到一定程度時，社會結構就會成爲一個天然的界限，限制它進一步的發展。也就是說，在傳統社會，任何一種社會結構對生產水準的發展都有一個固定的容量，超過這個容量，社會生活就會把桶撐破。

一般說來，社會結構三個子系統處於適應和比較適應的狀態時，生產水準提高往往較快，因爲社會結構對生產力的支持作用較大，限制作用尚沒有表現出來；當社會結構各個子系統的適應性一天天減弱，生產力的發展將碰到愈來愈大的限制，使生產水準的進步速度放慢，甚至停滯。所以，某種社會結構內的生產水準發展較快的時期大多是在這種結構建立後的中前期。羅馬帝國就是明顯的一例。

公元一世紀前後，羅馬帝國的生產技術發展到頂點，儘管當時距離社會結構的瓦解還很遠，但生產技術的進步已逐漸停滯了。當時，雙輪犁和收割機械已經發明，水磨、築堰修渠、利用水車、施肥等新技術都已出現。但是，這些新技術不能進一步的發展和推廣，其原因是遇到了不可逾越的界限，那就是奴隸制度。馬克思說過，在奴隸社會中，普遍使用的只能是那些最笨重的生產工具。他說：

「按照古人恰當的說法，勞動者在這裏只是會說話的工具，他們之間的區別只在於此。但是勞動者本人卻要讓牲畜和勞動工具感覺到，他和他們不一樣，他們是人。他虐待他們，任性地毀

壞它們，以表示自己與它們有所不同。因此這種生產方式的經濟原則，就是只使用最粗糙、最笨重，因而很難損壞的勞動工具。」㊾

因此，在羅馬帝國奴隸制商品經濟中，儘管生產規模有很大發展，但生產技術、分工和勞動生產率等經濟進步的要素卻都有一個天然的界限，這就是奴隸制生產關係所帶來的容量極限。

人們常說，西歐農業生產力最大的改進是公元八世紀三圃輪作制和新的軛馬法及馬蹄鐵的普遍應用，它提高了單位農田的產量，並使農業和運輸技術出現了一次革命。其實，新的軛馬法的改進在技術上極爲簡單，只是由過去把軛具放在馬頸上改爲放在馬肩上，這樣馬在拉車時不致於讓軛具壓迫呼吸。因此馬車的載重量提高了許多倍。爲什麼羅馬使用了幾百年的馬車，竟沒有發現這一點呢？當然，古代技術發明有偶然性。但是，我們可以設想，即使這一發明在古羅馬出現，是否也同其他那些機械發明一樣得不到推廣呢？這一點的確是值得考慮的。因爲奴隸不愛護牲口，對馬車的載重量漠不關心。可以肯定，三圃制，馬蹄鐵這些看來並不困難的技術發明只有到西歐封建社會後才能普遍推行。這同社會結構的取代密不可分，農奴制在生產關係上比奴隸制先進，因而對生產水準的提高也具有比奴隸制更大的容量。

傳統社會結構對社會進步的容量限制是多方面的。政治結構和意識形態結構對科學技術和其他創造性活動同樣表現出固定的容量。羅馬法是羅馬帝國在政治上最了不起的創造之一。但無論是羅馬法還是亞里士多德的政治學說，在人與人之間的關係上，都否定奴隸的人格。城市是羅馬生活的基礎，因而羅馬是一個建築大國，但是羅馬皇帝拒絕用機器來搬運神殿的大柱，理由是它會使搬運工失去工作。阿基米德證明了槓杆原理，並利用這一原理設計了滑輪裝置，把一艘新造的大船拉到水中。然而阿基米德也有很濃厚的奴隸制思想，因此常爲自己設計的機械感到羞恥。由此我們可以理解，爲什麼古羅馬的工商業組織規模很大，卻又很脆弱，爲什麼很多新技術發明出現在中世紀看來落後的修道院中，而沒有出現在「發達」的羅馬城市裏。

公元二世紀前後，即羅馬帝國的鼎盛時期，也是整個古羅馬技術水準發展的頂點。當時，亞歷山大里亞是西方科學的中心。托勒密的天文學、歐幾里德的幾何學、幾何光學、靜力學都趨於成熟和完善。但是，從此以後，古代科學就再也沒有什麼發展了。古代自由民科學家已經做完了他們所能做的一切。科學史家在分析當時科學的成就時，都十分奇怪，既然他們在幾何和天文學理論上已經達到如此高明的程度，爲什麼會停滯不前呢？近代實驗科學需要科學傳統和工匠傳統的結合，這在古代社會是做不到的，狹窄的城市社會和古代宗教使當時的科學家成爲不被世人理解的一小撮。科學活動的天然藩籬就是城市裏小小學院的高牆，在此之外，是一片荆棘叢生的荒野和愚昧的海洋。

社會結構限制生產水準提高的情況在西歐封建社會中同樣存在。近年來歷史學家發現，西歐封建社會自八世紀以後，經濟一直在穩定發展，但十四世紀似乎是一個頂峰。從十四世紀中葉到十五世紀，經濟普遍陷於停滯。英國的羊毛輸出量僅爲一三五〇年的三分之一，全國羊毛產量也下降了三分之一。(93)西歐其他地區的情況大多也是如此，當時的德國普遍存在著「荒廢的村落」。法國史學家也發現當時的法國耕地荒廢、人口減少。比利時史學家發現當時的弗蘭德斯城處於歷史上最不景氣的時期。西方的史學家對這一現象出現的原因作了各種各樣的解釋，如氣候、人口、通貨、戰爭等等，結果卻令人失望，幾乎沒有一條是能夠普遍成立並令人信服的。但是，假如我們從任何一種傳統社會結構對進步都有固定容量的觀點出發，就不難理解這一現象。十四世紀正好是西歐封建社會從適應到不能互相維繫的轉折點，具有更大容量的資本主義結構還未形成，封建社會結構之桶又快要裝滿了，社會生活的發展已接近了社會結構容量的極限。來自經濟、政治、文化各方面的限制，使新的發展失去了可能。

就拿技術發明來說，促進中世紀經濟發展的大多數技術革新都是十四世紀以前完成的。英國用三田制代替了二田制，牧羊人飼養出大批高質量的羊群，尼德蘭人完善了排乾沼澤和築提防海的技術，水磨工人製造出上擊式水車，加斯科尼的葡萄種植者建立了聞名世界的大面積專業化葡萄園等等。從十三世紀末葉起，技術改進愈來愈慢，規模也愈來愈小。英國十五世紀的農業進步根本不能同十三世紀相比。假如一個社會結構還存在著創造生活的餘地，它本身就鼓勵人們去發明，而當人們的創造能力觸到了既定的社會關係網時，它就要限制創造活動的發展。整個社會的進步必然碰到巨大的障礙。那麼，十五、十六世紀以後，西歐生產水準爲什麼又有新的增長呢？原因是代表新社會的潛結構迅速成長起來了，它在經濟發展中所占的比重已達到不可忽視的程度。儘管完成取代的條件還不成熟，但在英國和法國，已經出現了某種位於封建形態和資本主義形態之間的仲介結構，特別是英國，資本主義因素日益占據了社會各方面的主導地位。因此，這一時期經濟的增長是在舊結構中的新社會潛結構成長帶來的。這時的經濟增長和結構取代出現了同步現象。同樣，我們也可以理解爲什麼英國的產業革命一直要到現代社會結構建立後才開始，因爲現代社會結構的建立意味著一個比封建社會容量更大的結構形成，生產力大解放的時刻也就到來了。法國革命和德國民族國家的建立也證明了這一點。

既然傳統社會每一種社會結構對進步都有一個固定的容量，那麼，對於不同的社會結構，容量就是不同的。我們可以根據結構來判斷容量的大小，進而判斷結構的演化是否代表著進步。只有新結構的容量大於舊結構時，結構取代才是一種進步。我們說，社會進步很像中國的箱套。這種傳統工藝品是一個大箱子，裏面一層層地套著小箱子。如果不同的箱子代表不同的社會結構，那麼箱子的大小代表結構的容量。但是，社會結構的進步恰好同箱套的順序相反，是在小箱破裂以後，從中長出一個大箱子來。從小箱子破裂到大箱子長成，社會難免不發生動盪。動盪就可能損傷或中斷進步因素的發展。就像哲學家常說的那樣，歷史上很罕見某種長久的進步不是伴隨著暫時的倒退。要使進步成爲一種連續過程，不僅需要及時地用大箱子取代小箱子，還要盡可能地使取代近於連續地進行。那樣在舊結構瓦解時，更大的新箱子就可以把進步因素從舊結構中吸引出來。如果取代不及時或不連續，就會出現暫時的倒退。我們研究社會結構的容量和取代過程，可以對社會生產水準的發展和變化作出清晰的判斷。

總之，系統論在史學研究中的運用正在形成一個不斷深入、不斷細化的研究綱領，它在我們面前展現出一條可以走出歷史迷宮的道路。多少年來，歷史學家一代接著一代，在被時間塵埃淹沒的過去中發現事實，在錯綜複雜的史料中尋找規律。人們渴望著一種能夠理解人類發展的歷史哲學。本書僅僅是在這方面作了一點嘗試。我們希望用自己的探索來鼓舞人們去作進一步的嘗試。四百年前，培根曾經說過：「不做嘗試的危險和失敗的危險是不相等的。因爲在前一種情況下我們將損失巨大的利益，而在第二種情況下，損失的只是一點人類勞動。」我們的嘗試很可能不完全正確，但是我們堅信，如同人類正在逐步認識那浩瀚宇宙的規律一樣，億萬人歷史活動長河中存在的盲目性在人類科學和理性面前也不會永遠繼續下去。

注釋：

①湯普遜：《中世紀經濟社會史》上冊，（北京：商務印書館，一九六一年版），第十三頁。

②同上書，第六頁。

③同上書，第二頁。

④同上書，第三頁。

⑤威爾·杜蘭：《世界文明史》第十卷，（臺北：幼獅文化事業公司，一九七二年版），第四十四頁。

⑥同上書，第十卷，第五十二頁。

⑦同上書，第廿八頁。

⑧E·V·烏爾拉尼斯：《世界各國人口手冊》，（成都：四川人民出版社，一九八二年版），第四頁。

⑨陳同燮《希臘羅馬簡史》，（濟南：山東教育出版社，一九八二年版），第一五三頁。

⑩威爾·杜蘭：《世界文明史》第十卷，第三十七頁。

⑪湯普遜：《中世紀經濟社會史》上冊，第十三頁。

⑫威爾・杜蘭：《世界文明史》第十卷，第廿七頁。
⑬湯普遜：《中世紀經濟社會史》上冊，第五頁。
⑭威廉・蘭格：《世界史編年手冊》古代和中世紀部分上，（北京：三聯書店，一九八一年版），第二一九頁。
⑮威爾・杜蘭：《世界文明史》第十卷，第廿七頁。
⑯同上書，第十卷，第二七六頁。
⑰同上書，第二七八頁。
⑱威爾・杜蘭：《世界文明史》第十卷，第十六至二十頁。
⑲王剛：〈奧古斯都行省政策初探〉，載於《唐山市教師進修學院學刊》，一九八三年，第二期。
⑳威爾・杜蘭：《世界文明史》第十卷，第廿二頁。
㉑湯普遜：《中世紀經濟社會史》上冊，第五十四頁。
㉒同上書，第六十九頁。
㉓金觀濤、劉青峰：《興盛與危機——論中國封建社會的超穩定結構》，（湖南人民出版社，一九八四年版），第八十二至八十三頁。
㉔同上書，第三十六頁。

㉕辛哈．班納吉著，張若達、馮金峰、王傳譯：《印度通史》，（北京：商務印書館，一九六四年版），第十四頁。
㉖陳同燮：《希臘羅馬簡史》，第七十四頁。
㉗湯普遜：《中世紀經濟社會史》上冊，第九十三頁。
㉘梁作幹：〈世界歷史的重大轉折點：西晉帝國與西羅馬帝國的滅亡〉，載於《暨南學報》一九八二年，第二期。
㉙同上。
㉚同上。
㉛湯普遜：《中世紀經濟社會史》上冊，第八頁。
㉜嚴家其：《國家政體》，（北京：人民出版社，一九八二年版），第三十四頁。
㉝Ｊ．Ｆ．Ｃ富勒：《西洋世界軍事史》，第一卷，第一三九頁。
㉞湯普遜：《中世紀經濟社會史》上冊，第六十六頁。
㉟威爾．杜蘭：《世界文明史》第十卷，第二八九頁。
㊱同上書，第二九二頁。
㊲同上書，第二九二頁。
㊳同上書，第二八四至二八五頁。

㊴林敦明、何芳濟：〈論羅馬共和時期土地所有制的演變——兼談共和制滅亡的原因〉，載於《山東師大學報》一九八三年，第五期。
㊵杜丹：《古代世界經濟生活》，（北京：商務印書館，一九六三年版），第二六四頁。
㊶湯普遜《中世紀經濟社會史》上冊，第三十一頁。
㊷同上書，第四十三至六十頁。
㊸威爾．杜蘭：《世界文明史》第十卷，第三四二頁。
㊹同上書，第二九三頁。
㊺周一良、吳于廑主編：《世界通史》上古部分，（北京：人民出版社，一九六二年版），第三六七頁。
㊻金觀濤、劉青峰：《興盛與危機——論中國封建社會的超穩定結構》第三章。
㊼威爾．杜蘭：《世界文明史》第十卷，第三〇六至三〇七頁。
㊽湯普遜：《中世紀經濟社會史》上冊，第五十八頁。
㊾《馬克思恩格斯全集》第十九卷，（北京：人民出版社，一九六五年版），第五四八頁。
㊿瑟諾博斯：《法國史》，（北京：商務印書館，一九六四年版），第六十三頁。
51《查理大帝勒令》，載於周一良，吳于廑主編《世界通史資料選輯》中古部分，第三十八頁。李運明：〈試論查理曼帝國瓦解的原因〉，載於《安徽師大學報》一九八三年第二期。

(52)恩格斯：《家庭、私有制和國家的起源》，（北京：人民出版社，一九七二年版），第一五〇至一五一頁，第一五二頁。

(53)同上書。

(54)伯納德．劉易斯：《現代土耳其的興起》，（北京：商務印書館，一九八二年版），第廿九頁。

(55)S．努魯爾．哈桑：〈莫臥兒時期的柴明達爾〉，載於《世界歷史譯叢》一九八〇年第六期。

(56)剪伯贊主編：《中外歷史年表》，（北京：中華書局，一九六一年版），第一四三頁。

(57)孔令平：〈中世紀前期英國的田制與北魏均田制的比較研究〉，載於《世界歷史》雜誌一九八一年第五期。

(58)湯普遜：《中世紀經濟社會史》上冊，第七十八頁。

(59)湯普遜：《中世紀經濟社會史》，第三二一至三二二頁。

(60)恩格斯：《家庭、私有制和國家的起源》，第一四九頁。

(61)湯普遜：《中世紀經濟社會史》上冊，第二一八頁。

(62)同上書，第二二二頁。

(63)鄭如霖：〈關於東羅馬帝國從奴隸制向封建制過渡中的幾個問題〉，載於《華南師範大學學報》一九八三年，第一期。

(64)《馬克思恩格斯全集》第九卷，第二六三頁。

(65)《江西志》（康熙）卷一四六《藝文》，蕭近高《參內監疏》。

(66)顧准：《希臘城邦制度》，（北京：中國社會科學出版社，一九八二年版）。

(67)威廉．蘭格：《世界史編年手冊》古代和中世紀部分下冊，（北京：三聯書店，一九八一年版），第三八九頁。科斯敏斯基、斯卡斯金主編：《中世紀史》，（北京：三聯書店，一九五七年版），第三九三頁。

(68)孔令平：〈中世紀前期英國的田制與北魏均田制的比較研究〉，載於《世界歷史》一九八一年第五期。

(69)威廉．蘭格：《世界史編年手冊》古代和中世紀部分，（北京：三聯書店，一九八一年版），第三九三頁。

(70)王榮堂：〈略論英國議會的起源〉，載於《史學月刊》一九八三年，第四期。

(71)科斯敏斯基、斯卡斯金主編：《中世紀史》，（北京：三聯書店，一九五七年版），第四一三至四一六頁。英國《自由大憲章》，《中世紀中期的西歐》，（北京：三聯書店，一九五七年版），第六九至八二頁。

(72)科斯敏斯基、斯卡斯金主編：《中世紀史》，第四一六至四二二頁。

(73)王榮堂：〈略論英國議會的起源〉。
(74)波梁斯基：《外國經濟史》（北京：三聯書店，一九五八年版），第四八三頁。
(75)王榮堂：《十八世紀法國資產階級革命》，（上海：上海人民出版社，一九八一年版），第廿二頁。
(76)顧曉鳴：〈略論十九世紀英國革命中的新貴族〉，載於《復旦大學學報》，一九八二年，第一期，第八十八至九十二頁。
(77)威廉・蘭格主編：《世界史編年手冊》古代和中世紀部分下冊，第四五五至四五七頁。
(78)王榮堂：《十八世紀法國資產階級革命》，第六至十一頁。樊亢、宋則行：《外國經濟史》第一冊，（北京：人民出版社，一九六五年版），第一〇一頁。
(79)《一五〇七年威尼斯駐德大使奎尼關於德國情況的報告》，載於北京師範大學編譯《史學選譯》第三期。
(80)《馬克思恩格斯全集》第三十五卷、第一二四頁。
(81)湯普遜：《中世紀經濟社會史》上冊，第三七六頁。
(82)孔祥民：《德國中古史》，第四十五至四十六頁。
(83)《一五〇七年威尼斯駐德大使奎尼關於德國情況的報告》，第八頁。
(84)同上書，第七頁。

⑧⑤恩格斯：〈關於德國的札記〉，《馬克思恩格斯全集》第十八卷、第六四八頁。
⑧⑥孔祥民：《德國中古史》，第八十四頁。
⑧⑦同上書，第八十四頁。第一百頁。
⑧⑧馬克思：〈黑格爾法哲學批判導言〉，《馬克思恩格斯選集》第一卷，第十頁。
⑧⑨恩格斯：〈馬爾克〉，《馬克思恩格斯全集》第十九卷，第一五〇至一五一頁。
⑨⓪周一良、吳于廑：《世界通史》中古部分，（北京：人民出版社，一九六二年版），第四六二頁。
⑨①金觀濤、劉青峰：《興盛與危機》第九章。
⑨②《馬克思恩格斯全集》第廿三卷，第二三二頁。
⑨③M．波斯坦：〈中古社會的經濟基礎〉，載於《世界歷史譯叢》一九八〇年第四期。

新版 歷史的巨鏡——探索現代社會的起源

作者：金觀濤
發行人：陳曉林
出版所：風雲時代出版股份有限公司
地址：10576台北市民生東路五段178號7樓之3
電話：(02) 2756-0949
傳真：(02) 2765-3799
執行主編：朱墨菲
美術設計：吳宗潔
業務總監：張瑋鳳

出版日期：2023年5月 新版一刷
版權授權：金觀濤
ISBN：978-626-7303-27-6

風雲書網：http://www.eastbooks.com.tw
官方部落格：http://eastbooks.pixnet.net/blog
Facebook：http://www.facebook.com/h7560949
E-mail：h7560949@ms15.hinet.net
劃撥帳號：12043291
戶名：風雲時代出版股份有限公司

風雲發行所：33373桃園市龜山區公西村2鄰復興街304巷96號
電話：(03) 318-1378
傳真：(03) 318-1378
法律顧問：永然法律事務所 李永然律師
北辰著作權事務所 蕭雄淋律師

行政院新聞局局版台業字第3595號 營利事業統一編號22759935

定價：420元

國家圖書館出版品預行編目資料

歷史的巨鏡：探索現代社會的起源 / 金觀濤著. -- 新版. -- 臺北市：風雲時代出版股份有限公司, 2023.04
面； 公分

ISBN 978-626-7303-27-6（平裝）

1.CST: 社會哲學 2.CST: 現代化

540.2 112002708